河北社会主义核心价值观
培育践行报告（2023）

REPORT OF HEBEI'S FOSTERING AND FULFILLING THE SOCIALISM
CORE-VALUES (2023)

奋进新征程的共识与力量

主　　编／康振海
执行主编／李鉴修
副 主 编／李　龙　袁　秀　李　娜

社会科学文献出版社
SOCIAL SCIENCES ACADEMIC PRESS（CHINA）

图书在版编目（CIP）数据

河北社会主义核心价值观培育践行报告 . 2023：奋
进新征程的共识与力量／康振海主编 . --北京：社会
科学文献出版社，2023. 5
　ISBN 978-7-5228-1618-0

　Ⅰ. ①河…　Ⅱ. ①康…　Ⅲ. ①社会主义核心价值观-
研究报告-河北-2023　Ⅳ. ①D616

　中国国家版本馆 CIP 数据核字（2023）第 052891 号

河北社会主义核心价值观培育践行报告（2023）
——奋进新征程的共识与力量

主　　编／康振海
执行主编／李鉴修
副主编／李　龙　袁　秀　李　娜

出 版 人／王利民
责任编辑／高振华
文稿编辑／胡金鑫
责任印制／王京美

出　　版／社会科学文献出版社·城市和绿色发展分社（010）59367143
　　　　　地址：北京市北三环中路甲 29 号院华龙大厦　邮编：100029
　　　　　网址：www. ssap. com. cn
发　　行／社会科学文献出版社（010）59367028
印　　装／天津千鹤文化传播有限公司

规　　格／开　本：787mm×1092mm　1/16
　　　　　印　张：22.5　字　数：341 千字
版　　次／2023 年 5 月第 1 版　2023 年 5 月第 1 次印刷
书　　号／ISBN 978-7-5228-1618-0
定　　价／138.00 元

读者服务电话：4008918866

主编简介

康振海　中共党员，1982 年毕业于河北大学哲学系，获哲学学士学位；1987 年 9 月至 1990 年 7 月在中共中央党校理论部中国现代哲学专业学习，获哲学硕士学位。

三十多年来，康振海同志长期工作在思想理论战线。曾任河北省委宣传部副部长；2016 年 3 月至 2017 年 6 月任河北省作家协会党组书记、副主席；2017 年 6 月至今任河北省社会科学院党组书记、院长，河北省社科联第一副主席。

康振海同志著述较多，在《人民日报》《光明日报》《经济日报》《中国社会科学报》《河北日报》《河北学刊》等重要报刊和社会科学文献出版社、河北人民出版社等发表、出版论著多篇（部），主持完成多项国家级、省部级课题。主要代表作有：《中国共产党思想政治工作九十年》《雄安新区经济社会发展报告》《让历史昭示未来——河北改革开放四十年》等著作；发表了《始终把人民放在心中最高位置》《马克思主义中国化新的飞跃》《坚定历史自信　走好新的赶考之路》《从百年党史中汲取奋进新征程的强大力量》《殷切期望指方向　燕赵大地结硕果》《传承中华优秀传统文化　推进文化强国建设》《以优势互补、区域协同促进高质量脱贫》《在推进高质量发展中育新机开新局》《构建京津冀协同发展新机制》《认识中国发展进入新阶段的历史和现实依据》《准确把握推进国家治理体系和治理能力现代化的目标任务》《奋力开启全面建设社会主义现代化国家新征程》等多篇理论调研文章；主持"新时代生态文明和党的建设阶段性特征及其发展规律研究"《宣传干部行为规范》可行性研究和草案初拟研究"等多项国家级、省部级课题。

摘　要

　　《河北社会主义核心价值观培育践行报告（2023）》是河北省记录社会主义核心价值观培育践行的研究报告。本书由河北省社会科学院牵头，河北省社会科学院邓小平理论、"三个代表"重要思想和科学发展观研究所（河北省社会科学院精神文明建设研究中心）担纲，由省内政府相关机构、党校、高等院校相关专家学者组成精干学术队伍推出的一部具有较高理论价值和实践意义的全景式河北建设文献，旨在使社会各界全面准确了解河北省培育和践行社会主义核心价值观的进程与成果。《河北社会主义核心价值观培育践行报告（2023）》全面系统总结了 2022 年河北省培育和践行社会主义核心价值观的进程与相关经验，分析研判了面临的形势和特点，并提出 2023 年培育和践行社会主义核心价值观的对策建议；围绕社会主义核心价值体系本质内涵和根本要求，从理论与实践相互联系的维度探讨了推动培育践行新时代河北省社会主义核心价值观的主要任务和路径选择。

　　《河北社会主义核心价值观培育践行报告（2023）》由总报告、精神传承篇、实践探索篇、文明风尚篇和案例创新篇五个部分组成。总报告从学习贯彻党的二十大精神、学懂弄通做实习近平新时代中国特色社会主义思想，新时代文明实践、文明创建、志愿服务、守正创新、文化建设等方面梳理展示了 2022 年河北省在解放思想中奋力书写新时代文明答卷的总体状况，以问题为导向，深入研究和分析了培育和践行社会主义核心价值观面临的问题和原因，并提出了对策建议，围绕学习宣传贯彻党的二十大精神、加强理论武装、壮大奋进新时代的主流思想舆论、提高全社会文明程度等进行了深入分析，为把社会主义核心价值观体现在经济社会发展各领域、各方面，对培育和践行上取得的新成效进行了总结，在汇聚正能量方面进行了有益探索。

精神传承篇、实践探索篇、文明风尚篇包括 15 篇报告，从不同侧面研究和展示了社会主义核心价值观的培育和践行在河北省的发展状况和特点，内容涉及理论宣传、革命精神、社会治理、网络消费、移风易俗、人文精神、全过程人民民主、宪法学习和宣传、乡风文明、诚信建设、网络文明、课程思政建设等，多角度、多方面具体彰显了社会主义核心价值观融入经济社会生活发展的作用和效果，反映了河北干部群众"奋进新征程、建功新时代"的精神风貌，探索了社会主义核心价值观如何在培育和践行上守正出新、如何丰富活动载体和方法，既分析和揭示了存在的问题和影响因素，也提出了有效的创新路径和方法。

案例创新篇以典型案例展示了社会主义核心价值观在企业文化、志愿服务、乡村振兴、共同富裕等方面发挥的巨大作用和取得的成效。

关键词： 河北　社会主义核心价值观　培育践行

Abstract

Report of Hebei's Fostering and Fulfilling the Socialism Core-values is a blue book of Hebei's records of fostering and fulfilling the socialism core-values. This book is a panoramic literature of Hebei's development with high theoretical value and practical significance led by Hebei Academy of Social Sciences, undertaken by Institute of Deng Xiaoping's Theory, The Important Thought of "Three Represent's" and Scientific Outlook on Development to Hebei Academy of Social Sciences, and wrote by capable academic teams from experts and scholars of research institutions, party schools, and universities across the province, with a view to providing all concerned with overall and accurate information of the process and results of Hebei's fostering and fulfilling the socialism core-values.

Report of Hebei's Fostering and Fulfilling the Socialism Core-values (*2023*) summarizes practical process and related experience of Hebei's fostering and fulfilling the socialism core-values in 2022 comprehensively and systematically, deeply analyzing the situation and its characteristics, puts forward measures and proposals of fostering and fulfilling the socialism core-values in 2023, and explores main tasks and road choices of advancing the process of Hebei's fostering and fulfilling the socialism core-values in the new era from the perspective of theoretical and practical correlation.

Report of Hebei's Fostering and Fulfilling the Socialism Core-values (*2023*) falls into the five parts: General Report, Spiritual Inheritance Reports, Practical Exploration Reports, Civilized Custom Reports and Case Studies Reports. The General Report not only presents the overall situation of the cultivation and practice of the core socialist values in 2022 from the perspectives of studying and implementing the guiding principles of the 20th National Congress of the Communist Party of China, learning to understand and make it real for Xi Jinping Thought on Socialism with Chinese Characteristics for a new era. What's more, it also deals with the topics of civilization creation, voluntary service, integrity innovation, cultural construction, etc. Displaying the liberation of the mind and the success in the new era. Problem-oriented, the paper deeply studies and analyzes the problems and reasons facing the cultivation and practice of socialist core values, and puts forward countermeasures and suggestions on studying and implementing the guiding principles of the 20th National Congress of the Communist Party of China, strengthening the theoretical arming and the mainstream thought and public opinion forging ahead in the new era, and improving the whole society to a more-civilized degree, high-lighting the civilized practice in order to effectively and positively embody the core socialist values in various fields and aspects of economic and social development.

Spiritual Inheritance Reports, Practical Exploration Reports, Civilized Custom Reports contain 15 essays altogether, illustrating the development situation and characteristics of the cultivation and practice of socialist core values in Hebei from different aspects. Which covers the dissemination of theories, the genealogy of the Revolutionary Spirit in Hebei, the social governance, network consumption, changing customs, humanistic spirit, the whole process of people's democracy, constitution study and publicity, village civilization, integrity construction, network civilization, ideological and political curriculum construction, etc. It shows the function and effect of socialist core values integrating into the development of economic and social life from multiple angles and aspects, reflecting the spirit of "forging ahead on a new journey and making contributions in a new era" for Hebei cadres and masses, and explores how to keep fresh in the cultivation and practice of socialist core values and how to enrich the carrier and methods of activities. It not only analyzes and reveals the existing problems and influencing factors, but also puts forward the effective path and method of innovation.

Case Studies Reports shows the great effect in practicing the socialist core values in the cases of corporate culture, voluntary service, rural revitalization, common prosperity and so on.

Keywords：Hebei；Socialist Core Values；Fostering and Fulfilling

目 录 ↖⤸

I 总报告

II 精神传承篇

III 实践探索篇

Ⅳ　文明风尚篇

Ⅴ　案例创新篇

CONTENTS ↖↘

I General Report

II Spiritual Inheritance Reports

Ⅲ Practical Exploration Reports

Ⅳ Civilized Custom Reports

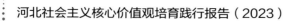
V　Case Studies Reports

总 报 告

General Report

强基固本聚共识　奋发进取谱新篇

李鉴修　李龙*

摘　要： 社会主义核心价值观是凝聚人心、汇聚民力的强大力量。党的二十大擘画未来发展蓝图，对社会主义核心价值观培育和践行提出了新任务新要求。河北省干部群众坚持以学习、宣传、贯彻党的二十大精神为主线，坚持不懈用习近平新时代中国特色社会主义思想凝心铸魂，解放思想、奋发进取，聚焦经济强省、美丽河北建设，在应对变局、防控疫情、推动改革发展稳定任务中，大力弘扬社会主义核心价值观，推动文化和精神文明建设繁荣发展，为打造中国式现代化河北场景提供了强大精神动力。

关键词： 社会主义核心价值观　党的二十大精神　精神文明建设

---

* 李鉴修，河北省社会科学院邓小平理论、"三个代表"重要思想和科学发展观研究所（精神文明建设研究中心）所长、研究员，研究方向为党建、思政；李龙，河北省委宣传部社会宣传处副处长，研究方向为文化宣传。

岁序更替，华章日新。2022 年，河北省全面贯彻习近平新时代中国特色社会主义思想，坚持以学习、宣传、贯彻党的二十大精神为主线，解放思想、奋发进取，在应对变局、防控疫情、推动改革发展稳定任务中，大力弘扬社会主义核心价值观，推动文化和精神文明建设繁荣发展，全面落实"四个办奥"理念和"简约、安全、精彩"办赛要求，为圆梦冬奥展现了河北人民满腔热情和文明风尚。习近平总书记在党的二十大报告中指出："社会主义核心价值观是凝聚人心、汇聚民力的强大力量。"① 进一步阐明了社会主义核心价值观的重要地位和重大意义，为我们广泛培育和践行社会主义核心价值观，不断夯实德润人心、团结奋进的思想道德基础指明了方向。新的一年，河北省将把学习贯彻党的二十大精神作为首要政治任务，以习近平新时代中国特色社会主义思想凝心铸魂，坚持稳中求进工作总基调，统筹推进"五位一体"总体布局，协调推进"四个全面"战略布局，完整准确全面贯彻新发展理念，坚定不移培育和践行社会主义核心价值观，落实"疫情要防住、经济要稳住、发展要安全"的重要要求，进一步使富强、民主、文明、和谐，自由、平等、公正、法治，爱国、敬业、诚信、友善的理想信念、价值理念和道德观念深入人心，为中国式现代化河北场景建设提供强大精神支撑。

一 在解放思想中奋力书写新时代文明答卷

2022 年，河北广大干部群众在学懂弄通做实习近平新时代中国特色社会主义思想上下功夫，切实把习近平总书记对河北工作的重要指示批示作为强大的政治引领和精神动力，深入贯彻落实党的二十大精神，以价值引领筑基塑魂、振奋精神，把握发展机遇，发挥自身优势，深化"放管服"改革，优化营商环境，凝心聚力推动经济社会发展，成效显著。

---

① 习近平：《高举中国特色社会主义伟大旗帜 为全面建设社会主义现代化国家而团结奋斗——在中国共产党第二十次全国代表大会上的报告》，人民出版社，2022，第 44 页。

（一）学思践悟，坚持不懈用习近平新时代中国特色社会主义思想凝心铸魂

习近平总书记在党的二十大报告中深刻指出："中国共产党为什么能，中国特色社会主义为什么好，归根到底是马克思主义行，是中国化时代化的马克思主义行。"① 习近平新时代中国特色社会主义思想是当代中国马克思主义、21 世纪马克思主义，是中华文化和中国精神的时代精华，实现了马克思主义中国化时代化新的飞跃，开辟了马克思主义中国化时代化新境界。河北省坚持全面贯彻习近平新时代中国特色社会主义思想，始终用党的创新理论武装头脑、指导实践、推动工作。

一是以党的创新理论坚定信仰信念。河北省干部群众认真学习习近平新时代中国特色社会主义思想，及时跟进学习习近平总书记系列重要讲话精神，系统把握其科学体系、丰富内涵、发展逻辑和根本要求，把握贯穿其中的马克思主义立场、观点和方法，在深刻理解"两个结合"的丰富内涵、深刻领悟"两个确立"的决定性意义中，不断提高政治判断力、政治领悟力、政治执行力，树立正确的世界观、人生观、价值观，不断提高自己的思想境界和价值追求，坚定"四个自信"，增强"四个意识"，做到"两个维护"，把新时代党的创新理论作为强大思想武器，自觉在思想上政治上行动上同以习近平同志为核心的党中央保持高度一致，确保党中央政令畅通、令行禁止。河北省委理论学习中心组集体学习 9 次，重点学习了《习近平谈治国理政》（第四卷）、习近平"7·26"重要讲话、《总体国家安全观学习纲要》、《习近平经济思想学习纲要》、《习近平生态文明思想学习纲要》、《论"三农"工作》、《习近平书信选集》（第一卷）等，通过理论武装，推动各项工作开创新局面。

二是贯彻落实习近平总书记对河北工作的重要指示批示。党的十八大以

---

① 习近平：《高举中国特色社会主义伟大旗帜　为全面建设社会主义现代化国家而团结奋斗——在中国共产党第二十次全国代表大会上的报告》，人民出版社，2022，第 16 页。

来，习近平总书记9次视察河北，多次发表重要讲话、作出重要指示，为河北发展指明前进方向，提供根本遵循。河北牢记习近平总书记嘱托，持续提振解放思想、奋发进取的精气神，认真贯彻新发展理念，扎实做好防疫情、稳增长、惠民生、保安全等工作，全力以赴完成经济社会发展目标任务。着力推动重大国家战略落地实施，深入推进京津冀协同发展，高质量高标准推进雄安新区规划建设，积极承接央企总部及子公司，大力发展后奥运经济，在对接京津、服务京津中加快发展自己，全力办好"三件大事"，大力发展壮大12个省级主导产业和107个县域特色产业集群，滚动实施20项民生工程，持续提高群众收入，改善农村生产生活条件，大力弘扬塞罕坝精神，统筹推进山水林田湖草沙保护修复，巩固拓展"团结就是力量"专题学习教育活动成果等，凝心聚力走好新时代的"赶考"路。

三是圆满完成《让群众过上好日子——习近平正定足迹》编写出版和学习宣传使用工作。河北结合党史学习教育常态化长效化，扎实推进《让群众过上好日子——习近平正定足迹》的内容梳理、修改完善、出版发行等工作。该书融思想性、纪实性于一体，用讲故事的形式，从心系民生、实干实政、改革创新、扩大开放、重视人才、加强党建、严以律己等方面，翔实记述习近平同志和正定人民"一块苦、一块过、一块干"，在全省率先推行大包干，制定"人才九条"广招天下英才，使正定摘掉"高产穷县"帽子，走出"半城郊型"经济发展新路的故事，生动展现了习近平同志在河北正定工作期间的思考实践、从政风范与人格魅力，润物无声，引导广大群众对人民领袖书写在华夏大地上的一篇篇大文章产生更强烈的共鸣。图书发行量达300余万册，在全社会掀起学习热潮。以河北省委办公厅名义专门印发学习通知，对学书用书工作作出具体安排。河北省委宣传部多次召开专题工作会研究部署相关工作，与各市委宣传部"一对一"策划学用方案。以河北省委名义召开《让群众过上好日子——习近平正定足迹》出版座谈会，河北省委书记倪岳峰出席座谈会并讲话。参加中宣部在北京召开的系列图书出版座谈会，得到中央领导同志的充分肯定。

四是持续深化党的创新理论宣讲"六进"和学校"三进"工作。河北省各地精心策划、统筹安排，推出一系列宣讲活动，深入推进党的创新理论宣讲"六进"和学校"三进"工作。沽源县理论宣讲团组织 14 支宣讲分队，采取"宣讲+文艺"的形式，扎实开展党的创新理论宣讲"六进"活动，以 20 分钟政策宣讲、10 分钟文艺表演、10 分钟有奖互动的形式，把党的创新理论以群众喜闻乐见、通俗易懂的形式传递到千家万户。开展分众式、互动化的理论宣讲，让党的创新理论更好地深入基层、落地生根。任丘市拓展红色讲台，将课堂搬进红色阵地，充分利用市烈士陵园、马村惨案遗址、吕正操旧居等红色教育资源，组织机关干部、中小学生参观学习，现场感受革命精神。开设"七一·扬帆"青年学习班，引导广大干部群众学习党的创新理论及"四史"，进一步坚定党员干部理想信念，传承红色基因。①华北电力大学研究生理论宣讲团以立德树人为目标，通过团员、团长、指导教师加顾问团的"3+1"管理模式，明确"研究、宣讲、讨论、践行"工作流程，遵循目标导向、问题导向、行动导向，聚焦"国之大者"，研究时代"热词"，累计开发课程 42 门，建设了"4 模块—8 主题—N 课程"内容体系，主题涵盖习近平总书记系列重要讲话精神、百年光辉党史、青年责任等；以网络传播构建了云预约、云宣讲、云调研的"智慧"宣讲模式，云平台专设 37 个红色专栏，推送党史学习文章 273 篇，累计阅读量超 20 万人次，推动习近平新时代中国特色社会主义思想入脑入心入行，引导广大青年党员深刻领悟中国共产党为什么能、马克思主义为什么行、中国特色社会主义为什么好。

（二）奋发有为，为开拓中国式现代化河北场景建设聚力

党的二十大全面总结十年伟大变革，擘画未来发展图景，强调以中国式现代化全面推进中华民族伟大复兴，从思想内涵上深化和体现了社会主义核心价值观的精髓要义，并从发展方向上提出了新任务新要求，强调社会主义

---

① 王雅楠、李茜：《任丘深入推进党的创新理论宣讲"六进"》，《河北日报》2022 年 8 月 15 日。

核心价值观是凝聚人心、汇聚民力的强大力量。河北解放思想、奋发有为，为推动各项工作落实凝聚了共识。

一是为迎接党的二十大积极准备，营造氛围。河北各地各新闻单位把"新春走基层"活动作为迎接党的二十大主题宣传的重要开篇，精心组织、周密安排，围绕巩固脱贫攻坚成果、推进乡村振兴等选题，展现新时代河北省取得的历史性成就、发生的历史性变革，报道基层群众获得感幸福感安全感和对未来美好生活的热切期盼。深入宣传各地贯彻落实党的十九届六中全会精神的新进展新成效，大力宣传党史学习教育取得的丰硕成果，积极报道各地各单位深化拓展"我为群众办实事"实践活动的先进典型。广大新闻工作者自觉增强"四力"、锤炼作风，全力以赴投身基层一线，生动讲述百姓支持冬奥和参与冰雪运动的故事，全面展示河北省节庆文化活动，深入报道疫情防控举措和节日保障工作，受到社会各界广泛赞誉。评选出《滏阳河畔美景生财》等56件作品为优秀作品，河北日报社邢台分社等48个部门或团队为表现突出的集体，焦磊等100名新闻工作者为表现突出的个人。围绕为党的二十大胜利召开营造平稳健康的经济环境、国泰民安的社会环境、风清气正的政治环境，河北省委召开了十届二次全会，以"牢记习近平总书记殷切嘱托，解放思想、奋发进取，加快建设经济强省、美丽河北"为主题，进行工作部署和安排，审议通过《中共河北省委关于忠诚捍卫"两个确立"、坚决做到"两个维护"，以实际行动迎接党的二十大胜利召开的意见》，为干部群众在解放思想中统一思想，在奋发进取中开创未来，满怀信心推动各项事业迈上新台阶，明确了目标和方向。中国共产党河北省代表会议，充分发扬党内民主，严格执行民主集中制原则，选举产生了河北省出席中国共产党第二十次全国代表大会的代表，彰显了高举旗帜、维护核心，民主团结、风清气正的政治自觉，展现了河北省满怀豪情迎接党的二十大胜利召开的坚定信心。

二是为贯彻党的二十大精神布局谋篇，实干有为。党的二十大闭幕后，河北召开省委十届三次全会，把深入学习宣传贯彻党的二十大精神作为当前和今后一个时期的首要政治任务，团结带领全省上下以高度的政治自觉抓好学习宣传和贯彻落实。全会要求把党的二十大精神转化为团结奋斗的强大力量，推动思想观念和思维方式更好地适应新时代新征程，强化进取观念、市场观念、创新观念、人才观念、法治观念、执行观念，强调要坚定政治立场和价值追求，到 2035 年，全面建成经济强省、美丽河北，实现经济实力大幅跃升，创新能力显著增强，建成现代化经济体系，人与自然和谐共生，民主法治充分发展，社会大局和谐稳定，文明程度普遍提升，人民生活幸福美好，推动中国式现代化在河北展现美好图景。省直各部门各单位结合实际，迅速行动，在全面学习党的二十大精神上下功夫，学深悟透精髓要义。省教育厅制定工作方案，上下联动推进学习宣传贯彻党的二十大精神，高效统筹校园疫情防控和教育教学发展，推动河北教育高质量发展。省司法厅紧紧围绕党的二十大绘制的宏伟蓝图、确立的奋斗目标和作出的战略部署，找准司法行政工作切入点和着力点，自觉对标对表，统筹推进全面依法治省和司法行政各项工作。举办全省基层宣传干部党的二十大精神线上培训班，开发互动答题 H5，通过"视频课程+答题练习"等形式，推动党的二十大精神入脑入心，全省各县（市、区）共有 2.8 万余名基层宣传干部和义务宣教员报名参训，课程观看总量达 23 万次，观看总时长超 10 万小时，学员点赞超12 万次。

三是推动党的二十大精神学习宣传走深走实。一分作部署，九分靠落实。河北省及时制发《中共河北省委关于认真学习宣传贯彻党的二十大精神的意见》《河北省认真学习贯彻党的二十大精神集中宣讲工作总体安排》《学习贯彻党的二十大精神省委"走基层"宣讲团工作方案》等，第一时间组建省委宣讲团。各地各部门按照党中央统一部署和省委安排，全方位、多形式、分层次开展学习贯彻党的二十大精神集中宣讲活动。截至 2022 年 12月底，共组织开展党的二十大精神各类宣讲 3.8 万余场次，直接受众 340 余万人次，通过网络传播等渠道间接受众达 4100 万人次。2022 年 11 月 17 日，省委宣讲团团长、省委书记倪岳峰围绕学习贯彻党的二十大精神作宣讲报告，从六个方面对党的二十大精神进行了详细解读和系统阐释，报告会以广电网络视频会议形式召开，全省约 3 万名党员干部群众参加。河北全省共青团按照中央、省委和团中央部署深入开展"学习二十大、永远跟党走、奋进新征程"主题教育实践活动；省市县三级组建"冀青"宣讲小分队，开展党的创新理论"六进"宣讲50余场；开发学习党的二十大精神团干部版、青年版课程；组织各级青联委员、高校团委书记、学联学生会骨干、少先队工作者等通过座谈、专题学习、分享交流等形式全面学习领会党的二十大精神；开展的线上知识竞赛、线上答题、"青马学员说"等吸引了广大青少年的关注和参与。此外，团省委还安排了13个工作组对各市团委组织党的二十大学习宣传贯彻情况进行了调研和指导，将学习宣传贯彻党的二十大精神不断引向深入。同时，开展2021年度意识形态考核工作，在十届省委第一轮、第二轮巡视中，先后对87个县（市、区）开展意识形态工作责任制落实情况专项检查，及时审读并反馈省委巡视办移交的专项巡视报告和各地整改报告，坚持以正确的价值导向引领方向，确保马克思主义在意识形态领域的指导地位。

（三）守正创新，扎实有效开展新时代文明实践

新时代文明实践中心是培育和践行社会主义核心价值观的有效载体。2022年，河北新时代文明实践中心建设深化拓展，全省167个县（市、区）2227个乡镇（街道）53483个村（社区）建成新时代文明实践中心（所、站），实现了全覆盖。推动39个省直部门、11个设区市和雄安新区全部建立了联席会议制度和挂点联系制度，中宣部、中央文明办发布通报对河北省的做法给予肯定。新时代文明实践之花在燕赵大地竞相绽放，对精神家园涵养意义重大，既是时代之需、使命所系、群众所盼，也是守正创新做好基层宣传思想工作的战略举措。

一是进一步夯实对新时代文明实践中心建设重大意义和任务的共识。建设新时代文明实践中心是以习近平同志为核心的党中央从战略和全局高度作出的重大决策。主要目的是凝聚群众、引导群众，以文化人、成风化俗，用中国特色社会主义文化、社会主义思想道德牢牢占领基层思想文化阵地，不断满足人民日益增长的精神文化需求。主要内容是学习实践科学理论、宣传

宣讲党的政策、培育践行主流价值、丰富活跃文化生活、持续深入移风易俗。全省各地都建立了新时代文明实践中心（所、站），以合理布局充分展示新时代文明实践中心建设的方法内涵和创新举措。蔚县围绕解决群众吃穿住行、养老就医、子女教育等民生问题，实施"蔚萝益家人"工程，解决民生微事。在此基础上，拓展成立蔚县群众服务中心，吸收行政审批、住建、人社、城管、教体等24个单位入驻，整合相关单位服务职能，实施集中办公，打造集民生服务、举报投诉、帮扶救助、调解处理于一体的综合性服务平台，累计办结群众的操心事、烦心事、揪心事1563件，办结率达99.7%，真正实现了群众服务中心服务群众的目标。

二是注重打造特色品牌。石家庄市藁城区"德善藁城"主题活动蓬勃开展，有效引导当地群众崇德向善；秦皇岛市海港区推行"文明居民积分"，让当地百姓争做文明人，传播文明新风尚；邯郸市各地成立文明实践培训学院；清河县"接诉即办"、青县"孝老小院爱心食堂"、任丘市"15米志愿服务圈"等特色活动受到群众的欢迎；中宣部《每日要情》推介了河北省五个方面建设措施；中央文明办简报推广了邯郸市经验做法；邢台市打造线上"百姓议事厅"8500多个，解决群众"急难愁盼"问题8万多件，做法入选《新时代文化改革发展案例选编》；黄骅市开展"家庭医生"项目，整合基层医疗保健资源，为每个家庭配备家庭医生，让群众真正得到实惠。

三是健全新时代文明实践中心运行机制。新时代文明实践中心在培根塑魂、强信心、聚民心、暖民心、铸同心方面发挥着重大作用。河北各地新时代文明实践中心（所、站）明确责任，传导压力，从接收受理、交办转送、下访督办、检查考核、归类存档等方面规范流程、标准，特别是针对群众事项，责成相关单位分类办理。磁县充分利用"惠民实践团"、文化科技卫生"三下乡"等平台，常态化开展文明实践活动，深入乡镇和社区开展"欢乐城乡"文艺云宣讲等活动32场。蔚县实行"7个工作日"分级提级督办亮牌制，促进责任落实，推动事项解决。青县推动爱心小屋建设，一村（社区）一品，流河镇中蔡庄村依托青剧传习所传承青剧，丰富百姓生活；马厂镇依托运河沿岸的红色教育基地，打造了二十里屯村党建生活馆、下马厂军事文化展馆、曾官屯村史馆、王维屯乡村记忆中心，开展多场红色教育活动，群众受益匪浅。

（四）崇德向善，大力推进精神文明建设

河北省精神文明建设工作走在全国第一方阵。作为六个省级文明办之一，河北省委宣传部副部长、省文明办主任吕新斌代表河北省文明办在2022年全国文明办主任会议上作了典型发言。为增强全民思想道德素质、提高全社会文明程度，河北以省文明委名义印发《关于开展"我是文明市民、要为城市争光，我是燕赵儿女、要为河北争气"活动的意见》①，明确总体要求、基本原则、活动内容、方法路径和保障措施。河北各地各部门各行业因地制宜，开展特色活动，以培育和践行社会主义核心价值观为引领，以深入开展"双争"活动为抓手，统筹推进公民道德建设工程，活动效果显著。深入实施1个省本级和6个地市级文明行为条例，通过强化教育引导、示范引领、实践养成、环境打造、依法治理，市民文明素质和社会文明程度持续提升，广大干部群众爱党爱国爱乡热情更加高涨，奋发奋斗奋进力量更加强劲，向真向善向美氛围更加浓厚，学法用法守法意识不断增强。

一是弘扬正气引领方向。大力弘扬"西柏坡精神""塞罕坝精神"，组织专家研究阐释"西柏坡精神"基本内涵，充分利用"奋进新时代"主题成就展、央视"开学第一课"等平台持续弘扬"西柏坡精神""塞罕坝精神"，组织推进功勋人物李保国同志基础资料收集整理和口述史采集工作，最大限度永久传承"李保国精神"。按照中宣部关于开展"强国复兴有我"

---

① 该活动主要突出四方面重点任务：大力倡导爱党爱国爱乡，引导广大干部群众在"感党恩、听党话、跟党走"，增强民族自豪感的同时，不断增强家乡荣誉感、"主人翁"责任感，珍惜维护家乡荣誉、为河北增光添彩；大力倡导奋发奋斗奋进，引导各行各业人员爱岗敬业、争创一流，广大老年人展示价值、发光发热，广大青少年学生学有所成，为河北发展添砖加瓦；大力倡导向真向善向美，引导广大干部群众自觉践行社会主义核心价值观，不断强化道德责任、提升道德境界，为培育良好社会风尚贡献力量；大力倡导学法用法守法，引导广大干部群众提升法治意识和法治素养，时刻用法律法规规范言行，自觉遵守社会规范、维护公序良俗，做守法好公民，为社会和谐稳定做贡献。

群众性主题宣传教育活动的安排部署，以"365百姓故事汇"为载体，线上线下结合，组织制作播出电视宣讲活动52场、广播宣讲活动100期。全省各地举办各类群众宣讲活动1600余场次，参与人数超过1000万人次，涌现出一大批优秀选手、优秀故事，并通过视频短片、电视访谈等形式在河北广播电视台，以及冀时客户端、微信、快手、抖音等新媒体平台广泛传播，在"学习强国"总平台、省平台开设"365百姓故事汇"专栏进行推送，线上总浏览量超过1亿人次，"365百姓故事汇"品牌影响力和知名度大幅提升。在全省"365百姓故事汇"示范宣讲暨经验交流活动中，涉县八路军一二九师纪念馆宣讲员团队、雄安新区生态补水团队、承德旅游职业学院冬奥志愿服务团队、涿州市退役军人事务局"老兵故事"宣讲团队代表分享精彩故事和群众宣讲组织工作经验，充分展现了干部群众解放思想、奋发进取的精神面貌。

二是发挥道德典型榜样作用。道德模范是社会的宝贵财富，让好人有好报是社会应有的姿态，礼遇道德模范和"身边好人"是社会主义核心价值观的生动实践。《河北日报》刊发4个专版，集中总结宣传24个地方和单位开展"双争"活动的特色做法。选树"文明市民"4000余名、"身边好人"8000余名（组），其中237名（组）入选"河北好人"，17人荣登"中国好人榜"；12个志愿服务先进典型入选全国"四个100"；推选省级"新时代好少年"16名（组），其中在冬奥会开幕式上演唱奥林匹克会歌的保定市阜平县"马兰花儿童声合唱团"入选全国"新时代好少年"并被重点发布。承德市共评选出"承德好人"98人，12人入选"河北好人"，评选"新时代好少年"210人、优秀志愿者234人、优秀志愿服务组织121个、优秀志愿服务项目58个、优秀志愿服务社区（站点）42个等，在全社会营造了崇德向善、见贤思齐、好人好报、德者有得的浓厚氛围。石家庄市坚持立德树人根本任务，以培养担当民族复兴大任的时代新人为目标，扎实推进未成年人思想道德建设，大力开展"扣好人生第一粒扣子""童心向党"等教育实践活动，培育创建全国文明校园8所、省级文明校园35所、市级文明校园145所，在全市形成各学校创先争优的浓厚氛围。

三是基层基础创建工作扎实推进。10 个全国文明城市顺利通过国家年度测评的实地考察和问卷调查，经评估，成绩符合预期。组织第三方完成对全省 178 个市、县（市、区）文明城市创建工作 2022 年度省级测评（复检）。持续深化"十个一"建设，全省县级及以上文明村镇占比分别达到 69% 和 90%；邢台内丘岗底村、邯郸武安白沙村入选"全国文明村镇创建巡礼"；河间市移风易俗相关经验做法在央视《焦点访谈》播出。以文明单位创建培树行业新风，持续深化"提质提效、文明服务"竞赛，组织各行业创建文明政务大厅、文明窗口和文明服务明星，以服务树新风。以文明家庭创建培树良好家风，以"喜迎二十大共传好家风"为主题，各地各单位征集家风作品近万篇，通过刊发优秀作品，传播了善美家风。以文明校园创建培树师德学风，文明班级、文明寝室、三好文明学生等基础性细胞化创建常态开展，在 5 个全国和 9 个省级试点县建成乡村"复兴少年宫"751 所，带动市级及以下试点建成 1100 余所，乡村"复兴少年宫"日益成为加强农村未成年人思想道德建设的可靠阵地。

四是移风易俗助推文明风尚。省文明办、省民政厅向全省城乡居民发出倡议，持续推进移风易俗、培树文明新风。曲周县成立由县人大、宣传部门、纪检部门组成的移风易俗工作领导小组，通过农村大喇叭、微信矩阵群、移动宣传车等在全县乡村进行移风易俗宣传，要求党员干部走在前列，引导农村单身青年树立正确的婚恋观。全县 342 个行政村由村支部牵头成立红白理事会，根据各村村情制定相关村民公约，如西老营村的村规民约建议每桌饭菜总价不超过 300 元，送亲车辆使用大巴、中巴，街坊邻居、帮忙人员吃大锅菜。邯郸市邯山区将推动移风易俗工作纳入文明村镇、文明社区、文明单位评定条件，对出现索要天价彩礼、党员干部婚丧嫁娶大操大办并造成恶劣影响的，实行一票否决。围绕贯彻落实中共中央办公厅、国务院办公厅印发的《关于推进社会信用体系建设高质量发展促进形成新发展格局的意见》，省文明委相关成员单位以叫响"信用河北"品牌为目标，广泛开展诚信教育"七进"（进机关、进企业、进学校、进社区、进农村、进医院、进市场）活动，诚信理念进一步根植基层。组织开展失信行为专项治理，指导各地各部门综合运用教育督导、信用修复、失信约束等措施，破解商务、金融、民生等重点领域诚信缺失突出问题，不断完善激励诚信、惩戒失信长效机制。进一步完善全省五级一体化信用平台网络体系，将诚信建设摆在省级文明城市创建测评更加突出位置，增设部门评价意见并赋予较高分值权重，促进了河北各地更加重视推进诚信建设，在全社会进一步营造良好的诚信环境。2022 年 8 月 11 日，河北省社会信用体系建设工作经验交流会在承德市丰宁满族自治县召开，展示了社会信用体系建设从制度设计、平台建设、数据归集等基础性工作逐步向信用承诺、信用融资、"信易+"等应用性工作转变的成绩。全省在省级 9.5 亿元融资担保基金基础上，石家庄、秦皇岛、张家口、唐山等市设立了规模达到 13.14 亿元的中小微企业融资风险缓释或风险补偿基金池，助力企业融资信用服务平台体系作用进一步显现。

（五）明确方向，推进志愿服务精准化、常态化

志愿服务在燕赵大地蔚然成风。2022 年，全省已有 135 个县（市、区）成立了志愿服务联合会（协会），数量较 2021 年增长 1 倍以上。服务冬奥盛会，"迎冬奥、讲文明、树新风"主题志愿服务活动广泛开展，2600 多名城市志愿者参与人员引导、信息咨询、文明宣传等服务。中宣部《宣传工作》推广河北省经验。

一是打造冬奥志愿服务标杆。在北京冬奥会冬残奥会总结表彰大会上，河北师范大学新闻传播学院学生袁玮婷代表 1.8 万名冬奥志愿者发言。河北师范大学冬奥志愿者以高度的责任感和严谨的态度，圆满完成张家口颁奖广场、云顶滑雪公园、国家越野滑雪中心、国家冬季两项中心、张家口冬奥村（冬残奥村）5 个场馆 19 个业务领域 62 个岗位的志愿服务工作，累计服务时长 7.4 万小时，得到各场馆的充分认可。

二是丰富志愿服务实践。河北省以"学雷锋志愿服务月"为抓手，集中发布 112 个典型志愿服务项目，动员 1147 万多名注册志愿者参与。石家庄市组建了由市委宣传部（市文明办）牵头、由 19 家成员单位构成的市志愿服务协调小组，明确职责分工，指导全市志愿服务工作全面开展；成立由

76 家会员单位组成的志愿服务联合会（协会），引领、联合、服务社会各界志愿服务组织和广大志愿者；截至 2022 年，石家庄市 23 个县（市、区）组建各类文明实践队伍 900 余支，共建立各级各类志愿服务组织达 9084 个，实名注册志愿者 172.2 万人；按照"七个有"标准，建立完善开放式的志愿服务站 1000 余家，覆盖全市 90%以上的窗口单位，实现了全市社区学雷锋志愿服务站全覆盖，形成了石家庄市志愿服务工作的一线阵地。张家口市张北县建成学雷锋志愿服务站 300 个，分布在城市社区、窗口单位、景区景点、乡镇和行政村等地，每个志愿服务站点均设置便民应急医用箱、便民工具、饮用水、爱心雨伞、针线包、充电设备、轮椅、老花镜、书报架等服务项目和设备，为市民提供所需要的服务。青龙满族自治县推出"爱心驿站"，大门 24 小时为户外劳动者敞开，长期为户外劳动者提供免费冷热水、桶装方便面；窗玻璃上挂着应急雨伞，墙角放着打气筒，方便路人应急取用；此外，还提供手机充电、应急零钱等多项志愿服务。"爱心驿站"发起者——青龙雨露志愿服务中心理事长陈勇说："驿站的成立就是让更多的人知道这里有一个冷了可以取暖、热了可以纳凉、渴了有水饮用、累了有站点歇脚、伤了有物品应急的地方。"陈勇说，他和团队的志愿者会将志愿服务精神传递下去，做一名诚实守信理念的传播者和推广者，让"爱心驿站"的爱心长期传递，为更多户外劳动者提供方便，让他们感受到被关爱的幸福。①

三是激发志愿服务活力。为深入学习贯彻习近平新时代中国特色社会主义思想，积极培育和践行社会主义核心价值观，大力弘扬奉献、友爱、互助、进步的志愿精神，根据中宣部、中央文明办等 19 部门印发的《关于开展 2022 年度全国学雷锋志愿服务"四个 100"先进典型宣传推选活动的通知》要求，全面展示全省志愿服务事业发展的新成效，进一步推进新时代文明实践志愿服务精准化、常态化、便利化、品牌化，并面向全省征集党的十九大以来志愿服务"四化"项目及文化产品。石家庄市开展"城市文明大行动"志愿服务日活动，志愿者统一身着红马甲、佩戴口罩，党员佩戴

---

① 周磊：《青龙这家不打烊的"爱心驿站"演绎诚信互助》，《秦皇岛日报》2022 年 7 月 25 日。

党徽，在指定地点有序开展文明引导相关活动，包括协助交警维持交通秩序，礼貌劝阻交通路口车辆、行人违规行为；将混乱停放的车辆摆放整齐；向市民大力宣传《石家庄市公共文明行为条例》、石家庄市民文明十条等，引导广大市民遵守社会公德。① 张家口市宣化区启动"星期六志愿服务"活动，机关单位干部职工充分利用每周六上午时间，围绕城市建设管理、疫情防控、扶贫帮困、文明实践等内容开展多种形式的志愿服务活动，积极发挥表率作用，带动广大群众积极参与，共创文明城市。② 邯郸市磁县建成了县、乡（镇）、村（社区）三级志愿服务体系，在新时代文明实践中心加挂县志愿服务联合会（协会）牌子，县级总队下设 13 支特色志愿服务队、121 支志愿服务分队，11 个乡（镇）全部成立志愿服务支队，262 个村（社区）全部成立志愿服务大队，全县已注册志愿者 84400 余人；针对疫情防控、志愿服务条例等内容，多次开展"云培训"，并组织开展了保护母亲河、助力植树造林、城乡人居环境整治、服务三夏生产等志愿服务活动 10 余场；依托县融媒体中心打造"微心愿"平台，组织各志愿服务队贴近基层，广泛收集群众意见建议，探索建立群众点单、中心派单、志愿者接单、群众评单的"四单"机制，精准服务群众，解决群众"急难愁盼"问题。③

二　坚持问题导向，把握发展趋势

过去十年伟大变革和成就令人振奋，习近平新时代中国特色社会主义思想深入人心，社会主义核心价值观广泛传播，中华优秀传统文化得到创造性转化、创新性发展，文化事业日益繁荣，网络生态持续向好，意识形态领域形势发生全局性、根本性转变，全党全国各族人民文化自信明显增强，精神

---

① 《石家庄开展"城市文明大行动"志愿服务日活动》，河北文明网，2022 年 8 月 17 日，http：//hb. wenming. cn/zyfw/202208/t20220817_ 6453391. html。
② 《张家口宣化区："星期六志愿服务"助力文明城市创建》，河北文明网，2022 年 6 月 9 日，http：//hb. wenming. cn/zyfw/202206/t20220609_ 6399965. html。
③ 《磁县：深化文明实践共建文明家园》，河北文明网，2022 年 8 月 15 日，http：//hb. we nming. cn/sjzx/202208/t20220815_ 6451486. html。

面貌更加奋发昂扬。党的二十大在深刻总结成绩的同时，也指出了前进道路上面临的形势和问题："发展不平衡不充分问题仍然突出，推进高质量发展还有许多卡点瓶颈，科技创新能力还不强；确保粮食、能源、产业链供应链可靠安全和防范金融风险还须解决许多重大问题；重点领域改革还有不少硬骨头要啃；意识形态领域存在不少挑战；城乡区域发展和收入分配差距仍然较大；群众在就业、教育、医疗、托育、养老、住房等方面面临不少难题；生态环境保护任务依然艰巨；一些党员、干部缺乏担当精神，斗争本领不强，实干精神不足，形式主义、官僚主义现象仍较突出；铲除腐败滋生土壤任务依然艰巨；等等。"①

从河北省来看，一些领域和一些地方道德失范、诚信缺失，违背社会公德、职业道德、家庭美德、个人品德等现象时有发生；封建迷信、铺张浪费等不良现象、不良风气、不良习俗还在一定范围禁而不绝；一些地方环境脏乱差，不遵守基本公共秩序、不遵守基本文明行为准则的现象还比较普遍。这反映出我们在教育引导、实践养成、制度保障方面力度不够，培育和践行社会主义核心价值观仍存在薄弱环节。这些问题从不同方面、不同层次对社会主义核心价值观培育和践行产生了深刻影响。我们必须始终坚持问题导向，从面临的形势和任务出发，思考工作切入点，抓住群众关注的突出问题和重点问题，分析判断各领域出现问题的轻重缓急，谋划长远和整体的工作思路，推动这些问题的解决。

（一）坚持不懈用习近平新时代中国特色社会主义思想凝心铸魂是新时代培育和践行社会主义核心价值观的根本遵循

马克思主义是社会主义核心价值体系的灵魂，是共产党人精神家园的根基。习近平新时代中国特色社会主义思想实现了马克思主义中国化时代化新的飞跃，是中华文化和中国精神的时代精华，是当代中国马克思主义、

---

① 习近平：《高举中国特色社会主义伟大旗帜 为全面建设社会主义现代化国家而团结奋斗——在中国共产党第二十次全国代表大会上的报告》，人民出版社，2022，第14页。

21世纪马克思主义。党的二十大进一步明确了习近平新时代中国特色社会主义思想的丰富内涵和精髓要义，以"两个结合"赋予马克思主义鲜明的实践特色、民族特色、时代特色；以"六个必须坚持"阐明了推进马克思主义中国化时代化的世界观和方法论，强调要坚持不懈用习近平新时代中国特色社会主义思想凝心聚魂，为培育和践行社会主义核心价值观提供了根本遵循，也为不断提高广大干部群众的精神境界和思想觉悟提出了新的课题。一是如何把握理论的系统性、整体性和创新发展。党的十八大以来，中国共产党坚持把马克思主义基本原理同中国具体实际相结合、同中华优秀传统文化相结合，与时俱进推进马克思主义中国化时代化，以"十个明确""十四个坚持""十三个方面成就"反映了理论的连续性与创新性的统一。二是如何深化集中教育和日常教育效果。在党的群众路线教育实践活动、"三严三实"专题教育、"两学一做"学习教育、"不忘初心、牢记使命"主题教育、党史学习教育等集中性教育活动和经常性教育中，都把学习贯彻习近平新时代中国特色社会主义思想作为首要任务。在新的历史起点上，系统地而不是零碎地、全面地而不是局部地理解和把握新思想的理论内涵和实践要求，以学思践悟增强政治认同、思想认同、情感认同、行为认同，不断增强政治领悟力、政治判断力、政治执行力是当务之急。三是如何深刻把握贯穿习近平新时代中国特色社会主义思想的世界观和方法论。对"六个必须坚持"要知其然又知其所以然，不断提高战略思维、辩证思维、历史思维、理论思维、系统思维、法治思维、底线思维等，不断提高用马克思主义立场、观点、方法观察时代、把握时代、引领时代的能力和水平。习近平新时代中国特色社会主义思想内涵丰富、博大精深，同时，又是在实践中不断发展的理论、开放的理论。以党的创新理论武装头脑，要努力克服自身存在的问题和不足。比如，学习主动性不强的问题、系统性不够的问题、思想认识不到位的问题、理论辨析能力不强的问题等。

（二）贯彻落实党的二十大精神是社会主义核心价值观培育践行的大势所趋

党的二十大科学谋划了未来一个时期党和国家事业发展的目标任务和大

政方针，擘画了以中国式现代化全面推进中华民族伟大复兴的宏伟蓝图。学习宣传贯彻党的二十大精神是当前和今后一个时期全党全国的首要政治任务，为培育和践行社会主义核心价值观标定了明确方向，提供了丰厚滋养。一是如何把握党的二十大在政治上、理论上、实践上取得的一系列重大成果。党的二十大提出的新思想新论断新概括，既有政治上的高瞻远瞩和理论上的深邃思考，也有目标上的科学设定和工作上的战略部署，彰显了价值追求与实践需要的内在统一。只有坚持历史和现实、理论和实践、国际和国内相结合的办法，从整体到局部再从局部到整体反复揣摩，才能全面掌握党的二十大精神。二是如何有序推进党的二十大精神贯彻落实。要结合具体实际，有计划、有部署，在把握总目标、总方向、总要求的前提下，对各项目标和任务进行细化，有针对性地拿出落实的具体方案，制定明确的时间表、"施工图"，扎扎实实向前推进。要分清轻重缓急，既要全面推进，又要突出重点；既要狠抓当前，又要着眼长远，多办打基础、利长远的事，防止搞形式主义、官僚主义。三是如何把握中国式现代化的中国特色、本质要求、重大原则和重大关系。中国式现代化深深植根于中华优秀传统文化，体现科学社会主义的先进本质，借鉴吸收一切人类优秀文明成果，代表人类文明进步的发展方向，展现了不同于西方现代化模式的新图景，是一种全新的人类文明形态，拓展了发展中国家走向现代化的路径选择，为人类对更好社会制度的探索提供了中国方案。中国式现代化蕴含的独特世界观、价值观、历史观、文明观、民主观、生态观等及其伟大实践，是对世界现代化理论和实践的重大创新，使社会主义核心价值观与共产党人价值观、全人类共同价值观相辅相成，内在统一，为社会主义核心价值观培育践行开辟了道路，拓展了空间，增强了影响力和吸引力。

（三）经济强省、美丽河北建设为培育和践行社会主义核心价值观提供了舞台

经济强省、美丽河北建设是打造中国式现代化河北场景的具体体现，是服务全面建设社会主义现代化国家大局的河北实践。这一场景的展开，需要社会主义核心价值观凝聚共识，深入践行新发展理念，统筹发展和安全，扎实推动重大国家战略，加大改革开放力度，加快创新驱动发展，着力建设现代化产业体系，全面推进乡村振兴，加强生态文明建设，不断增进民生福祉，为推进中国式现代化贡献力量。一是准确把握河北所处的历史方位。河北具备高质量发展的现实基础，特别是重大国家战略深入实施的基础、综合经济实力不断提升的基础、生态环境质量持续改善的基础、人民生活水平稳步提高的基础、社会大局长期和谐稳定的基础、广大干部群众团结奋斗的基础，这是推动社会主义核心价值观培育和践行向更高层次发展的底气所在。二是深刻认识和把握河北面临的宝贵机遇。京津冀协同发展战略机遇、雄安新区建设发展机遇、海洋强国建设机遇、数字经济发展机遇、绿色低碳发展机遇、基础设施建设机遇，是河北实现价值追求和经济跨越提升的强大支撑。三是深刻认识和把握河北拥有的发展优势。河北具有独特区位优势、产业发展优势、资源禀赋优势、交通便利优势、沿海开放优势、广阔市场优势，是以社会主义核心价值观构筑精神家园，赢得未来发展的良好条件。四是高度重视河北存在的短板和不足。综合实力、质量效益、增长动力与河北在全国大局中所处的位置还不相称，一些干部的思想观念、思维方式、工作作风与新形势新任务的要求还不相适应，这是河北推进改革创新的主攻方向。需要以社会主义核心价值观引领风尚，以更宽的视野、更高的追求、更实的举措，立足新发展阶段、树牢新发展理念、构建新发展格局、推动高质量发展，努力创造经得起历史和人民检验的业绩。

（四）国际国内复杂环境需要以社会主义核心价值观奏响中国强音

当前，在中华民族伟大复兴战略全局和世界百年未有之大变局加速演进的时代背景下，价值传播和舆论生成正在发生结构性革新，全球话语权力结构因各国硬实力的变化而重构。国际斗争，特别是意识形态方面的斗争极其激烈，各种价值观念和社会思潮纷繁复杂，对社会主义核心价值观的冲击和影响不容小觑。一是西方的"棒杀"和"捧杀"不绝如缕。西方凭借话语霸权，以政治裹挟技术，操弄国际舆论，设置全球议程和中国议题，蓄意制造负面标签。这就需要我们保持战略自信，增强斗争的底气。二是我国发展进入战略机遇和风险挑战并存、不确定因素增多的时期。我国发展面临新的战略机遇、新的战略任务、新的战略阶段、新的战略要求、新的战略环境，需要应对的风险和挑战、需要解决的矛盾和问题比以往更加错综复杂。三是中国奇迹需要奏响中国之音。坚持国家站位、树立全球视野、创新话语表达，多语种、多渠道、多媒体向国际社会开展积极宣介，推动中国理念深入人心，既要讲好中国故事、中国方案，又要敢于亮剑、敢于斗争。通过展现构建人类命运共同体、全球发展倡议、全球安全倡议等凝结着中国智慧与担当的理念和愿景，不断让国际上更多的人了解中国，为世界注入信心和力量。

三　大力培育和践行社会主义核心价值观，
奋发有为开启新征程

培育和践行社会主义核心价值观，基础在于成风化人、凝心聚力，目的在于通过思想建设、灵魂建设，着力造就担当民族复兴大任的时代新人。2023年是全面贯彻党的二十大精神的开局之年，是全面建设社会主义现代化国家开局起步的重要一年，也是精神文明创建的"大年"。做好新一年工作，要坚持以习近平新时代中国特色社会主义思想为指导，围绕学习宣传贯彻党的二十大精神这条主线，以评选表彰新一届全国精神文明建设先进典型为契机，统筹推动文明培育、文明实践、文明创建，为打造中国式现代化河北场景提供坚强思想保证、丰厚道德滋养、强大精神力量、良好社会环境。

（一）坚持不懈用习近平新时代中国特色社会主义思想凝心铸魂

马克思指出："理论一经掌握群众，也会变成物质力量。理论只要说服人，就能掌握群众；而理论只要彻底，就能说服人。所谓彻底，就是抓住事物的根本。"[①] 党的十八大以来，习近平总书记围绕坚持和发展中国特色社会主义，提出了许多富有创见的新思想、新观点、新论断、新要

---

① 《马克思恩格斯文集》（第一卷），人民出版社，2009，第11页。

求，进一步丰富和发展了在新的历史条件下塑造社会主义核心价值观的理论认识。以马克思主义中国化时代化最新成果引导广大干部群众树立正确的价值观念和思想认识，是增强社会主义核心价值观认同的理论基础。实践证明，掌握马克思主义理论的深度，决定着政治敏感的程度、思维视野的广度、思想境界的高度。要坚持理论自觉和自信。党的十八大指出，"中国特色社会主义道路，中国特色社会主义理论体系，中国特色社会主义制度，是党和人民长期奋斗、创造、积累的根本成就"①。学习贯彻习近平新时代中国特色社会主义思想，首先要坚定对新时代党的创新理论的政治认同、思想认同、情感认同，深刻认识这一科学理论的重大政治意义、理论意义、实践意义和方法论意义，忠诚捍卫"两个确立"，做到"两个维护"，自觉做中国特色社会主义道路的坚定信仰者、中国特色社会主义理论的忠实践行者、中国特色社会主义制度的坚强捍卫者和中国特色社会主义文化的合格继承者。要把握历史发展大势，坚定理想信念，做到"三个务必"，保持战略定力，不为任何风险所惧，不为任何干扰所惑，自信自强，守正创新，从伟大胜利中激发奋进力量，从弯路挫折中吸取历史教训，绝不在根本性问题上出现颠覆性错误，以咬定青山不放松的执着奋力实现既定目标，以行百里者半九十的清醒不懈推进中华民族伟大复兴。要牢牢把握"六个必须坚持"重要要求，坚持理论联系实际，坚持学以致用，解放思想、奋发进取，深入领会党的创新理论的道理学理哲理，把思想认识上的收获转化为推动河北各项事业发展的实际行动，让习近平新时代中国特色社会主义思想在燕赵大地彰显出更加强大的真理力量和实践伟力。要把学习贯彻习近平新时代中国特色社会主义思想与贯彻落实党的二十大作出的重大决策部署结合起来、与学习贯彻习近平总书记对河北工作的重要指示结合起来，大力开展主题宣传，精心组织"牢记嘱托启新篇"蹲点调研采访活动，做好党的创新理论宣讲"六进"和学校

---

① 中共中央文献研究室编《十八大以来重要文献选编》（上），中央文献出版社，2014，第46页。

"三进"工作。充分利用主题出版物和科普读物，在省内主要媒体办好理论专题专栏、栏目节目，培养融媒体领域分众化理论宣传"轻骑兵"，探索创新基层宣讲载体形式，提升宣讲质量和效果。实施哲学社会科学创新工程，运用多学科知识、方法和手段，对马克思主义中国化时代化最新成果进行学理阐释和学术构建，以正确的政治方向、价值取向、学术导向，加强对新时代中国共产党治国理政新理念、新思想、新战略的研究，打造更多承载社会主义核心价值观的文化产品，为强国建设和民族复兴提供强大价值引领力、文化凝聚力和精神推动力。

（二）持续深入学习宣传贯彻党的二十大精神

党的二十大提出了一系列重大理论和实践创新，丰富和发展了科学社会主义的思想宝库，我们必须把学习宣传贯彻党的二十大精神作为首要政治任务，始终坚持，不断拓展和深化。要认真落实习近平总书记"三个下功夫"和"五个牢牢把握"重要要求，全面落实党的二十大关于中国式现代化的战略部署，奋力开创建设经济强省、美丽河北新局面。要找准中央精神与河北实际的结合点，统筹疫情防控和经济社会发展，统筹发展和安全，坚持稳中求进工作总基调，立足新发展阶段，完整准确全面贯彻新发展理念，积极服务和融入新发展格局，推动高质量发展，让中国式现代化在燕赵大地呈现蓬勃生机。要广泛开展学习宣讲，以多渠道、多形式、多层次的学习教育，原原本本学习党的二十大精神，持续推动省委"走基层"宣讲团、各级宣讲团开展面对面、互动化、分众化基层宣讲，推动党的二十大精神进机关、进企事业单位、进城乡社区、进校园、进各类新经济组织和新社会组织、进网站。要深入开展主题宣传，继续办好"全面深入学习宣传贯彻党的二十大精神"专题专栏，深入宣传各地各部门学习贯彻党的二十大精神的举措成效。持续开展"新时代新征程新伟业"主题采访活动，组织开展"高质量发展调研行""乡村行·看振兴"等主题宣传活动，深化"强国复兴有我"群众性主题宣传教育活动，开展"河北场景·党旗红"系列主题宣传活动，不断丰富社会主义核心价值观培育和践行活动载体和渠道，运用学习成果辨方向、悟方法、定举措，做到践而有道，行之愈笃。

（三）巩固壮大奋进新时代的主流思想舆论

巩固壮大奋进新时代的主流思想舆论，是党的二十大报告提出的重要任务，是增强社会主义核心价值观凝聚力和引领力的客观要求，为全面建设社会主义现代化国家提供强大舆论支持。习近平总书记强调："党的新闻舆论工作是党的一项重要工作，是治国理政、定国安邦的大事"[①]，"做好党的新闻舆论工作，事关旗帜和道路，事关贯彻落实党的理论和路线方针政策，事关顺利推进党和国家各项事业，事关全党全国各族人民凝聚力和向心力，事关党和国家前途命运"[②]。要精心组织正面宣传报道，围绕"强信心"做好主题宣传、经济宣传、成就宣传、典型宣传，唱响中国经济光明论。组织省内主要新闻媒体办好"撸起袖子加油干、风雨无阻向前行"等专题专栏，擦亮"冀言"等评论言论品牌，以《百姓看联播》等融媒体栏目，宣传更好统筹经济社会发展的举措成效，宣传打造中国式现代化河北场景的火热实践。要深入推进媒体融合发展，建设全媒体传播体系，稳步推进省直主要新闻单位深度融合，推动建成具有强大引领力影响力竞争力的新型主流媒体集团，拓展提升"冀云·融媒体"平台服务功能，通过技术手段创新，为创新内容表达增添活力，借助新平台壮大主流思想舆论。扎实推进市级融媒体中心建设，落实中央关于建强用好县级融媒体中心意见，探索制定河北省县级融媒体中心高质量发展综合评价办法。要做好对外宣传推介河北工作，举办"我的河北故事——在冀外国友人汉语演讲比赛""文化旅游看河北——你不知道的特色小镇"等主题外宣活动，办好"一带一路"·长城国际民间文化艺术节、中国吴桥国际杂技艺术节、海外"河北文化周"等重大文化交流活动。用好中国国际数字经济博览会、中国·廊坊国际经济贸易洽谈会等重大会议活动

---

① 《习近平谈治国理政》（第二卷），外文出版社，2017，第331页。
② 《习近平谈治国理政》（第二卷），外文出版社，2017，第331~332页。

开展对外宣介。围绕省委、省政府中心工作，精心组织系列新闻发布会，持续加强新闻发言人队伍建设，提升新闻发布工作水平。要深化开展"新春走基层"活动，及时报道各行各业团结奋斗、昂扬向上的精神面貌；及时报道各级领导干部和社会各方面深入基层一线，特别是深入受灾地区、脱贫地区、乡村振兴重点帮扶县，对因疫因灾遇困群众和老弱病残等特殊群体开展帮扶救助、走访慰问和志愿服务活动的感人场景；报道各地区各部门开展丰富多彩的节庆文化活动，大力弘扬社会主义核心价值观和中华优秀传统文化，持续宣传好各地组织的传统民俗、年俗活动，生动反映各地基层群众文化生活的新趣味新时尚，突出地域特色和时代气息，展现中华文化多样性。

（四）提高全社会文明程度

文明是现代化国家的显著标志。一个国家的繁荣强盛、一个民族的文明进步，很大程度上取决于社会思想道德水平。党的二十大报告强调"提高全社会文明程度"，要求"实施公民道德建设工程"，"推进城乡精神文明建设融合发展"，"在全社会弘扬劳动精神、奋斗精神、奉献精神、创造精神、勤俭节约精神，培育时代新风新貌"，"完善志愿服务制度和工作体系"。[①]提高全社会文明程度，重在建设、以立为本，要广泛践行社会主义核心价值观，弘扬以伟大建党精神为源头的中国共产党人精神谱系，用好各级爱国主义教育基地等各类红色资源，抓好党史、新中国史、改革开放史、社会主义发展史宣传教育。深入开展"我是文明市民、要为城市争光，我是燕赵儿女、要为河北争气"活动，广泛选树宣传道德模范、燕赵楷模、最美河北人、河北好人等先进典型。组织开展第九届河北省道德模范评选表彰、全国推荐及宣传帮扶工作。实施时代新人铸魂工程，加强未成年人思想道德建设，推进乡村"复兴少年宫"建设。组织开展河北省思想政治工作应用性、对策性研究。做好国家青少年国防教育实践基地建设协调服务保障工作，抓

---

① 习近平：《高举中国特色社会主义伟大旗帜 为全面建设社会主义现代化国家而团结奋斗——在中国共产党第二十次全国代表大会上的报告》，人民出版社，2022，第44~45页。

好县处级以上党政领导干部、民营企业高层管理者、中小学校长等国防教育培训，举办全省大学生"爱国强军"主题演讲比赛，引导社会力量依法建立全民国防教育社会组织。要持续推进群众性精神文明创建活动，扎实推进文明城市"创省级、争全国"活动，做好10个全国文明城市和19个全国提名城市（县）参评工作。统筹推进文明村镇、文明单位、文明家庭、文明校园创建，力争更多单位和家庭获评新一届全国先进。组织好第三届河北省文明城市（城区、县城），2021～2023年度河北省文明村镇、文明单位、文明家庭、文明校园评选表彰工作，努力在全社会营造风清气正、激浊扬清的人文环境。推动城乡精神文明建设融合发展，指导五个全国县级文明城市争取城乡文明融合创建试点。要深化拓展新时代文明实践中心建设，开展"党的声音进万家"主题文明实践活动。完善志愿服务制度和工作体系，组织河北省文明实践志愿服务项目大赛，建设完善志愿服务项目库，推动文明实践志愿服务精准化常态化便利化品牌化。要广泛开展文明风尚行动，组织开展"诚信燕赵行"活动，推动诚信教育进机关、进企业、进学校、进社区、进农村、进医院、进市场，助力"信用河北"品牌建设。持续深化"讲文明、树新风"活动，深入推进"我们的节日"主题活动，广泛开展文明餐桌、文明旅游、文明交通、文明观赛（演）活动，加强网络文明建设，深化移风易俗，弘扬时代新风新貌。

（五）繁荣发展文化事业和文化产业

价值观自信是展现党和人民对自身价值观坚定认同和执着信守的强烈意识，是体现中华民族对自身文化和精神内核的坚定信念。为统筹做好文化惠民工作，2023年河北省"我们的中国梦——文化进万家"活动更加注重实际、注重实效、注重创新。省、市各级宣传文化单位引导广大文化、文艺工作者开展面向基层的文艺演出、文艺培训，开展高效优质的文化服务等。要创作推出一批文艺出版精品，深入实施系列精品创作工程，组织开展学习贯彻党的二十大精神主题创作活动，精心打造一批文学、戏剧、影视剧、歌曲、书法、美术、摄影、曲艺等主题艺术作品，创作推出交响组歌《建党精神礼赞》，电视剧《故乡的泥土》《时间的果实》，电影《空中接力》《寻砖》《家的方向》，话剧《大漠日记》，音乐剧《理想之城》等重点作品。深化文化体制机制改革，坚持把社会效益放在首位，社会效益和经济效益相统一，深化国有文化企业双效考核，稳妥推进国有文化企业激励机制、股权合作、规范管理等试点改革工作。要加快发展文化产业，围绕京津冀协同发展、京张体育文化旅游带、国家公共文化公园建设、公共文化空间等，高标准谋划实施一批重点文化产业项目，推动河北广电无线传媒股份有限公司等上市融资。要做好河北省国家级文化和科技融合示范基地评估验收和申报工作。推动文化和旅游深度融合发展，构建环京津旅游风景道体系，办好《美丽河北》慢直播节目，让"这么近、那么美，周末到河北"成为新时尚。要提升公共文化服务水平，建好用好文化名家工作室，打造一批市民身边的"文化会客厅"。创新实施文化惠民工程，组织开展"365 百姓故事汇"、"我们的中国梦——文化进万家"、中华优秀传统文化进校园进乡村、惠民阅读周暨惠民书市等活动。加大文物和文化遗产保护力度，扎实做好非物质文化遗产系统性保护工作。高质量推进河北省长城、大运河国家文化公园建设。深入开展文化科技卫生"三下乡"活动，结合全省乡村振兴工作新任务、新要求，精准对接被帮扶县区域发展需求和广大群众对美好生活的新期待，组织各成员单位发挥职能优势，进一步提升送科学理论、送精神文明、送实用科技、送卫生健康、送帮扶项目的质量和层次。

（六）以数字化为社会主义核心价值观培育赋能

数字化不仅是技术、平台与传播方式的全方位融合，更是思想内容与人文精神的高度融合。党的二十大对加快建设网络强国、数字中国，实施国家文化数字化战略等作出重要部署，为社会主义核心价值观培育和践行提供了根本遵循，指明了前进方向。要坚持正确方向导向，牢牢把握"正能量是总要求、管得住是硬道理、用得好是真本事"的基本原则，顺势而为、因势利导、趋利避害，全面提高驾驭数字化的能力和本领。始终坚持以社会主义核心价值观为引领，坚守中华文化立场，传播正确的历史观、民族观、国家观、文化观，弘扬中华优秀传统文化、革命文化和社会主义先进文化，讲好中国故事、弘扬中国价值、体现中国精神，让积极健康向上的优质内容成为数字内容的主流，营造风清气正的网络环境。要适应信息化趋势谋划推进工作，着眼互联网规律布局，运用各方面资源力量，强化以人工智能、大数据、云计算、元宇宙等为代表的信息技术运用，打造导向鲜明、形式鲜活、人民喜闻乐见的作品产品，运用先进技术提升内容品质，创新产品形态，改善受众体验，推动党的创新理论入"网"乘"云"，"飞入寻常百姓家"。要创新打造理论舆论数字化平台和产品，用好网上理论文献库、资源数据库，打造视频、音频、动画等多样态的新媒体理论产品。探索将新技术新应用融入新闻生产、传播、分发、接收各环节，推出更多可视化新闻、机器智能新闻。建设信息化、智能化、实时化舆情监测管理平台，实现舆情监测发现、分析研判、指挥处置、反馈评议等环节一体化发展。

精神传承篇

Spiritual Inheritance Reports

西柏坡精神研究宣传现状与弘扬路径

康彦新*

摘　要： "西柏坡是毛主席和党中央进入北平，解放全中国的最后一个农村指挥所。"① 在这里，中共中央组织召开了中国共产党全国土地会议，彻底废除了盘亘在中国大地上几千年的封建土地制度的根基；组织指挥了伟大的战略决战，决定了中国的命运；组织召开了党的七届二中全会，描绘了新中国的宏伟蓝图。党中央在西柏坡带领全党全军全国人民进行了一系列伟大革命实践，孕育了伟大的西柏坡精神。它不仅是指导中国革命向前迈进的精神动力，并且随着历史的发展和中国特色社会主义建设的进程，越来越焕发出新的更强的生命力。多年来，学术界对西柏坡精神给予了极大关注，并取得了较为丰硕的研究成果。

关键词： 西柏坡精神　三个务必　革命精神

---

* 康彦新，西柏坡纪念馆研究室主任，研究方向：西柏坡精神。
① 中共中央文献研究室第二编研部编《周恩来题词集解》，中央文献出版社，2012，第89页。

一 西柏坡精神研究的缘起与不断深入

20 世纪 90 年代初以来，西柏坡精神研究经历了从初步探索到逐步深入、从河北省到走向全国、从理论研究到成为现代化建设特别是全面建设小康社会的实践指导这样一个不断发展的过程。

"西柏坡精神"一词最早提出是在 20 世纪 80 年代后期，初步研究则开始于 20 世纪 90 年代初。1987 年，斯苏民在《四川党建》上发表《西柏坡精神永放光芒》一文，首次提出西柏坡精神。时隔三年，《河北日报》予以重发，引起了一定的社会反响。1993 年 12 月，河北省党建研究会召开"发扬西柏坡精神座谈会"。在此前广泛研究的基础上，与会的党史、党建工作者对西柏坡精神的形成、内涵、意义等进行认真讨论，提出了有见地的学术见解。

20 世纪 90 年代中期，西柏坡精神研究进入了发展期，突出标志是全国有影响力的报刊相继发表有关研究文章，一些著名学者也投入了研究。1995 年 11 月 8 日，《人民日报》发表题为《弘扬西柏坡精神的时代意义》的文章。这篇文章的发表，对于在全国范围扩大西柏坡精神的影响，对于促进西柏坡精神的研究，都发挥了重要作用。石仲泉在 1996 年第 3 期《中共党史研究》上发表题为《中国特色社会主义道路的探索之源——兼谈"西柏坡精神"》的文章，这篇文章引起研究者的广泛关注，被认为是一篇具有深意、富于启迪、能够拓宽西柏坡精神研究思路的好文章。

20 世纪 90 年代后期，西柏坡精神研究不断深入发展，其标志有二。一是举行了规模较大、学术层次较高的理论研讨会，专题研讨关于西柏坡精神的重要问题。1998 年 5 月下旬，河北省委宣传部等部门组织召开纪念中共中央、解放军总部移驻西柏坡 50 周年学术讨论会，会上收到 120 余篇论文。河北省理论工作者同来自北京、上海、天津、江苏、陕西、甘肃等地的专家学者，就西柏坡时期的历史地位、西柏坡精神的形成和内涵、西柏坡精神的现实意义等进行了广泛深入的学术研究探讨。二是出现了一批专门研究西柏坡精神的著作。1998 年 4 月，《建设一个新世界》一书出版，这是研究西柏坡精神的第一部专门著作；同年 4 月，中共河北省委党史研究室编写的《中共中央移驻西柏坡前后》一书出版；同年 5 月，中央档案馆等编的《中共中央在西柏坡》一书出版。1999 年 12 月，《西柏坡与新中国》课题组撰写的《西柏坡与新中国》一书出版；同年同月，谢忠厚主编的《历史转折之魂——西柏坡精神》一书出版。

进入 21 世纪，特别是 2002 年胡锦涛在西柏坡学习考察，并发表重要讲话后，学术界又一次掀起了西柏坡精神研究热潮。与以往有所不同的是，在这次研究进程中不仅发展壮大了一支西柏坡精神的研究队伍，涌现出了大量的研究成果，而且研究成果的应用范围及表现形式都得到了积极拓展。突出特点有四个。一是研究队伍的组织化。2002 年 10 月在石家庄市成立了西柏坡精神研究会，这是河北省第一家专门研究西柏坡精神的市级学术团体。随后，清华大学又在该校建起了西柏坡精神研究分会等学术组织。二是研究领域得到拓展，研究成果大量增加。2003 年 5 月，石家庄市委宣传部和社科院组织编写了《"两个务必"教育读本》一书。同年 9 月，中央党史研究室和中共河北省委联合召开了"弘扬西柏坡精神，全面建设小康社会"理论研讨会，来自中直单位和 20 多个省、市、自治区的论文作者参加了研讨会，并编辑了西柏坡精神研究论文集。2006 年，中央党校主编的《试论西柏坡精神》一书出版，从历史、现实与理论的新视角全方位地对西柏坡精神进行了概括归纳。三是研究方式推陈出新。2004 年，由河北省委宣传部、石家庄市委宣传部和西柏坡纪念馆联合举办的《牢记"两个务必"，永葆政治本色——西柏坡精神巡回展览》在北京进行首展，随后又在全国各大城市进行了巡回展出，探索出了一条利用巡展研究和宣传西柏坡精神的新途径。这次巡展将西柏坡精神的研究推向了新高。四是研究成果更加注重对现实的指导作用。由中共河北省委宣传部组织编写的《西柏坡精神干部读本》一书于 2012 年出版，该书除了阐明西柏坡精神的几个方面外，更加侧重于西柏坡精神在现实工作中的指导作用，教育人们如何发扬西柏坡精神，干好本职工作，此举在广大党员干部中掀起了学习实践西柏坡精神的热潮。2011

年出版的专著《西柏坡精神的当代价值》，用剥离的研究方法进行系统研究，从内核、表征、特质、宗旨、品质等方面进行归纳和总结。

在此前后，西柏坡纪念馆加大研究力度，从不同方面对西柏坡精神进行深入挖掘和研究，出版了《西柏坡记忆》《西柏坡纪事》《西柏坡档案》《西柏坡——新中国从这里走来之解读》《西柏坡——新中国从这里走来之见证》《走进西柏坡》《西柏坡口述历史》等，极大地丰富了西柏坡研究的内涵。

从西柏坡精神提出到现在已经有 30 多年了，学术界围绕什么是西柏坡精神、其基本特征有哪些、其核心是什么等一系列问题展开了广泛讨论，提出了各种不同的论点。

一是把它作为一种革命精神来研究。其主要内容可以概括为：敢于斗争、敢于胜利的革命到底精神；善于破坏旧世界、善于建设新世界的科学进取精神；务必使同志们继续地保持谦虚谨慎、不骄不躁的作风，务必使同志们继续地保持艰苦奋斗的作风的艰苦创业精神；坚持群众路线，坚持团结统一的民主团结精神。

二是把它作为党魂来研究。认为"两个务必"将鞭策共产党人面向未来，把中国特色社会主义事业不断推向前进，因此，西柏坡精神不仅应当成为共产党人永远保持的优良作风，成为中国共产党永远拥有的党魂，而且应当成为世代相传的民族之魂。

三是把它作为一种探索中国特色社会主义道路的精神来研究。认为从政治方向、道路的角度讲，党在西柏坡确实体现了从中国实际出发，探索适合中国国情的社会主义建设道路的精神。西柏坡精神是两条伟大道路的交汇处和衔接点。毛泽东开辟的农村包围城市的有中国特色的民主革命道路在西柏坡即将走完，这里是最后一站；同时始于毛泽东的建设有中国特色的社会主义道路又从这里开始，这里是最初的源头。

四是把它作为一种善于破坏旧世界、善于建设新世界的科学进取精神来研究。认为西柏坡精神是中国无产阶级在革命即将取得全国性胜利的历史转折时期所表现出来的既善于破坏旧世界、又善于建设新世界的科学进取精神。它既是对中国共产党革命传统和优良作风的概括和总结，又是中华民族自尊、自信、自强精神在新民主主义革命时期的升华。

五是把它作为一种历史转折之魂来研究。认为西柏坡精神产生和形成于中共中央在西柏坡时期，它是一种体现中国革命伟大历史性转折的时代要求的革命精神，是中国无产阶级革命精神发展的一个新阶段。它的本质是继往开来，走中国式建设道路的探索精神。

六是把它作为一种党的作风来研究。认为坚持"两个务必"，发扬艰苦奋斗的作风，是我们共产党人"建设一个新世界"必须长期坚持的基本思想。在新的形势和任务面前，党中央再一次强调坚持"两个务必"，发扬艰苦奋斗的作风，具有重大而深远的意义。

综上所述，西柏坡精神的内涵十分丰富，学者们虽然在具体界定上有所不同，但在基本点的把握趋向上是一致的。正是在这种精神的鼓舞下，中国共产党带领全党全军全国各族人民实现了中国革命的伟大转变，建立了人民当家作主的新中国，它是中共中央在西柏坡留给我们的最宝贵的精神财富。

二 新时代以来习近平对西柏坡精神的重要论述

党的十八大以来，习近平同志高度关注革命纪念地的建设和发展，每到一地考察，他都参观革命纪念地并发表重要讲话。他指出："我每次到革命老区考察调研，都去瞻仰革命历史纪念场所，就是要告诫全党同志不能忘记红色政权是怎么来的、新中国是怎么来的、今天的幸福生活是怎么来的，就是要宣示中国共产党将始终高举红色的旗帜，坚定走中国特色社会主义道路，把先辈们开创的事业不断推向前进。"①

2011 年 6 月，习近平指出，"我们党在长期革命斗争中形成了理论联系实际、密切联系群众、批评和自我批评等优良作风，形成了井冈山精神、长

① 习近平：《论中国共产党历史》，中央文献出版社，2021，第 46 页。

征精神、延安精神、西柏坡精神"。① 这是目前查到的中央领导第一次关于西柏坡精神这一概念的表述。2013 年 7 月，习近平亲自到西柏坡调研并发表重要讲话，之后在多种场合提到西柏坡精神，并给予西柏坡精神的现实意义以高度的评价。西柏坡精神再次成为人们关注的热点。

2013 年 7 月 11 日、12 日，习近平在西柏坡考察时指出："历史是最好的教科书。对我们共产党人来说，中国革命历史是最好的营养剂。多重温我们党领导人民进行革命的伟大历史，心中就会增加很多正能量。"② "要跳出'其兴也勃焉，其亡也忽焉'的历史周期率，就要靠头脑清醒，靠保持'两个务必'。"③ "两个务必"包含着对我国几千年历史治乱规律的深刻借鉴，包含着对我们党艰苦卓绝奋斗历程的深刻总结，包含着对永葆政党先进性和纯洁性、对人民政权实现长治久安的深刻忧思，思想意义和历史意义十分深远。

2016 年 2 月，在全国开展"两学一做"学习教育中，习近平在批示全党学习《党委会的工作方法》（《党委会的工作方法》是毛泽东在党的七届二中全会总结报告中的一部分）时强调，毛泽东同志在新中国成立前夕的这篇讲话，深刻总结了党委会工作的一般规律，是一篇加强党委领导班子建设、提升党的领导水平和执政能力的光辉文献，可把这篇文章纳入"两学一做"学习教育内容。④

2016 年，习近平总书记在庆祝中国共产党成立 95 周年大会上发表重要讲话，他指出："'路漫漫其修远兮，吾将上下而求索。'全党同志一定要不忘初心、继续前进，永远保持谦虚、谨慎、不骄、不躁的作风，永远保持艰苦奋斗的作风，勇于变革、勇于创新，永不僵化、永不停滞，继续在这场历

---

① 《习近平：认真学习党的文献 充分发挥资政育人作用》，中央政府门户网站，2011 年 6 月 16 日，http://www.gov.cn/ldhd/2011-06/16/content_ 1886089. htm。

② 习近平：《论中国共产党历史》，中央文献出版社，2021，第 24 页。

③ 习近平：《论中国共产党历史》，中央文献出版社，2021，第 26 页。

④ 参见《中共中央组织部印发〈关于学习贯彻习近平总书记重要批示精神加强党委（党组）领导班子建设的通知〉》，中央政府门户网站，2016 年 2 月 25 日，http://www.gov.cn/xinwen/2016-02/25/content_ 5046252. htm。

史性考试中经受考验，努力向历史、向人民交出新的更加优异的答卷！"①

2018年，习近平总书记在庆祝改革开放40周年大会上发表了重要讲话，大段引用了毛泽东在党的七届二中全会上的讲话，习近平指出："我们这么大一个国家，就应该有雄心壮志。毛泽东同志说：'夺取全国胜利，这只是万里长征走完了第一步。如果这一步也值得骄傲，那是比较渺小的，更值得骄傲的还在后头。在过了几十年之后来看中国人民民主革命的胜利，就会使人们感觉那好像只是一出长剧的一个短小的序幕。剧是必须从序幕开始的，但序幕还不是高潮。''我们不但善于破坏一个旧世界，我们还将善于建设一个新世界。'"②

2019年9月，习近平在香山强调，我们缅怀这段历史，就是要继承和发扬老一辈革命家谦虚谨慎、不骄不躁、艰苦奋斗的优良作风，始终保持奋发有为的进取精神，永葆党的先进性和纯洁性，以"赶考"的清醒和坚定答好新时代的答卷。历史充分证明，中国共产党和中国人民不仅善于打破一个旧世界，而且善于建设一个新世界。展望未来，中国的发展前景无限美好。③

2021年7月1日，习近平总书记在庆祝中国共产党成立100周年大会上指出："过去一百年，中国共产党向人民、向历史交出了一份优异的答卷。现在，中国共产党团结带领中国人民又踏上了实现第二个百年奋斗目标新的赶考之路。"④

2022年10月16日，在党的二十大报告中，习近平强调："中国共产党已走过百年奋斗历程。我们党立志于中华民族千秋伟业，致力于人类和平与发展崇高事业，责任无比重大，使命无上光荣。全党同志务必不忘初心、牢记使命，务必谦虚谨慎、艰苦奋斗，务必敢于斗争、善于斗争，坚定历史自

---

① 习近平：《在庆祝中国共产党成立95周年大会上的讲话》，人民出版社，2016，第28页。
② 习近平：《论坚持全面深化改革》，中央文献出版社，2018，第524页。
③ 参见《习近平在视察北京香山革命纪念地时强调 不忘初心牢记使命锐意进取 满怀信心继续把新中国巩固好发展好》，中央政府门户网站，2019年9月12日，http://www.gov.cn/xinwen/2019-09/12/content_5429550.htm。
④ 《习近平谈治国理政》（第四卷），外文出版社，2022，第15页。

信，增强历史主动，谱写新时代中国特色社会主义更加绚丽的华章。"①习近平总书记把毛泽东在党的七届二中全会上提出的"两个务必"发展为"三个务必"。

据不完全统计，在习近平总书记各种重要讲话当中关于"赶考的清醒与坚定""新的赶考之路""两个务必"等表述多次出现，涉及西柏坡时期党的历史的表述次数也非常多。这一系列重要论述为新时代开展西柏坡精神研究和宣传指明了方向，也提出了新的课题，如何深入研究西柏坡精神，特别是西柏坡精神的时代价值将成为新热点。

三 西柏坡精神研究宣传现状及面临的问题

党的十八大以来，社会各界特别是来自河北省内的党校、社会科学院、高校的专家学者撰写了一批专著。石家庄市社会科学院马建彬、苏瑞翩编著《西柏坡时期党的精神建设——基于历史视角的研究》；来自石家庄学院的学者著有《西柏坡精神与当代大学生》《西柏坡精神法治内涵研究》《西柏坡多党合作文化纲论》；省委统战部研究室主任史宝强著有《五一口号史稿》；省党史研究室著有《红色西柏坡》；省政府参事室孙万勇著有《品读西柏坡》；来自省委党校的学者著有《西柏坡时期军事建设》《"赶考"路上行与思》《西柏坡时期的光辉实践与宝贵经验》《西柏坡时期文化建设》；河北师范大学的李建强著有《西柏坡精神》等。2021年河北省委将西柏坡精神内涵的概括上报中央，2022年3月14日，中宣部复函河北省委，将西柏坡精神的基本内容确定为谦虚谨慎、艰苦奋斗、实事求是、一心为民。这为西柏坡精神内涵的研究、挖掘和宣传提供了基本遵循，极大地统一了社会各界的思想。可以说，习近平总书记的系列重要论述和中宣部的复函不仅为西柏坡精神研究宣传注入了新的内涵，也把西柏坡精神的研究宣传带上了新

---

① 习近平：《高举中国特色社会主义伟大旗帜 为全面建设社会主义现代化国家而团结奋斗——在中国共产党第二十次全国代表大会上的报告》，人民出版社，2022，第1~2页。

高度、新视野。造成西柏坡精神研究宣传工作成效不大、重量级的成果缺乏的主要原因有以下五个。

一是论著少，有影响力的作品更少。以中国知网论文库收录文章数据来看，2022 年以"西柏坡"为关键词的论文仅有 11 篇，内容包括党建、廉政建设、人民民主、红色文化、红色旅游、文化产业等多个领域；以"两个务必"为关键词的论文 2022 年仅有 3 篇；以"赶考"为关键词的论文 2022 年仅有 2 篇。以上论文发表在《人民日报》等重大报纸的数据为空白。

二是缺乏强力合作机构和平台。延安、井冈山、红船等与西柏坡齐名的红色纪念地均有省级以上单位成立相关精神研究会，更有延安干部学院、井冈山干部学院这些由中组部牵头成立的干部学院。反观西柏坡这一精神在研究组织和平台提供搭建上大大落后。河北省目前有河北师范大学西柏坡研究中心、省委党校西柏坡研究中心、石家庄市西柏坡精神研究中心、石家庄学院西柏坡文化研究中心。河北师范大学、石家庄学院所设研究中心基本活动范围和组织多限于本校，省委党校的研究中心近几年成果也显不足。全省没有能够整合各方力量，推进西柏坡研究宣传的机构。由此导致西柏坡精神研究学术氛围不足。

三是宣传力度不够。近几年，虽然有一些关于西柏坡的研究和宣传，但总体来看力度不大。大多宣传集中于建党纪念日、"赶考"日等重大历史节点，宣传方向也多以西柏坡区域经济社会变化为主。同时，真正结合西柏坡精神、西柏坡历史重大事件的活动不多，自 2018 年举办西柏坡精神研讨会之后，长达 5 年时间没有举行省级、市级部门组织的西柏坡精神研讨会。与香山、南京、上海相比活力不足，香山纪念馆在习近平总书记 2019 年视察香山之后，每年举办一次香山论坛，雨花台烈士陵园每年举办一次高质量发展峰会，上海每年举办一次初心论坛。河北类似活动 2022 年空白，社会各界策划的活动缺乏创新，新闻点低，宣传效果不佳。再者，石家庄市区虽然2021 年增加了"新中国从这里走来，赶考路从这里启程"宣传语，但密度不够，难以形成大的宣传效应。

四是西柏坡红色品牌跨界融合不足。第一，近几年中央对高校大思政课高度重视，要求高校与各纪念地融合发展，推进高校大思政课在高校学生中落地开花。江苏、上海、浙江等地迅速开展跨界融合发展，河北省内却没有一家高校与西柏坡纪念馆联系，创新高校思政课教育模式。第二，随着西柏坡纪念馆知名度的不断提高，产生了产业聚集效应。西柏坡纪念馆周边陆续新建和挖掘了部分新景点、新业态。仅以西柏坡所在的西柏坡镇为例，该镇周边新增了红色胜典景区、柏里水乡、柏里溪、北庄（《团结就是力量》歌曲诞生地）等近20个景点，从体量上看涵盖了周边约15平方千米。这些景点虽然都主打西柏坡品牌，但分属不同管理机构、不同利益主体、不同业态，特色各异，目前最大的问题是各自为战，跨界融合发展的理念、思路及行之有效的举措还没有形成，阻碍了西柏坡品牌的宣传。第三，西柏坡研究跨学科融合研究态势还没形成，大多研究局限于历史学和政治学，以及党建学科。如，西柏坡历史研究与经济学、社会学、领导艺术、地理学、语言学、新闻学等学科的结合研究少之甚少，有待于进一步加强和深入探索。第四，与乡村振兴融合度不高。目前，西柏坡镇乡村振兴战略与西柏坡纪念馆的关联度不高，镇里老百姓还是以最原始的经营模式参与西柏坡红色旅游，均以家庭和个人为单位开农家乐、卖土特产，缺乏资金实力雄厚的公司进行整体包装、统一管理、统一经营，形不成统一品牌，影响了产出效益，阻碍了西柏坡镇乡村振兴战略的整体推进和高质量发展。

五是西柏坡纪念馆基础设施落后。自2004年4月西柏坡纪念馆完成改陈建设之后，至今近20年的时间没有进行大的改陈建设，展览内容陈旧、展陈形式落后、设施设备老化、建筑破损漏雨，严重影响了西柏坡品牌的形象。

四 提升西柏坡精神研究宣传的路径与对策

西柏坡作为"两个务必"的诞生地有着非同寻常的历史意义。研究西柏坡精神，使其发挥革命精神对广大人民群众的教育功能及其在建设中国特色社会主义事业中的重要作用，是党史工作者义不容辞的责任。

（一）进一步加大对西柏坡历史基础研究

近几年，西柏坡纪念馆作为西柏坡研究的主要阵地，在西柏坡基础研究方面作了许多工作，编辑出版了《西柏坡档案》《西柏坡纪事》《西柏坡记忆》《西柏坡口述历史》《西柏坡电报故事》《西柏坡 100 张经典照片故事》《西柏坡 100 封书信故事》《团结就是力量》《走进西柏坡》《中共七届二中全会实录》《土地会议实录》《民主人士北上实录》等 40 余部专著。河北师范大学与西柏坡纪念馆共同申请了国家社科基金重大招标项目《西柏坡时期中国共产党历史文献整理与研究》，目前进入结项阶段，共整理文献资料50 卷，基础研究取得了较好的成绩，为全国学者研究西柏坡提供了翔实的史料支撑。但仍有一些资料挖掘不足，如，西柏坡时期召开的金融工作会议、军工会议、九月会议等资料挖掘不足；又如，关于傅作义偷袭石家庄历史事件中中央决策、军事应对准备、各部门疏散情况等资料不足。

（二）设立省级西柏坡研究会，整合各部门各学科力量，一体化推进西柏坡研究和宣传

建立省级以上的西柏坡研究会，整合党史研究部门、宣传部门、社会科学院、高校、党校、科研机构力量，定期研讨发布研究课题，定期举办研讨会、论坛等活动，特别是要结合高校学科建设，从各个学科的角度加大对西柏坡的研究。

（三）用好国家部委授予的品牌，撬动西柏坡研究宣传

2018 年，教育部等部门确定西柏坡纪念馆为中小学生研学基地。2020 年中宣部文化体制改革和发展办公室印发《关于做好中华民族文化基因库（一期）红色基因库试点工作的通知》遴选 15 家确定为中华民族文化基因库（一期）红色基因库首批试点单位，西柏坡纪念馆名列其中。2022 年西柏坡纪念馆入选由教育部会同科学技术部、工业和信息化部、生态环境部、国家卫生健康委、国家文物局、国家乡村振兴局、中国关心下一代工作委员会联合公

布的"大思政课"实践教学基地。这一系列授予的品牌为西柏坡研究宣传提供了难得的机遇，建议由省教育厅协调各个部门，开展爱国主义教育、集体主义教育、革命传统教育、中小学生思政课教育，形成全社会学习西柏坡精神、宣传党的历史、传承红色基因、赓续共产党人精神血脉的浓厚氛围。

（四）开展西柏坡区域旅游研究，建立联动机制

由省市有关部门组织专家学者对西柏坡区域旅游现状进行调研，重点对以西柏坡为核心的旅游区域内的交通、土地、林场、饭店、停车等要素进行评估和把脉，对红色胜典景区、中央部委旧址区、中宣部和中组部旧址、柏里水乡、柏里溪等20多个景点以及涉及的东柏坡、西柏坡、梁家沟等5个村庄区域进行逐一分析，按照大西柏坡旅游区域进行整体打造。一方面，打破分隔的利益主体局限，建立分属不同主体的合作机制，按照旅游吃、住、行、游、购、娱六要素对景区统一包装，统一管理；对景区道路进行线路上的科学规划；统一宣传口径，最大限度地扩大景区承载量，延伸产业链条，实现旅游经济效益最优化。另一方面，发挥龙头带动作用，加大与区域内村庄融合力度，开发特色农业、特色产业，拉动区域经济发展，助力乡村振兴战略在西柏坡区域高质量发展。

（五）积极探索建立西柏坡干部学院，加大对党员干部培训

目前，各地都成立了省级或市级干部学院，以干部学院负责全国各地党员干部的培训，起到了很好的拉动作用。浙江红船干部学院、中国延安干部学院、铜川照金干部学院、大寨干部学院、红旗渠干部学院、焦裕禄干部学院等已建立多年，西柏坡至今未建立干部学院，无法对接全国各地党员干部培训需求，成为西柏坡研究和宣传的一大短板，制约了西柏坡精神的弘扬和研究阐释。建议成立省级或市级干部学院，对外承接党性教育培训。一方面可以提升西柏坡的知名度和社会关注度；另一方面可以系统性地传播党的革命历史，弘扬西柏坡精神，弘扬以建党精神为源头的中国共产党人的精神谱系。

河北省提升基层理论宣讲人才队伍
素质的调查与思考

贾玉娥*

摘　要： 做好新时代基层理论宣讲工作，关键在人、在队伍。近年来，河北省委讲师团系统始终坚持人才先行，不断提升基层理论宣讲人才队伍的素质水平，有力推动了党的创新理论"飞入寻常百姓家"。但对照新征程上党的宣传思想工作面临的重大任务和崭新要求，全省理论宣讲队伍建设仍存在组织管理不尽科学、队伍结构严重失衡、作用发挥单一低效、培训交流有待加强、保障机制不够健全等弱项短板，需要进一步做好人才挖掘发现、队伍锻造培育、活动平台搭建、体制机制完善等工作，着力实现人才聚合、能力跃升、活力展现、制度优化，为全面建设社会主义现代化国家凝聚强大精神力量。

关键词： 河北省　基层宣讲　人才队伍

基层理论宣讲工作是党的理论武装工作的重要组成部分，是新时期传播党的理论创新成果、武装和教育基层干部群众的有效途径。做好新时代基层理论宣讲工作，关键在人、在队伍。2019年，中共中央办公厅下发《关于加强和改进新时代党委讲师团工作的意见》，从活动开展、队伍建设、经费保障等方面，进一步明确了全面提升新时代理论宣讲工作能力水平的努力方向，为常态化、广覆盖开展基层理论宣讲提供了行动指南。近年来，河北省

---

* 贾玉娥，河北省社会科学院政治文化教研处处长，研究方向：马克思主义中国化时代化。

委讲师团系统始终突出政治标准、坚持人才先行，着力在选任、培养、平台、激励上下功夫、强措施，不断提升基层理论宣讲人才队伍的素质能力，切实推动党的创新理论"飞入寻常百姓家"，入脑入心、指导实践。2022 年 5 月至 8 月，我们在全省范围内组织开展了基层理论宣讲人才队伍建设专题调研，共收到调研报告 12 篇（雄安新区和辛集市未提交），通过整理资料、座谈交流、实地走访，全面掌握了全省基层理论宣讲人才队伍建设的总体状况、存在问题及下一步改进的方向。

一 基层理论宣讲人才队伍建设的总体情况

高素质的宣讲队伍是推动党的创新理论及时、准确进基层的重要保证，是做好基层宣讲工作的重要支撑。截至 2022 年，全省各地基本上都按照"干部讲政策、专家讲理论、百姓讲故事"的路径，着力构建了党政机关干部、党校高校专家学者、百姓宣讲团三支结构多元、专兼结合的基层宣讲队伍，且整体素质不断提升，作用发挥日益充分，全力服务基层理论宣传、理论武装工作。

（一）干部宣讲队伍带头宣讲

干部宣讲队伍以党政机关干部为主，各地各级党政一把手亲自挂帅，主要班子成员全员上岗，各单位领导广泛参与，带头深入学习、带头交流研讨、带头开展集中宣讲，既结合工作实际在分管部门、分管领域做报告会宣讲，又深入基层与广大党员干部群众开展面对面互动交流，形成了一级抓一级、一级带一级、层层搞宣讲的良好局面。如在党史学习教育中，省委第一时间组建省委宣讲团，省委书记任团长，省委副书记、省长任副团长，省政协主席、省委常委、省人大常委会党组书记为成员，示范效应、标杆作用非常突出。此外，省直工委、省国资委也都组织本系统的机关干部，深入企业单位开展各类宣讲活动，让党的声音传遍社会各界。

（二）专家宣讲队伍作用突出

专家宣讲队伍以党校、讲师团、高校、社科研究机构的专家学者为主，充分发挥其理论功底深厚、宣讲技巧丰富的优势，深层次、多角度解读党的创新理论。截至 2022 年，除唐山、雄安两地外，全省各地的专家理论宣讲队伍不断扩大，有力推动了习近平新时代中国特色社会主义思想入脑入心、落地生根。其中，邯郸市 68 名；保定市 52 名；廊坊市 50 余名；张家口市 42 名；邢台市 33 名；秦皇岛市 32 名；沧州市 20 名左右；石家庄市 15 名；定州市 5 名；衡水市 275 名；承德市 560 余名。这些专家学者分赴全省各地，开展对象化、分众化、互动化宣讲，高质量完成"三个一"（一次报告会宣讲、一次座谈宣讲、一次互动交流）的任务要求，社会反响较为强烈。此外，各地还加强与国内知名学者、省外宣讲专家的衔接沟通，建立合作关系，鼓励吸引各类专家学者、各行各业的成功人士来冀深度宣讲。

（三）百姓宣讲队伍规模巨大

百姓宣讲队伍来自群众、服务群众，主要由广大党员群众组成，特别是由老党员、老干部、老教师、老战士、身边好人、道德模范、抗疫英模、最美人物、大学生村官、创业青年、乡贤能人、新农民骨干、志愿者等各行各业的代表组成，以机关大讲堂、新时代文明实践中心（所、站）、农村文化讲坛、社区文化家园、企业文化俱乐部、校园文化工作室等阵地为依托，常态化开展党的创新理论"六进"宣讲活动。如"草根宣讲团""教师宣讲团""老干部宣讲团""乡贤宣讲团""巾帼宣讲团""青年宣讲团""红领巾宣讲团"等。"红领巾宣讲团"以学生为主体，深入班级、校园，唱红色歌曲、讲党史故事，引导同学们知党史感党恩，努力成长为党和国家的栋梁之材；"巾帼宣讲团"以女企业家、女能手、女职工、女劳模为主体，深入广大农村社区、机关企业，讲创业故事、扬斗争精神，引导广大妇女同志坚定理想信念、争创一流业绩。承德市先后从基层全国人大代表、政协委员以及各级代表委员，各企业政工队伍、乡镇（街道）干部、社区"五老"人员、文艺志愿者、致富带头人、党支部书记、驻村干部、榜样模范人物中，推荐选出坚决拥护党的路线、方针、政策，自觉遵守国家法律法规，具有较强的理论素养和业务知识能力，表达能力强，善于用群众的语言表述观点，热爱党的理论宣讲事业，长期积极宣讲党的理论和路线方针政策的 18000 余人，组建了市县乡村四级"蒲公英"宣讲人才库。

二 各地基层理论宣讲人才队伍建设的主要做法

理论宣讲工作是一项政治性极强的工作，必须在坚持政治标准的前提下，强化理论宣讲人员的素质能力。全省各地高度重视宣讲人才培育工作，从人员选拔到素质提升，从平台打造到机制保障，全方位做好组织管理工作，力促理论宣讲在燕赵大地高潮连连。

（一）整合资源，选优队伍

理论宣讲看似容易实则很难，需要理论宣讲人员具备一定的专业素质和宣讲能力。近年来，全省各地积极整合资源，广泛选拔选聘政治素质过硬、理论水平较高、热爱宣讲工作、具有奉献精神的人员，着力做强做优宣讲队伍。如保定市发挥高校集聚优势，广泛吸收河北大学、河北农业大学、华北电力大学、河北金融学院、保定学院、中央司法警官学院、保定职业技术学院、河北软件职业技术学院、保定理工学院等高校马院师资，壮大理论宣讲队伍。承德市重点从机关、党校、高校、企业、社科研究机构，以及优秀宣讲员中优选出 560 人组建基层宣讲人才库。邢台市针对理论宣讲队伍建设薄弱专业不断引进高层次人才，2021 年、2022 年引进马克思主义哲学、历史学、新闻传播学、金融学、财政学、法学、经济学、心理健康教育等专业硕士研究生 9 名。廊坊市在驻廊高校和市直各单位选拔了一批在社会上有一定影响力的理论社科专家和领导干部，特邀为"形势政策教育宣讲员"，颁发聘任证书，建立社科理论专家资源库。邯郸市积极从善于运用群众语言、擅长与基层群众面对面交流、有一定宣讲特长的人员中选拔抽调了一批宣讲员，从演讲比赛获奖选手中选拔抽调了一批演讲员，从民间文化队伍人才中选拔抽调了一批说唱员，组建了有 4000 余人的"惠民好声音"宣讲团，其中 90% 的成员来自基层，更有 70% 直接来自农村。此外，各地还积极通过组织开展理论宣讲大赛、优秀宣讲报告评选等活动，着力挖掘、发现一批懂理论、懂群众、会宣讲的理论宣讲人才。

（二）建档立卡，动态管理

俗语说得好：人多力量大。但事实证明，人多若管理不好，实力再强作用发挥也十分有限。长期以来，各地借鉴脱贫攻坚经验，探索出一条建档立卡、动态管理的新路。如廊坊市根据宣讲员擅长的领域进行分类，为每名专家建立专门的档案，并将专家相关简介上传"廊坊大讲堂"网站和廊坊市干部理论教育网"专家库"栏目，菜单式分类管理，方便根据宣讲内容随时抽取相关专家进行宣讲。邯郸市客座教授结合当前市委、市政府重点工作任务和自身研究专长自行申报宣讲课题，受邀参加宣讲活动后，由邀请单位和本人反馈宣讲情况，市委讲师团对宣讲情况进行汇总，建立客座教授宣讲情况档案，并通过常态跟踪，决定是否续聘，实现全周期管理。承德市把市委市直机关工委、市委教育工委、市国资委、群团组织所属的各单位特色宣讲队伍纳入承德市"蒲公英"宣讲矩阵，着力提高宣讲的覆盖面和针对性，打造全市纵向到底、横向到边的大宣讲格局。

（三）定期培训，提升素质

理论宣讲既要有政治高度，又要有理论深度；既要全面系统，又要通俗易懂，这就对宣讲人员提出了很高的要求。近年来，全省各地牢固树立"人才意识"，以全方位培训引领推动宣讲队伍上水平。如廊坊市每年不少于两次对理论宣讲骨干进行专题培训，既重视宣讲技巧提升，又注重理论素养扩容。同时，选派优秀基层宣讲员参加省市有关单位举办的研修班、备课会、培训班。承德市采取以会代训、网上观摩、集中展演等形式对宣讲骨干进行培训，每月定期以省级理论宣讲站和市县新时代文明实践中心为依托，通过网络宣讲平台开展网络宣讲暨基层宣讲骨干培训活动，观看优秀宣讲视频，组织优秀宣讲员示范宣讲。秦皇岛市连续三年向 70 余名基层理论宣讲骨干赠阅《红旗文稿》杂志，为市委宣讲团专家提供相关全会文件、辅导读本等学习资料，为 30 余名党校教师和基层理论宣讲骨干提供赴省培训机会。张家口市积极组织线上培训、参观培训，在线收听收看金一南、李志勇等专家授课，赴晋察冀军区司令部旧址等红色教育基地参观学习。邢台市开展外派学习，每年选送 2~3 名宣讲骨干到中央党校、北京大学等国内高校进修访学，不断增强知识更新能力。同时，积极通过双周讲课、星火宣讲、课题申报、广泛调研、科研协作等活动，为青年教师成长提供锻炼机会。此外，各市基本都会在重大集中宣讲活动开展前，召开专家培训会或集中备课会，邀请相关专家学者领学导读，共同研讨宣讲课件，保证宣讲内容紧紧围绕中心、突出主题主线。

（四）搭建平台，广泛活动

理论宣讲离不开良好平台。近年来，全省各地各单位不断创新方式方法，积极探索"线上+线下""文艺+服务""固定+移动""大屏+小屏"等宣讲模式，让理论宣讲"潮起来"，实现了小切口和大主题的有机统一，碎片化解读和主题主线贯通的有机统一。如邯郸市聚焦中心大局，明确集中宣讲、理论阐释、调查研究三项职责，既重点做好习近平新时代中国特色社会主义思想、中央和省委、市委重要会议精神集中宣讲活动，又围绕党的理论创新成果和经济发展实践，归纳梳理本行业本系统贯彻落实中央和省委、市委重大会议精神和决策部署的经验做法等，同时开展理论研究和应用对策研究，真正发挥"智囊团"作用。张家口市积极开展调查研究，先后组织到官厅水库国家湿地公园、秦淮大数据中心、北汽福田公司宣化雷萨重机事业部、高新区冰雪运动装备产业园、宣化冰雪产业园、河北建筑工程学院"河北省储能供热技术创新中心"、河北省可再生能源供热技术工程研究中心进行实地走访。石家庄市探索建立的"微视频"理论宣讲阵地，利用短视频开展网上政策解读、社科普及，每年录播 20 期，扎实推动理论宣讲进网络。邢台市大力推行研究式教学，综合运用讲授式、案例式、模拟式、体验式等教学方法，大幅度提高互动式教学比例，充分调动教师和学员两方面的积极性，做到教学相长、学学相长。沧州市南皮县广泛开展"六进"微宣讲活动，采用"小而精"的宣讲方式，根据不同受众群体特点，有选择性、有针对性地组织宣讲团成员走进新时代文明实践站、村史馆、企业餐厅、田间地头、居民小院等地进行宣讲。衡水市着力打造"惠民理论好声音""红马甲""小红帽""大喇叭"等一大批具有鲜明地方特色的宣讲品牌，推动党的创新理论落地生根。同时，各市每年的"两会"、中央省市重大会议之后，以及"七一"建党日等重要时间节点，都会根据宣讲内容组建专家宣讲团，深入农村、企业、机关、社区、学校开展宣讲，覆盖全省上下各级各类单位。

（五）创建品牌，提质增效

品牌意味着质量、映印着效能。近年来，全省众多宣讲队伍纷纷结合当地实际打造特色宣讲品牌，不断提升社会影响力。如衡水市通过组织开展基层理论宣讲"好品牌、好创意、好作品"三项推选展示活动，先后形成"博士三人行""桃城老井""武强清唱哥"等一批叫得响、立得住、影响广的特色宣讲品牌模式；形成"习近平用典古诗韵律操"、"返乡大学生志愿宣讲进百村"活动、"院长故事会"系列等一批分散式、全方位、立体化特色创意宣讲活动；形成《情绪万花筒》《口罩歌》《践行社会主义核心价值观"寻根饶阳精神"主题宣传册》等数十个艺术特色鲜明、群众喜闻乐见的优秀宣讲作品；安平县全国第一个农村党支部纪念馆被评为"全国基层理论宣讲先进集体"；"小红帽"宣讲团推动党的精神落地生根的做法被评为河北省优秀典型宣讲案例。张家口市宣化区线上线下齐步走，理论宣讲成效高，线上开设理论宣讲"云"课堂，充分利用"学习强国"学习平台强国视频会议功能开展理论政策宣讲，实现了理论政策"线上直达"和"隔空见面"互动式宣讲，安全高效地扩大了宣讲覆盖面；线下积极开展"凉亭党课""周末课堂""配餐式宣讲"等多形式多样式宣讲，让村民在田间地头也能听听政策，尤其是"老车惠民宣讲小分队"把"该讲的"和

"想听的"融合在一起，连续三年在全省理论宣讲大赛中荣获一等奖。邯郸市"惠民好声音特色宣讲团"，依托民间文化、文艺表现等形式，用群众的语言创作出丰富的文艺作品，在广大农村、社区群众中广泛开展各类主题宣讲活动，让党的创新理论走进企业、农村、机关、校园、社区，深入人民群众，入耳、入脑、入心效果非常好，被中宣部表彰为"基层理论宣讲先进集体"。

（六）完善机制，强化保障

为充分激发宣讲人才的积极性，各地纷纷出台办法、健全机制，强化宣讲队伍管理和服务。一是健全选聘机制，严把选聘关口。邯郸市从个人申请，单位党委（党组）选报，市委讲师团审核、公示、颁发聘书各个环节，把好"入门关"，确保宣讲队伍政治可靠、群众信赖、作风过硬。二是健全宣讲机制。衡水市创新建立和推广"新时代文明实践所（站）点单+中心派单+群众评单"的"菜单式"宣讲模式，将理论宣讲、道德教育、知识学习、技能培训融为一体，实现理论宣讲"热在基层、热在群众"；任丘市建立形势政策、法律法规、历史等10个大类104项内容的点单目录，得到群众的大力支持和热烈响应。三是健全培训机制。邢台市建立培养"双导师"制度，教学上，安排教学经验丰富的教授、副教授担任"教学导师"，全程指导其专题备课、试讲、比赛等；科研上，安排学科带头人担任"科研导师"，全过程指导其课题申报、开展调研、依据学科建设要求开展科研。四是健全考核机制。承德市将习近平新时代中国特色社会主义思想"八进"宣讲工作纳入年度党委（党组）意识形态工作绩效目标考核、纳入精神文明创建测评指标，作为党的创新理论武装工作和年度工作述职的重要内容，明确责任主体、标准要求，定期调度分析运用情况，使各级党组织把基层理论宣讲工作牢牢抓在手上扛在肩上，摆上重要议事日程；邢台市在明确岗位职责的基础上，出台实施以绩效为导向的《"百分制"量化考核办法》，并把考核结果作为教师评先评优、晋级晋升等重要依据，奖勤罚懒、奖优罚劣，实现了宣讲工作考核的精准化；廊坊市依据参与宣讲活动情况进行年度考核，择优续聘。五是健全定期通报制度。承德市支持鼓励基层宣讲内容、手段、形式创新，及时总结宣讲工作的好做法好经验，编印《基层宣讲动态》，展示各级各单位特色亮点工作、宣讲工作新要求，激先鞭后，推动工作有序有力开展。六是健全激励机制。秦皇岛市连续多年对理论宣讲竞赛中评选出的基层理论宣讲先进个人和优秀宣讲作品给予一定物质奖励；廊坊市对参与宣讲的专家每场补贴1000元；承德市对宣讲场次多、群众反映好的单位和个人给予表彰，形成全社会重视理论学习、参与理论宣讲的浓厚氛围。七是健全纪律机制。邯郸市在宣讲提纲审核、宣讲活动开展等方面严明纪律，确保始终坚持正确导向，宣讲人员在聘期内如出现违反法纪等问题，聘任关系自动解除；邢台市落实外出宣讲责任制，建立工作台账，严格监督检查，实现专家外出宣讲制度化、规范化、常态化管理。

三　目前基层理论宣讲人才队伍建设存在的突出问题与不足

尽管全省基层理论宣讲人才队伍建设从总量到质量到效能都取得了一定成绩，有力保证了党的方针政策落地落实。但对照在新时代新征程上党的思想宣传工作面临的重大任务要求，全省基层理论宣讲人才队伍建设仍存在一些亟待解决的短板弱项。主要表现在以下五个方面。

（一）组织管理不尽科学

一个活动要想成功举办，并且长期坚持下去，不能光靠活动主体的努力，而需要一个团队的齐心协力。这个团队，需要的不仅仅是高素质的宣讲员和拥有组织能力的领导者，具备执行力的后勤人员也是必不可少的一部分。但是，现在这部分人员常常被忽略，或者由宣讲员兼任，很多时候仅注重宣讲过程而忽略其他方面的建设，导致宣讲活动的质量无法提高，甚至可能出现质量下降的情况，挫伤整个团队的积极性。出现这种现象的原因有三。一是组织管理人员少。如邢台市具体负责宣讲工作的只有1人，廊坊市

2 人，衡水市 3 人，特别是在县一级没有讲师团的情况下，基层理论宣讲工作只能由负责理论工作的同志组织实施，事多人少，一定程度上影响着宣讲工作的深入和覆盖面的扩大。二是活动策划不专业。宣讲活动既要强调政治性，更要突出实效性，要按活动的逻辑展开谋划，这就需要高素质的策划人员，但目前河北各地均无相关专业人员，致使活动设计缺乏专业指导，整体效果不尽理想。三是宣传推介不到位。多数理论宣讲活动重开展过程轻效果推介，做完即完，顶多在长城新媒体、河北新闻网上有则简短新闻，个别重大活动能被"学习强国"平台发布，宣传方式有待改进，推介力度有待加大，总结反思有待深化，否则难以产生强烈的社会反响。

（二）队伍结构严重失衡

虽然这几年基层理论宣讲人才队伍不断扩大，但从整体上看，还存在队伍结构严重失衡等问题。一是理论宣讲人才专职少兼职多，主要依托于高校、党校和部门抽调，如思政课老师、领导干部、文艺人士、先进典型、各行各业优秀工作者等，专门从事宣讲工作的人员并不多，多数宣讲骨干以兼职为主，受时间、精力影响，很难全身心投入宣讲工作，没有形成宣讲合力。二是理论宣讲人才高素质少低水平多。高校师资雄厚的地区理论功底深厚、宣讲能力较强的高素质人才仍偏少，部分宣讲人员专业跨度较大，理论知识储备明显不足，再加上文化素养、学习能力不同，导致宣讲能力差异较大。有的宣讲人员对党的路线方针政策理解不深、把握不准，有的宣讲人员谈中心工作与党的政策结合不紧，有的宣讲人员知识结构陈旧、宣讲内容少有新意。如"草根宣讲团"，虽和人民群众联系紧密，也擅长用接地气的方式进行宣讲，但专业的理论知识储备不足，理论阐释缺乏深度；"大学生宣讲团"，虽有朝气有激情，但缺乏实践历练，讲故事、说道理的能力并不强，照本宣科、机械枯燥，人民群众听得"一头雾水"。三是学科结构不合理。党建、思政领域人才众多，经济发展、社会治理、实用技术等方面人才较少，理论联系实际不够紧密，难以满足基层多样化群众需求，特别是缺乏对社会生活、实际工作的有力指导。四是人才流失较为严重。有些同志一开始表现出极强的参与意愿，但随着时间推移，少部分人因兴趣减弱最终会放弃宣讲员身份。同时由于基层人员流动性比较强，一年甚至半年都有可能变换工作，工作岗位的变动导致部分优秀宣讲人员离开宣讲工作岗位，人员流失快，队伍不稳定。

（三）作用发挥单一低效

近年来，广大宣讲人员虽然积极探索新形式、拓展新渠道，唱响主旋律、壮大正能量，但真正高效且受大众欢迎的宣讲活动并不太多。一是重灌输轻互动。多年来，理论宣讲特别是关于党的方针政策宣传，几乎都是采取报告会、座谈会、专家讲课等形式，单一的上面讲课下面听课形式缺少互动。这种缺少互动的弊端在线上宣讲活动中表现得更为突出，线上授课虽设有弹幕、聊天等功能，但无眼神交流、无现场交流，且信息反馈不及时，无法第一时间把握群众思想脉搏、明确日后改进方向。二是重形式轻内容。理论宣讲内容为王，但在基层宣讲中，有的盛行"拿来主义"，对互联网上的资料不加甄别就使用，导致理论宣讲变成各种信息的"大杂烩"，内容失真失据；有的正题上轻描淡写，旁枝末节上高谈阔论，没完没了地讲一些趣闻逸事；有的所举案例与特定受众的适配度不高，无法佐证其理论观点的正确性；有的以智者自居、以权威自居，喜欢在各种问题上发表高见，甚至把不同于自己的意见说得一无是处。如此种种表现，极易损害理论宣讲工作的严肃性，导致理论被误解、曲解、肢解。三是重平台轻实效。全省各地根据互联网的便捷特性，虽普遍建立起了层次丰富、各具特色的学习网、微信群，部分地市抖音、快手等新媒体宣讲也如火如荼、异常热闹，但实际影响力并不大，有的资源挖掘不足，艺术呈现单一；有的理论阐释不深，讲道理"居高临下"，谈话题"隔靴搔痒"，难以形成"爆款"产品，社会影响面小，受众吸引力弱。如邯郸市连续 3 年开展微视频宣讲，总计在今日头条、央视频、"学习强国"、新华网客户端、人民日报视频号成功投放 50 期，但真正引起社会强烈反响的并不多见。四是重数量轻质量。河北各地积极编写适合当地的宣传页、明白纸、通俗读物等学习资料，但由于专业素养不高、理论研究不够深入等问题，真正适合干部群众需求的通俗易懂的资料却很少，达不到理想的宣传引领效果。如一些图解材料，只是从网上下载下来，重新印刷而已，并没有做适合基层的改编；还有一些参考资料，只是文件汇编、文章汇编，没有做深度分析、高端解析，启发群众、教育群众、感染群众的作用发挥不到位。

（四）培训交流有待加强

高质量的培训和互动式交流，有利于素质提升、视野开阔，但调研发现，河北各地对基层理论宣讲队伍的定期培训、互动交流明显不够。一是培训次数较少。省、市一级每年仅组织一至两次基层理论宣讲骨干培训班，主要针对县级以上从事理论工作的同志；县一级举办基层理论宣讲的业务培训更少，兼职宣讲人员特别是乡镇及以下的兼职宣讲人员很少有机会参加系统的培训，甚至没有得到过专业培训，总体培训次数明显不足。二是培训层级偏低。培训多为本级讲师团、党校培训，有时会邀请上级部门的专家授课，但缺乏中央党校、中国社会科学院、北京大学、清华大学等高端学府大家、名家的讲授，所学内容无论是在理论深度、尖端前沿方面，还是在政治站位、宣讲技术方面都难以跃升。三是培训内容尚虚。培训重理论轻实践，缺乏实地走访、调研考察；重单项轻体系，如在学习党的二十大、全国两会、中央经济工作会议、中央农村工作会议精神等重大宣讲活动开展前，仅仅围绕宣讲主题做示范培训，理论体系、宣讲技能培训明显不足，导致基层宣讲人员不能掌握发展现状，不明白群众需求，缺乏宣讲有效素材，降低了宣讲的针对性和实效性。四是交流互鉴不够。地市之间、各省之间没有常态化的交流渠道，无法达成长期的宣讲合作。如全省范围内仅有每年举办一次的讲师团主任会议和理论宣讲大赛，可以提供交流机会，但受制于会议、大赛时间，大家互通学习欠缺。

（五）保障机制不够健全

强有力的保障是做好新时代宣讲工作的前提。目前，河北各地普遍存在保障不到位的问题。一是时间保障不足。宣讲人员大多数为机关干部、高校老师、各行业领军人物兼职，在宣讲工作上投入精力较少，准备不充分，导致有些宣讲活动达不到预期效果。如乡镇社区干部心有余而力不足，本职工作就很忙，很难静心备课开展宣讲。二是经费保障不足。目前财政对市县区宣讲工作的经费投入非常有限，有的没有固定经费，日常开销难以保障；有的拨付的专项经费属于一次性的，额外的宣讲活动经费很难得到有效保证；有的宣讲一次报销一次，外请专家仅提供少量宣讲津贴，必要的基层宣讲交通、餐饮补贴欠缺，培训经费、调研经费更是无法保证，导致宣讲队伍内生活力不足、积极性主动性不高。如秦皇岛市原来每年 15 万元的宣讲工作专项经费被裁减，宣讲方面的支出只能从宣传综合业务管理经费中列支，经费大幅减少。三是资料保障不足。很多内部资料、会议资料、领导讲话根本阅读不到，而网上资料权威性不够，很难全面、准确、深刻阐释重大会议精神和重大理论创新，致使宣讲无深度、无吸引力。四是制度保障不足。截至2022 年，仅张家口市出台了《市委讲师团成员管理办法》，邯郸市出台了《客座教授管理办法（试行）》，邢台市出台了《"百分制"量化考核办法》，河北其他各地均未出台相关制度办法，个别设计难以从体制机制上强化硬性管理，确保宣讲工作提质增效。

四 进一步加强基层理论宣讲人才队伍建设的 对策建议

全面建设社会主义现代化国家，实现中华民族伟大复兴，必须加强党的创新理论武装。广大基层理论宣讲工作者作为理论宣讲的中坚力量，必须紧跟时代潮流，准确把握全媒体时代的信息传播规律，不断夯实理论功底、提升宣讲能力、优化宣讲方式、提升宣讲效能，切实打通理论宣讲"最后一公里"，推动党的创新理论走心入脑。

（一）注重挖掘发现，做好人才聚合

选好人聘好人是新时代基层理论宣讲队伍建设的首要问题。各地各部门

一定要转变人才观念，坚持开门宣讲、以赛聚才，不求所有、但求所用，积极整合资源、善于发现人才。一要坚持挖掘本土人才。着力培育农村、社区、学校、企业等基层一线的民间名嘴、草根讲师、身边好人，打造一批覆盖广、靠得住、撤不走的基层理论宣讲队伍，增强宣讲队伍的稳定性，让党的创新理论宣讲"活"起来。二要拓宽选拔渠道。面向全省公开选聘，重点将党校系统、高等院校、社科研究、智库机构、新闻媒体、省直机关工委系统、国资委系统的专家人才作为选聘对象，进一步优化专家队伍。尤其要善于从"四个一批"、"五十人工程"、"三三三人才"工程、中青年社科专家中发现宣讲人才，优中选优。三要注重比赛选拔。定期举办"宣讲能手""理论宣讲大赛""先进理论宣讲个人""优秀理论宣讲报告""精品理论宣讲课程""优秀理论宣讲视频"等评比活动，经过层层选拔、激烈角逐，广泛发现干部群众中潜藏的高素质宣讲人才，最终实现以赛促讲、以赛聚才。四要积极引进人才。面向"985"、"211"高校及党校、社科研究机构，有针对性地引进一批素质强、觉悟高、热爱宣讲工作的哲学社科专业人才，多方锻炼、重点培养，切忌急功近利、拔苗助长。

（二）坚持培训提升，着力夯实功底

素质能力决定宣讲效果。面对日新月异的经济社会发展，宣讲人员必须与时俱进，紧跟形势变化，不断更新知识储备、提升素质能力，锻造多元化高水平宣讲队伍。一要厚植理论素养。读原著、学原文、悟原理，深刻理解习近平新时代中国特色社会主义思想的核心要义、精神实质、丰富内涵、实践要求，系统掌握贯穿其中的马克思主义立场、观点、方法，深切感受其中蕴含的政治力量、思想力量、理论力量、实践力量，增进对中国共产党为什么能、马克思主义为什么行、中国特色社会主义为什么好的认识和理解，进一步筑牢信仰之基、补足精神之钙、把稳思想之舵。二要锻造实践能力。深入基层深入一线，全方位了解经济发展、社会治理、文化繁荣、生态建设中存在的种种问题和创造的先进经验，深入思考、反复磨炼，切实掌握科技创新、产业发展的前沿知识，以更开阔的视野、更创新的思维、更务实的举措，指导并推动现实科学高质量发展。三要提升宣讲技巧。宣讲人员要用活媒介载体，将虚拟现实、增强现实、人工智能等前沿技术嵌入基层理论宣讲，提高学习趣味性，增强用户体验感；创新话语表达，将政治话语、理论话语、学术话语转化为方言俚语、网言网语、微言微语等，做到以小见大、深入浅出、举重若轻；活化宣讲形式，在传统报告会、座谈会的基础上辅助视觉冲击力强的音频视频等时尚元素，实现交互式宣讲、嵌入式宣讲、体验式宣讲、沉浸式宣讲。四要打造名师名家。可借鉴高校马院名师工作室的经验，按照组织推荐、资格认定、专家评审的程序，公开从社会影响力大的道德模范、全国先进、重大典型、最美人物、知名艺人、著名作家中选拔一批名人名师，强化示范引领、凝聚激励作用，形成有工作场地、有宣讲计划、有丰富产品、有资金保障、有人才培养的可持续发展新局面。

（三）搭建活动平台，展现强大活力

宣讲人才队伍，虽以宣讲为主攻方向，但不能就宣讲说宣讲，必须打造多样化平台，实现项目联动、综合发展。一要搭建数据平台。适应差异化、分众化特点，按照掌握需求侧、优化供给侧原则，依托理论宣讲融媒体矩阵，广泛建立"宣讲人才数据库""经典案例数据库""精品视频数据库"，整合汇聚资源，分析读懂用户，促进靶向传播。二要搭建宣讲平台。适应互联网时代人们"浅阅读""轻阅读"的习惯，改进宣讲角度，创新做好报告会宣讲、座谈会宣讲、微视频宣讲、文艺宣讲、音乐宣讲、情景剧宣讲等各具特色的活动，以场景化渗透、沉浸式体验等形式，有效吸引群众学理论、悟思想、强精神、践行动。三要搭建研究平台。理论宣讲必须以理论研究为支撑，因而要组织召开重大会议，深入开展理论研讨、课题研究，既可以单兵作战，也可以协调联动，最大限度提升理论宣讲的广度、深度、高度，扎实扩大理论武装的覆盖面、影响力。四要搭建阵地平台。既要深耕微信、微博、移动客户端、各类大讲堂和新时代文明实践中心等传统理论传播阵地，又要积极占领快手、抖音、哔哩哔哩、小红书等新型网络社交空间，开辟专题专栏，推动党的创新理论"从网下走到网上、从身边走向指尖"，不断提

升理论宣讲的普及率和到达率。五要搭建成果平台。积极编写通俗理论读物，将枯燥的理论与生活实际相结合，与当下流行的元素相结合，与网络热词相结合，与舆论热议的事件相结合，以全新的整合方式推动基层理论宣讲工作把握当今社会发展方向；充分运用新媒体形式，打造更多动漫、微电影、微访谈、图解、理论秀、理论漫画等兼具说服力和吸引力的融媒体产品；着力推动理论宣传普及融入新闻出版、影视作品、文艺演出和丰富多彩的群众性精神文明创建活动，多平台、多终端、立体化宣传阐释党的创新理论。

（四）完善体制机制，强化制度保障

制度具有根本性、全局性、稳定性和长期性特征。面对新形势下理论宣讲工作的新任务新要求，推动基层理论宣讲人才队伍高质量发展，离不开强有力的体制机制保障。一要建立健全人才档案制度。各市县区和有关单位要摸清底数、掌握特点，对当地基层宣讲队伍的人员构成、年龄层次、专业结构等做好备案登记，并及时收集整理开展宣讲活动的信息图片、社会评价等资料，实现动态更新管理，为分众化、对象化、常态化推进宣讲工作提供强有力的人才支撑。二要建立健全集中备课制度。发挥宣讲专家的引领作用，创新宣讲团队组织方式，邀请不同领域、相关单位、优秀宣讲骨干多部门集中备课，优势互补、相互启发，共享备课成果，以集体力量做优理论宣讲提纲，带动省、市、县、乡四级理论宣讲水平整体跃升。同时，鼓励基层理论宣讲工作者因地因人而异，从自身经验和受众实际出发，"定制"接地气的宣讲讲义、课件，展现鲜明的个人宣讲风格，做到娓娓道来、润物无声。三要建立健全定期培训制度。将基层宣讲人员培训纳入各级宣传干部培训计划，尤其要推荐骨干宣讲力量参加中宣部哲学社会科学教学科研骨干研修培训，省市级层面每年定期举办基层理论宣讲骨干座谈培训会，邀请名家、大家传经送宝，提高政治站位，交流宣讲经验；县区级层面要以县委党校和区委党校为主阵地，经常性组织开展各类宣讲骨干专题培训，完善知识储备、夯实理论功底，不断提高宣讲队伍整体素质。四要建立健全专题调研制度。

紧密结合重大宣讲主题，深入改革发展前沿、群众生活一线学习考察，既提升对农村融合发展、工业绿色转型、科技创新案例的感性认识，扩容宣讲材料；又了解群众理论需求，把握群众思想动态，在供需对接中实现宣讲活动的有效供给，切实增强理论宣讲的有效性。五要建立健全督导考核制度。在其位谋其政，突出政治导向，强调党的创新理论入心入脑，重点针对组织领导、方案制定、课件审查、宣讲过程、绩效评价等环节，深入开展实事求是的监督检查考核，收集受众评价信息，科学评估宣讲绩效，及时发现并解决问题，倒逼宣讲人员自觉增强宣讲本领，更好展现劳动价值，助推理论落地见效。六要建立健全激励约束制度。对在各种评比、竞赛中获得优异成绩的先进个人和集体，给予一定程度的精神或物质奖励，并在主要媒体上进行宣传与推广，进一步激发宣讲队伍的责任感、使命感和荣誉感；对组织宣讲活动不力的单位进行通报批评，尤其对各类违反政治纪律的言行，及时作出处理纠正，确保宣讲队伍始终忠诚干净、担当作为。七要建立健全经费保障制度。各级各部门要根据实际情况，从每年的宣讲经费中固定划拨一定数额专项用于宣讲队伍建设，包括培训费、设备费、图书资料费、宣讲补贴费、表彰奖励费、人身意外伤害保险费、专家库维护费等，切实改善宣讲队伍的工作条件，最大力度做好基层宣讲工作。

河北省推进新时代文明实践中心
建设的创新路径研究

张 浩 李 娜*

摘 要： 推进新时代文明实践中心建设，是党中央从战略和全局上对宣传思想文化和精神文明建设工作作出的重大决策。河北省扎实推进建设新时代文明实践中心各项工作，取得了显著成效，但也存在一定问题。因此，要针对实践中仍然存在的薄弱环节和问题，不断创新路径，推动文明实践活动更具特色更有魅力，广泛凝聚起奋进新征程的强大精神力量。

关键词： 河北 新时代文明实践中心 精神文明建设

建设新时代文明实践中心是中国特色社会主义进入新时代、在全面启动社会主义现代化建设新征程中，以习近平同志为核心的党中央站在加强基层思想政治工作、夯实党的执政基础的高度，从战略和全局作出的重大决策。2018 年 8 月，中共中央办公厅印发《关于建设新时代文明实践中心试点工作的指导意见》（厅字〔2018〕78 号），在全国开展新时代文明实践中心试点建设工作。河北省对标对表中央要求，在卢龙县、临漳县、藁城区开展省级试点工作，之后又推动 11 个设区市确定了 25 个重点县（市、区）进行分层探索。2019 年 10 月，中宣部、中央文明办召开深化拓展新时代文明实践中心建设试点工作电视电话会议，河北省临漳县等 20 个县（市、区）被

* 张浩，河北省委宣传部文明创建二处二级调研员，研究方向：精神文明建设；李娜，河北省社会科学院邓小平理论、"三个代表"重要思想和科学发展观研究所（精神文明建设研究中心）副所长，研究方向：精神文明建设。

列为全国试点，以试点带动全省开展新时代文明实践中心建设工作。2021年11月，中共中央办公厅印发《关于拓展新时代文明实践中心建设的意见》（厅字〔2021〕43号），提出到2022年底前实现新时代文明实践中心（所、站）县乡村三级全覆盖目标任务，从此新时代文明实践中心建设工作进入全面建设时期。几年来，河北省坚持省级负总责、市级抓推进、县级抓落实的工作机制，着力把握目标任务、聚焦突出问题、抓住关键环节、精准服务群众，扎实推进建设新时代文明实践中心各项工作。截至2022年，全省按照"五有"标准建成新时代文明实践中心（所、站），县级新时代文明实践中心已实现全覆盖。新时代文明实践中心（所、站）建设及文明实践活动的开展，在坚定群众信仰信念、融洽党群干群关系、提升群众精神风貌、培育社会文明风尚等方面发挥了重要作用，为确保2022年底前实现新时代文明实践中心（所、站）高质量全覆盖目标任务奠定了扎实基础。

一　实践中的探索

河北省委高度重视建设新时代文明实践中心工作，省委常委会专题进行研究，每年将其列入省委工作要点。2022年6月，河北省委十届二次全会召开后，新时代文明实践中心建设被列为全省重点督办项目。全省宣传思想工作会议和每年的河北省宣传部长会议，都对新时代文明实践中心建设工作作出具体安排。

（一）强化分级推动机制，落实各级党委主体责任

坚持以责任落实推动工作落实，把新时代文明实践中心建设作为加强基层思想政治工作和精神文明建设的重要载体。一是发挥省级负总责职能作用。2021年12月，河北省委办公厅印发《贯彻落实〈关于拓展新时代文明实践中心建设的意见〉的若干措施的通知》（冀办传〔2021〕74号），对全省实现新时代文明实践中心全覆盖目标提出明确要求。从2019年开始连续3年以视频会议形式举办全省观摩交流活动。2020年印发《河北省建设新

时代文明实践中心试点工作评价体系（试行）》和《操作手册》，2022 年 7 月开展了年中评估，推动了新时代文明实践中心建设工作深化拓展。二是做好市级抓推进相关工作。各设区市按照全省统一部署，均成立市级工作指导组，研究制定了实施意见、建设导则和督导考核办法等指导性文件，通过召开观摩会、推进会等形式推动新时代文明实践中心建设工作有序开展。各设区市结合实际，通过设立文明实践集中活动日、搭建志愿服务网络平台等，推动文明实践活动常态化开展。三是认真履行县级抓落实职责。各地新时代文明实践中心均以县级党委名义制发文件，从工作规划、主要内容、日常活动、志愿者培养、机制保障等方面进行规范。新时代文明实践中心主任都由党委主要负责同志担任，在宣传部设立办公室，通过组织新时代文明实践中心主任办公会、联席会等会议研究解决问题。县委主要领导带头挂点联系、蹲点调研，各分管领导积极包联所站，深入基层了解群众需要，听取意见、指导工作，形成了三级书记带头抓、多个部门齐落实的工作态势。

（二）强化统筹协调机制，推动阵地资源优化整合

立足现有条件，着力打破部门界限和条块分割，实现阵地资源的整合融通、优化配置。一是推动各系统资源下沉。河北省文明委印发《河北省新时代文明实践中心建设工作联席会议制度》（冀文明〔2022〕4 号）和《河北省新时代文明实践中心建设工作挂点联系制度》（冀文明〔2022〕5 号），组织 38 个省直相关部门加强对县（市、区）新时代文明实践中心建设工作的直接推动和指导支持。河北省文明办与省教育厅、团省委联合印发《关于组织高校与驻在地结对开展新时代文明实践活动的通知》（冀文明办通〔2021〕9 号），安排省内 89 所高校与 167 个县（市、区）新时代文明实践中心和基层所站结对开展工作。省民政系统将 300 多个街道（社区）社会工作服务站、320 多个街道（社区）养老服务中心、1.5 万多个农村互助幸福院纳入新时代文明实践中心服务范围。省文联选派文艺骨干到乡村群众身边指导开展文化活动，调动各种资源力量支持基层文明实践活动的开展。二是搭建并打通五大平台。推动各地在机构归属、人员隶属、设备设施权属

"三不变"情况下，整合现有平台阵地，包括图书馆、文化馆、党校、基层综合文化服务中心、农家书屋等文化资源，爱国主义教育基地、名人故居、烈士陵园等红色资源，搭建"理论宣讲、教育服务、文化服务、科技与科普服务、健康推进与体育服务"五大平台，由新时代文明实践中心统筹管理平台资源，有效解决了基层文化资源闲置空置、开发利用不充分的问题；全省纳入统筹使用范围的文明实践广场有 9476 个、文明实践基地有 2301个、村史馆有 1159 个。三是贯通融通"两中心一平台"。指导推动各地开发"新时代文明实践中心建设""文明实践志愿平台"等小程序，与县级融媒体中心、"学习强国"平台贯通融通，促进文明实践网上网下阵地资源、服务资源、项目资源的精准调配，推动宣传报道、舆论引导、实践活动的一体运行、互动共进。

（三）强化志愿服务机制，完善志愿服务运行体系

以志愿服务作为新时代文明实践中心的基本组织形式，让志愿服务越来越成为广大群众参与基层社会治理的重要渠道。一是壮大三方面志愿服务力量。整合体制内志愿服务力量，指导各县（市、区）建立志愿服务促进中心，成立由党委主要负责同志任总队长的志愿服务总队，按照"8+N"模式组织县直部门和乡镇党员干部建立多支志愿者分队；凝聚社会志愿服务力量，推动各地建立志愿服务联合会（协会），广泛联系社会各方面志愿服务力量参与文明实践；发展农村、社区志愿服务力量，以村干部、退休教师、农村能人、各类道德模范等为主体，培育打造农民身边"不走的"志愿者队伍。截至 2022 年，河北全省共建有志愿服务队伍 42 万多支，注册志愿者人数 1203 万人，有效支撑了文明实践活动的开展。在北京冬奥会和北京冬残奥会上，河北省 4300 余名赛会志愿者和 2700 余名城市志愿者占赛会志愿者总人数的 25%，向全世界展示了河北省志愿者的良好素质和文明形象。二是完善志愿服务机制建设。河北省文明办印发《关于加强新时代文明实践志愿服务机制建设的若干工作措施》（冀文明办〔2019〕5 号），在省级层面建立起志愿服务管理培训机制、嘉许激励机制、权益保障机制和综合评

价机制，在市县层面普遍健全了整合联动机制、有效供给机制、孵化培育机制，通过建立志愿服务指导协调机构，逐月定期发布志愿服务项目，设立志愿服务站点，落实志愿积分、星级认定、礼遇关爱等具体措施，引导群众持续深度参与志愿服务。三是探索志愿服务路径模式。贯彻落实习近平总书记2021年8月在承德市高新区滨河社区居家养老服务中心的讲话精神，印发专门通知，推广滨河社区"时间银行"志愿服务项目的经验。截至2022年，全省各市（含定州市、辛集市和雄安新区）已全部建有"时间银行"，涵盖676个社区，占全省社区总数的18.44%。河北省撰写的调研报告在中央文明办《精神文明建设》刊发。2021年7月，省文明委印发《关于进一步深化志愿服务工作的意见》（冀文明〔2021〕7号），以养老助残、家政服务、文体活动、医疗保障、法律援助等为重点，拓展志愿服务领域，探索项目引领、平台推动、活动带动、组织发动等四类志愿服务路径模式。

（四）强化群众参与机制，扎实开展文明实践活动

突出群众实践主体地位，有效调动广大农村群众自我教育、自我提高、自我服务的积极性主动性。一是精准对接需求。指导各地把握"传评帮乐建"（传播创新理论、评树好人好事、帮解困难问题、乐享文化生活、建设文明乡风）五条群众参与的实践路径，印发《关于新时代文明实践所站明确文明实践联络员的通知》，建立起覆盖全部基层所站的近4万名文明实践联络员队伍，架起服务群众、引导群众的"连心桥"。把基层群众所思所想所盼作为文明实践志愿服务的方向和目标，通过网络搜集、上门问询、群众"点单"、建账立卡等方式汇总群众需求、提供有效服务。邢台市依托新时代文明实践中心（所、站）成立涵盖市、县、乡、村四级的8500多个"百姓议事厅"微信群，组织9800多名文明实践联络员收集百姓诉求，及时解决群众"急难愁盼"问题10余万件。二是打造活动品牌。尊重群众首创精神，鼓励各地结合实际大胆探索、积极创新，让有群众基础、有发展潜力的新项目、好项目不断涌现。清河县"爱心餐厅"、武强县"移动厨房办婚宴"、涉县"红马甲"、涿州市多功能志愿服务"大篷车"等活动取得良好

社会效果，成为当地文明实践的一张张闪亮名片。河北省文明办连续印发 3 期《优秀案例》，会同共产党员杂志社编发《新时代文明实践在河北》专刊，精选 200 多个优秀文明实践项目向各地推广。三是创新方法手段。各地不断优化建设标准、创新活动方式。秦皇岛市在所有新时代文明实践中心（所、站）高质量建成一间文明"客厅"、沧州市各地建设"爱心小屋""孝老食堂"、邯郸市建设覆盖全市范围的"惠民帮帮团"网络平台等系列做法，吸引了大批志愿者参与，普惠了广大城乡群众。

（五）强化政策保障机制，提供文明实践工作支撑

发挥考核指挥棒作用，将新时代文明实践中心建设工作纳入重要工作考核和政策保障内容。一是做到"三纳入两督导"。将新时代文明实践中心建设纳入对县（市、区）意识形态工作考核、意识形态工作责任制落实情况巡视巡察范围以及河北省文明城市、文明村镇等创建标准，一体巡视巡察、一体测评评价。河北省委将新时代文明实践中心建设列入重点任务类绩效考核目标，每季度进行督查督导；省乡村振兴工作领导小组办公室将新时代文明实践中心建设作为考核省委宣传部和各地市内容，加大了推进力度。二是做实推进工作闭环。实行挂图作战、平台指挥、清单管理、常态评估的工作方法，细化项目标准和效果评估。对照中央要求，修改完善《河北省建设新时代文明实践中心试点工作评价体系（试行）》，设计"河北省新时代文明实践中心建设月进度情况统计表"微信小程序，由全省 167 个县（市、区）逐月填报新时代文明实践中心（所、站）建设、志愿服务工作、文明实践项目、移风易俗工作、省级以上媒体宣传、特色工作经验等 6 大项 40 个具体数据，实现了建设标准统一、建设进度公开、建设经验共享。邯郸市采取"云"验收和实地验收相结合方法，按照每月 20% 的进度由所辖县（市、区）上传资料、"销号验收"、逐月通报、"末位约谈"党委一把手并限期整改。三是做好资金人员保障。持续对各地重点建设县（市、区）给予省级、市级补贴。各县（市、区）均将建设资金列入县级财政预算。秦皇岛市由市级财政保障每个新时代文明实践中心的建设投入，县级财政按每

个新时代文明实践所 5 万元、新时代文明实践站 3 万元额度补贴支持，并配备有正式编制的工作人员；挂牌成立秦皇岛市新时代文明实践基金会，加强多渠道社会力量筹资。

二 普遍性的问题

站在"十四五"时期的新起点上，拓展新时代文明实践中心建设既要不断总结经验，又要善于发现问题、勇于破解难题，只有这样才能更好地谱写中国特色社会主义实践的文明新篇章。在调研中发现，尽管全省各级各部门、各行各业作了大量工作，作出了重要贡献，但也要清晰地认识到，仍存在一些不容忽视的薄弱环节和问题需要加强和改进。这些问题中，一些是老问题，长期没有得到有效解决，在新的实践中更加凸显出来；一些是随着实践发展产生的新问题，需要我们在工作拓展进程中认真研究加以解决。问题主要体现在以下几个方面。

一是认识误区。一些干部群众对新时代文明实践认识不足。有人认为新时代文明实践不外乎还是原有的基层宣传思想工作和群众性精神文明创建工作的那些内容，对新时代文明实践的创新性、改革性、群众性、自愿性、实践性认识不到位，穿新鞋走了老路。在某些基层矛盾复杂的地方，有人害怕公布电话、征求意见、统计需求给本系统工作带来麻烦，对发动群众、组织群众、壮大志愿服务力量采取顺其自然的态度，缺乏主动性。干部群众思想认识还不够到位，有的县（市、区）一线干部群众对中央和省市相关精神研究不深、把握不准，习惯于"照抄照搬"，对工作开展没有清晰的思路，对构建工作格局、出台有效措施没有深入的思考。因此，他们在一些方面眼光是旧的、工作思路是老的，缺少创新的措施和办法，从而导致工作大多流于形式、流于口号、流于表面。

二是重视不够。基层重视程度和人力财力等保障措施还不够充分。对新时代文明实践中心在实践中应该发挥的重要作用认识不到位。"热在上面、温在中间、冷在下面"，"说起来重要，做起来次要，忙起来不要"的现象仍然存在。由于新时代文明实践中心建设工作在多数地方还没有纳入量化考核、排名通报，客观上使各地党委、政府优先考虑和重点支持那些一票否决、排名计分、反映政绩的工作项目。大部分基层对增加新时代文明实践中心人员编制有积极性，但落实过程中阻力重重，还是普遍希望上级出台硬性支持政策。虽然有中央、省级的经费补贴，但对于县级财政来说，当地财政支持和利用社会筹资的能力都不强。

三是组织化不足。县域全面覆盖、整体推进的组织化程度仍显不足，县、乡、村上下贯通的组织推动还不够有力。一些地方的新时代文明实践所、站仅仅作为一项工作任务建立起来了，但很多职能还是原来综合文化站、文化中心功能的叠加，组织志愿者、凝聚发动群众参与的活动和项目还比较单薄。从全县域来看，往往在条件较好的地方有零星试点，但普惠全域的项目比较少，志愿服务项目规模小、受众面窄，还达不到常态化日常化要求。一部分县（市、区）的志愿服务联合会（协会）还没有建立起来，有的建起来了但缺乏和新时代文明实践所、站的常态化合作沟通，活跃度不够。队伍构成还不够合理。部门联动机制、考核机制、激励嘉许机制不完善，人员素质不高、结构单一，缺乏专业人才。

四是机制不畅。建立的体制机制在实际运行中衔接不紧、磨合不够。相当一部分县级新时代文明实践中心建设的标准比较高，但展览、展示、宣传的功能大于组织、指挥、协调的职能，使得新时代文明实践中心距离立起来、实起来、活起来还有一定差距。在相当一部分基层，新时代文明实践中心真正服务群众、解决实际问题的办法不多，"四单"机制还缺乏更广泛深入的宣传，群众使用的少，新时代文明实践中心提供的服务与群众需求匹配度不高，造成服务成效不彰。

五是力度不够。干部群众缺乏创新精神，在资源整合、平台建设、发动群众等方面虽作了探索尝试，但突破不够大，形不成亮点。存在以简单的服务农民代替教育农民、以岗位工作代替志愿服务、以节庆集中活动代替经常性活动等问题，有思想、有内涵的活动较少，与群众需求还有差距；有的在坚持解决思想问题与解决实际问题上结合还不够紧密、直接服务群众需求还没有完全到位。这些问题迫切需要以高度的责任感和使命感采取实际举措加以解决，只有这样才能确保实现高质量新时代文明实践中心全覆盖的建设目标。

三 宏观上的思考

党的二十大提出了以中国式现代化全面推进中华民族伟大复兴的历史使命，其中具体提出了"统筹推动文明培育、文明实践、文明创建，推进城乡精神文明建设融合发展"① 和"完善志愿服务制度和工作体系"② 等一系列重大安排部署。综合来说，在新时期面临的新情况新特点有以下几个方面。

一是新征程提出新挑战。党的二十大描绘的宏伟蓝图，特别是实现现代化的奋斗目标，更加需要不断提升全体人民的道德水平和文明素养，提高全社会的文明程度，这为创新文明实践方式、开辟志愿服务领域提供了广阔空间，也增强了做好这项工作的动力。

二是精神需求日趋多元。中国式现代化是物质文明和精神文明相协调的现代化。人民物质生活水平提高，对精神需求的多样性会不断提高。仓廪足而知礼仪，除了追求安居、温饱、健康、安全的基本需求之外，人民群众会对形象、道德、社会评价乃至自我实现产生更多需求，对文化、教育、家庭和睦、人际和谐、内心安宁等产生更多要求，可以抓住这一时机，更好地凝聚群众，把群众吸引到文明实践上来。

三是突出两个重点对象。老龄社会来临和放宽生育政策，使事关养老育小的文明实践迎来新发展。供销社将延伸到社区，社区食堂包揽托幼、便利店、理发、洗衣等服务配套，固然依赖基层党员干部、企业员工、社区义工

---

① 习近平：《高举中国特色社会主义伟大旗帜 为全面建设社会主义现代化国家而团结奋斗——在中国共产党第二十次全国代表大会上的报告》，人民出版社，2022，第44页。

② 习近平：《高举中国特色社会主义伟大旗帜 为全面建设社会主义现代化国家而团结奋斗——在中国共产党第二十次全国代表大会上的报告》，人民出版社，2022，第45页。

等基层力量，但基层志愿者和志愿服务组织必然不可或缺，这既是我国庞大老龄和幼龄人口基数需要大批志愿服务力量的现实需要，也是基层社区群众实现自我管理、自我服务的必然选择。

四是稳定器作用凸显。文明实践志愿服务日趋成为群众参与基层治理的稳定器。坚持自治、法治、德治"三治融合"是新时代"枫桥经验"的主要路径，党建引领下的人民主体、共建共享是其核心精髓。随着新时代文明实践中心（所、站）建设工作的不断深化拓展，更多群众愿意通过文明实践活动和志愿服务项目参与基层治理、发表自身意见、配合基层中心工作，从而使文明实践成为基层治理的稳定器、助力器。

基于以上新形势新情况新特点，笔者认为在新的形势下加强新时代文明实践中心建设，必须牢牢把握学习宣传贯彻近平新时代中国特色社会主义思想这条主线，必须坚持价值引领和改革创新，进一步把握好通过服务群众达到凝聚群众和教育群众的目的，在帮助解决群众的实际问题中解决思想问题。

在建设思路上：实现新时代文明实践中心的常态化、规范化与可持续发展是建设工作的方向。要聚焦群众需求、积极调配资源，不断为新时代文明实践中心注入新内涵、新活力、新体验，让越来越多的新时代文明实践中心成为群众身边的心灵驿站、精神家园。今后一个时期，应该从建立完善新时代文明实践组织领导体系和志愿服务组织网络入手，切实推进新时代文明实践中心（所、站）与各级各类志愿服务组织的紧密融合，在全覆盖基础上抓质量提升，在建机构基础上抓机制运行，在建队伍基础上抓素质培训，在补经费基础上抓落实绩效，在树典型基础上抓推广到底。要增强政治责任感、抓出河北特色、实实在在为群众服务，推动文明实践活动各具特色更有魅力，广泛凝聚起奋进新征程的强大精神力量。

在创新举措上：要充分利用河北省本土资源，组织开展以下几项重点创新性工作。一是推广邢台市"百姓议事厅"微信群服务群众经验。邢台市已经组建了涵盖市、县、乡、村的9000多个微信群，组成网上"百姓议事厅"，并筛选出9800多名热心公益、有较高威望的群众担任各个"百姓议事厅"的文明实践联络员，群众可随时通过村级"百姓议事厅"反映诉求、提出意见建议，已解决人民群众"急难愁盼"问题8万余件。二是探索推广邯郸市"文明实践培训学院"做法。邯郸市制定印发了《邯郸市新时代文明实践培训学院试点建设方案》，依托全市各地新时代文明实践中心，开展文明实践培训学院试点建设。试点建设以学习宣传贯彻党的二十大精神为主线，以培育和践行社会主义核心价值观为根本，以提升居民文明素质和社会文明程度为目标，结合"双争"活动，加强"文明邯郸""德润邯郸""美丽邯郸""法治邯郸"4方面12项文明实践培训，夯实活动载体，培养志愿骨干力量，提升服务能力。三是在全省组织开展"帮帮在身边"文明实践行动。"帮帮在身边"聚焦群众所思所想所盼，充分运用志愿服务方式，随时随地帮助群众精准解决身边的烦心事、揪心事、操心事，实体化操作、场景化实施、可及性落实，在帮助帮扶群众实际问题中体现党的二十大精神。

在路径对策上：要对照中央要求，结合当前形势和工作实践，借鉴国内发达地区和省内先进地区的经验，分析河北省推进新时代文明实践中心建设过程中存在的主要问题，聚焦新时代文明实践主要任务，创新文明实践方法与手段，笔者建议实施"三项行动"，抓好"五个方面"。

三项行动包括：

一是实施文明实践阵地提升行动。建强县（市、区）新时代文明实践中心。以新时代文明实践中心为主轴，积极探索新时代文明实践中心与县级融媒体中心、"百姓议事厅"指挥调度中心、书记县长接诉即办中心（网上信访受理中心）、数字政务服务中心等"五个中心"贯通结合。建优乡镇（街道）新时代文明实践所。将乡镇（街道）的便民服务中心、综合文化服务站、图书室、阅览室、文体活动室、多功能教室、学雷锋志愿服务站、文化（体育）广场等阵地资源进行优化配置、整合融合，由新时代文明实践所全面统筹，实现阵地共建、资源共享，增强服务功能。建实行政村（社区）新时代文明实践站。优化以党群服务中心、综合文化服务中心等为基本阵地的行政村（社区）综合服务设施的功能设置与空间布局，整合农家书屋、村史馆、大礼堂等资源，升级改造闲置校舍，建设一批"爱心小院"。拓展文明实践阵地。发挥文明单位示范带头作用，积极探索在机关、企事业单位、旅游景区景点及中小学校建立新时代文明实践站点。合理利用民政站点资源，统筹社会工作服务站、志愿服务站、未成年人保护站、养老服务中心、社会救助经办机构等基层民政站点资源，融入新时代文明实践阵地，更好履行民生保障、社会治理等职责。

二是实施文明实践队伍提升行动。进一步完善文明实践志愿服务队伍。加强县（市、区）、乡镇（街道）、村（社区）三级志愿服务总队、支队、大队建设，组织谋划活动，制定志愿服务清单。设计统一风格的文明实践标识，规范新时代文明实践志愿者着装，不断提升志愿者的文明形象。进一步完善县级志愿服务联合会（协会），由县级党委宣传部（文明办）主管、按章程运作，由县级志愿服务总队统筹调度，制定项目清单、调配各类资源、组织志愿服务、培育特色品牌等。组织开展志愿服务品牌项目评选，各县（市、区）重点扶持和发展一定数量的志愿服务品牌项目。进一步完善激励机制。实行嘉许激励机制，落实星级评定、积分兑换、免费保险、优惠公共服务等礼遇。强化权益保障，依法落实志愿服务组织的保障责任，为志愿者提供必要的保险、交通等保障。实行综合评价制度，将文明实践志愿服务纳入社会信用体系建设，鼓励各地将在职人员参与文明实践志愿服务次数纳入个人年度考核和绩效评价。

三是实施文明实践结对共建行动。依托新时代文明实践中心（所、站）、学雷锋志愿服务站等阵地，通过建立公益志愿服务组织体系、完善提高阵地服务功能、组织实施主题工程、营造全民参与文明实践氛围等措施，以满足人们精神文化生活新期待为出发点和落脚点，组织优质志愿服务资源下沉。发挥全省文明单位、文明校园示范带头作用，与当地新时代文明实践所、站结对帮扶，推动本系在基层的各类阵地、人员、活动项目资源等向新时代文明实践所、站倾斜，实现优质资源下沉共享。组织发动社会组织结对共建。发挥省、市、县志愿服务联合会（协会）的影响作用和枢纽作用，组织发动一批具有自身特色和优势的民间公益类社会组织，重点与各示范新时代文明实践中心（所、站）结对共建。

五个方面包括：

一是抓好关键，持续发挥好县级主体作用。重点组织好县级工作自查、市级范围内互查和省级抽查评估工作，召开年度现场观摩活动，及时讨论解决实际问题。将新时代文明实践（志愿服务）工作评估纳入量化通报考核，进一步建立完善简便易行的工作评估体系或标准，建立通报表扬和通报批评机制，增强工作开展落实刚性。

二是抓住难点，优化资源统筹整合。充分发挥联席会议制度作用，适时召开省级联席会议，持续推动省市两级职能部门在基层的各类阵地、人员人才、活动项目等融入融合，使其服从新时代文明实践中心的统筹管理。将部分先进省、市、县的相关负责人、新时代文明实践中心主要负责人和新时代文明实践所、站优秀工作者组成一台以学习"党的二十大、文明实践在行动"为主题的巡回宣讲报告会，在各省做报告，宣讲新时代文明实践重要意义和深刻内涵，以期引起各级领导干部的充分关注与重视。统筹利用传统阵地和新载体、新手段，对理论政策进行"二次创作"，把理论宣讲和惠民服务、文化生活、情景体验结合起来，做到生动鲜活，融入生产生活。

三是抓实基础，增强志愿服务效能。鉴于广大群众生活工作的多场景性，要通过更加灵活的方式增强新时代文明实践所、站的辐射力。新时代文明实践所、站要面向需求设计"四单"流程，提供理论政策宣讲、技能培训、普法教育、惠民演出、健康养老等服务。同时增设自选项目，采取"线上+线下""公共+特色"的模式，满足群众多样化和个性化需求。广泛宣传是手段，典型树立是载体，进一步挖掘工作典型，放大典型效应，扩大先进典型的影响力和感召力。在推广落实好承德市高新区滨河社区"时间银行"模式的同时，进一步完善全省志愿服务联合会（协会）建设，壮大志愿服务队伍，全面提升志愿服务工作水平。

四是抓出特色，探索各自实践路径。激励推动各地在活动项目、体制机制、方式手段等方面探索创新，寻找到真正接地气、受欢迎、聚民心的方法路径，组织示范新时代文明实践中心（所、站）评定展示活动，打造具有当地特色的实践模式和活动品牌。

　　五是抓强保障，提升文明实践效果。加大政策支持力度，建议在县级新时代文明实践中心机构设置、人员编制、经费列支等方面研究制定更为明确的指导意见。加强调研指导，促进组织领导、队伍建设、资金保障、考核评估等一系列工作机制的落地落实，发现和解决基层突出困难和问题。探索建立新时代文明实践基金，将新时代文明实践基金作为持续、深入开展新时代文明实践工作的重要财政保障。基金主要用于补助志愿创新项目、礼遇关爱、奖励先进、救助帮扶、支持公益、兑换志愿积分，激励广大群众以更大热情参与新时代文明实践。基金可以采用政府牵头，整合银行、企业力量辅之以个人爱心捐赠模式，广汇民间资本，做大资金池。

现代河北人文精神构建的历史回顾与思考

郭君铭*

摘　要： 构建现代河北人文精神是践行社会主义核心价值观的重要路径。河北在 21 世纪以来，曾提出建设新时期河北人文精神的目标，并展开了关于河北人文精神内涵的讨论。学术界对燕赵文化精神及其与现代河北人文精神的关联进行了研究，取得了一些成果。在建设中国式现代化河北场景的今天，构建现代河北人文精神不失为强基铸魂之举。只有深化对燕赵文化历史特征的研究，对燕赵文化精神加以辩证扬弃、贯通古今、取舍和知行、加强宣传教育，才能熔铸构建现代河北人文精神。

关键词： 现代河北人文精神　燕赵文化精神　社会主义核心价值观

习近平总书记在党的二十大报告中提出，要"把社会主义核心价值观融入法治建设、融入社会发展、融入日常生活"。① 社会主义核心价值观是凝聚人心、汇聚民力的强大力量。社会主义核心价值观这一强大力量的实现，只有将其转化为各种相关理论以及意识的具体形态，落实为各个地域和群体的集体精神并上升为深沉而厚重的人文精神，才能充分发挥其实践价值，为推动经济社会发展提供精神力量和智力支持。以社会主义核心价值观为引领，构建、熔铸现代河北人文精神，是贯彻落实总书记教导，在河北践行社会主义核心价值观的重要路径。

---

* 　郭君铭，河北省委党校（河北行政学院）文史部教授，研究方向：文化建设。

①　习近平：《高举中国特色社会主义伟大旗帜 为全面建设社会主义现代化国家而团结奋斗——在中国共产党第二十次全国代表大会上的报告》，人民出版社，2022，第 44 页。

一 现代河北人文精神构建的实践回顾与理论探讨

文化自信是"四个自信"中最为深沉，带有更根本意义的自信，而文化自觉是文化自信的前提与基础。建设地方人文精神是一项带有根本意义的文化政策，标志着一个地方主要党政领导和各级干部群众的文化自觉达到了一定的高度。

宏观性的、全国层面上人文精神的理论与实践探索，肇兴于20世纪90年代，它是20世纪80年代中后期文化研究热潮的继续和深化。进入21世纪之后，随着"以人为本"理念得到进一步的阐发和弘扬，人文精神的研究得到全方位拓展，区域性人文精神的研究受到了政界与理论界的广泛关注。

从政策环境层面来看，21世纪以来，很多省市纷纷把建设文化大省确立为推动经济社会发展的战略举措，通过大力推进文化建设，培育和进一步提升文化软实力，从而厚植发展的根基，确立自己的竞争优势。河北在地方人文精神建设方面及时提出了建设目标并开展了丰富的研究讨论，在理论和实践上都取得了可观的成果。

（一）新时期河北人文精神建设的目标和精神内涵

河北党政领导对省域人文精神建设的重视，可以上溯到21世纪初。河北省委在2000年就提出了要建设河北精神的文化口号。到2001年，在河北省庆祝中国共产党成立80周年大会上，时任河北省委书记的王旭东同志将河北精神概括为16个字，即"求真务实、开拓创新、拼搏自强、团结奋进"。今天看来，当年提出建设河北精神的目标，以及对河北精神内涵的16字概括是具有前瞻性的，河北的这项工作是走在全国前列的。但因为种种原因，这一文化建设方略没有得到进一步的推进，没能在各层级的实践中展开探索。

2006年，时任河北省委书记的白克明同志在中国共产党河北省第七次代表大会上的报告《全面贯彻落实科学发展观，为建设沿海经济社会发展强省而团结奋斗》中提出，在新的历史条件下，要以民族精神为根、时代精神为魂，着力弘扬以坚韧质朴、重信尚义、宽厚包容、求实创新为主要内容的新时期河北人文精神，使其成为构建和谐河北的重要支撑。① 建设新时期河北人文精神的号召在全省干部群众中引起热烈反响，各级宣传部门相继推出了一系列阐发成果，文化工作部门也就贯彻落实省委部署推出了相应举措。值得特别指出的是，中共河北省第七次代表大会召开后，地方党政部门也积极跟进这一号召，石家庄市、唐山市、张家口市、邯郸市、秦皇岛市等都启动了打造城市精神的工作，并在干部群众中掀起了关于城市精神表述的大讨论。各设区市地方人文精神的讨论不仅丰富拓展了当地的文化建设工作，深化了各地干部群众的文化自觉，而且在深度和广度上促进了全省文化建设的繁荣，新时期河北人文精神成为当时干部群众热议的话题。

2007 年，继任河北省委书记的张云川同志在省委七届三中全会上重申了建设新时期河北人文精神的提法，并沿用了"坚韧质朴、重信尚义、宽厚包容、求实创新"的表述。在随后召开的省七届六次全会上，将文化建设的方略调整为弘扬民族优秀文化，挖掘河北特色文化资源，培育新时期河北人文精神和各具特色的城市精神。

到 2011 年，时任河北省委宣传部部长的聂辰席同志在《光明日报》发表署名文章《河北：品牌战略建文化强省》。文章提道，"燕赵"这一称谓最直观体现着河北的历史，体现了今天河北人文精神的核心元素：仁厚诚朴、重信尚义、慷慨忠勇。② 这是至今官方层面对河北人文精神的最后一次权威表述。

21 世纪以来的"河北精神"和"新时期河北人文精神"建设目标的提出，极大地激发并强化了河北干部群众的文化自觉，启动并不断推进河北文化软实力建设的强基塑魂工程。但因为政策连续性上的缺憾，这一塑魂工作没能完全实现预定目标。

---

① 《白克明在中国共产党河北省第七次代表大会上的报告(4)》，中国共产党新闻网，2006 年 11 月 20 日，http://cpc.people.com.cn/GB/64093/67507/5062127.html。
② 聂辰席：《河北：品牌战略建文化强省》，《光明日报》2011 年 1 月 16 日。

（二）理论界关于河北人文精神的研究与讨论

21世纪以来，省委建设新时期河北人文精神目标的提出，引发了河北理论界的研究热情。关于这一主题的研究，在20世纪90年代肇其端绪，在2006年前后呈现较为集中的活跃状态，涌现了一大批研究成果。

经过广大理论工作者的切磋交流，大家在如何理解河北人文精神及其定位的问题上初步形成了一些共识。学者们认为，把握河北人文精神应该着眼于以下几个方面。其一，河北人文精神是中华人文精神在河北历史时空中的体现；其二，河北人文精神植根于河北的文化土壤，与河北的一方水土以及以这方水土为生的人们血脉相连；其三，河北人文精神具有历史性，是数千年来河北先民与燕赵儿女创造的积淀与晶化；其四，河北人文精神具有时代性，即河北人文精神适应新的时代精神，能够实现灵魂蜕变，不断超越自我，再造新形态的内在品性和资质。[1]

在讨论过程中，因为学术背景和研究兴趣的不同，学者们虽对河北人文精神内涵的概括各有自己的切入角度和关注重点，但总体来看还是有一些基本的方向性共识。魏建震从纵向历史的宏观角度入手，认为河北人文精神是以河北大地为依托的历代先民在生产与生活中逐渐塑造的，是河北人文气度、人文情结、人文品格、人文理念、人文价值取向的凝结与升华，几千年的河北历史铸就了河北的人文精神。魏建震将河北人文精神概括为大气坦诚、重信守义，并以此作为河北的人文情结。[2] 马春香侧重于对河北人文精神当代价值的关注，将河北人文精神的内涵概括为奉献进取、创新发展、诚实守信、质朴务实四个方面。马春香进一步指出，这一精神在河北建设文化大省及和谐社会的过程中将起到作用。[3] 陈旭霞则概括性地指出，燕赵人文

---

[1] 戴长江、周振国主编《文化自觉——河北人文精神研究》，河北人民出版社，2006，序言第2~3页。

[2] 魏建震：《由慷慨悲歌的民风到大气坦诚、重信守义的精神——论河北人文情结的形成》，载戴长江、周振国主编《文化自觉——河北人文精神研究》，河北人民出版社，2006。

[3] 马春香：《试论河北人文精神的内涵及其在文化大省建设中的价值和意义》，载戴长江、周振国主编《文化自觉——河北人文精神研究》，河北人民出版社，2006。

精神就是敢于斗争、敢于牺牲的慷慨悲歌精神，一分耕耘、一分收获的求真务实精神，勤俭持家、慷慨行事的艰苦奋斗精神，兼容并蓄、博采众长的开放精神，发奋图强、无私奉献的开拓创新精神，顾全大局、团结友爱的和谐精神。[①] 王小梅将传统河北人文精神的主要内容提炼为兼容并蓄、海纳百川的人文气度，大气坦诚、重信守义的人文情结，耐苦受重、勤劳朴实的人文性格，注重实践、求实创新的人文理念，以人为本、重视生命的人文价值。[②]

二 燕赵文化的历史特征及其反思

现代河北人文精神是河北人民精神风貌的体现，集中反映的是河北人民的生活方式和价值观念。现代河北人文精神使燕赵文化中的精华与河北的现代化相契合，使深厚久远的燕赵文化在新的历史条件下获得了新生和发展，实现了自身的超越。这种现代性的超越，具有广泛代表性、鲜明时代性，也必然具有基于燕赵文化的地域性和独特性。

燕赵文化在中国众多地域文化中以个性鲜明、风骨刚毅著称。古代的司马迁、班固、魏徵、韩愈、苏轼等人对燕赵文化的底蕴与特征都有所概括。20世纪80年代以来，当代学者对燕赵文化的起源、内涵、与周边文化的关系等问题进行了系列研究。21世纪以来，随着对河北人文精神的热议，政界、学界、文化界甚至工商界都对燕赵文化精神内涵表现出强烈兴趣并给以极大关注。

燕赵文化精神的核心是刚柔相济、以刚为主的燕赵风骨。学者们对燕赵文化精神的归纳、概括虽各有侧重，但大体上一致，并没有根本性分歧。河北省历史文化研究发展促进会将燕赵文化精神的特质概括为勇武任侠、慷慨

---

① 陈旭霞：《燕赵人文精神的当代意义及其价值》，载戴长江、周振国主编《文化自觉——河北人文精神研究》，河北人民出版社，2006。
② 王小梅：《河北人文精神的缺失及其现代重构》，载戴长江、周振国主编《文化自觉——河北人文精神研究》，河北人民出版社，2006。

悲歌，变革进取、自强不息，追求和合、顾全大局，勤劳淳朴、礼让诚信。① 李新、王春光分析了燕赵文化在今天河北地区形成的历史过程，他们强调所谓"燕赵文化精神"，是以"悲歌慷慨"为质性特质的地域文化传统。他们对燕赵文化的具体内涵也提出了自己的见解。② 方伟的研究视角较为独特，他将燕赵文化精神概括归纳为五大特征，即悲情情结、英雄意识、兼纳包容、变异情势和保守朴实，这五大因子集合同构而成燕赵文化。③ 梁世和以哲学的方法和历史的视角，指出燕赵文化存在两种典型的精神特质，即豪侠精神和圣贤精神。前者尽气，后者穷理，豪侠精神与圣贤精神构成了燕赵文化精神的两极，这两极正好达到平衡。其他文化精神都是由此流淌而出，形成分支和细流，从而交汇成燕赵文化精神的和谐之流。④ 在以上研究彰显燕赵文化优良传统和积极因素的同时，刘建军、鲍玉仓对燕赵文化研究的主要进展与思考进行了探讨。⑤ 以上研究成果，有助于我们把握燕赵文化精神的基本内涵，理解河北人文精神的基调。

现代河北人文精神是历史燕赵文化精神的当代体现，构建现代河北人文精神不可能脱离燕赵文化精神传统，只有充分认识燕赵文化形成的历史过程，分析其演化路径，才能深刻理解河北历史传统中优秀成分的底蕴，真正了解燕赵文化中消极顽疾的成因与机理。笔者以为，把握和剖析燕赵文化的历史特征应着重理解以下三点。

第一，燕赵文化是异质文化融合的产物。以今天河北地域为中心，燕赵文化的源头可追溯至历史传说中的黄帝时期。《史记·五帝本纪》中记载，黄帝战胜炎帝、蚩尤后"合符釜山"（今张家口怀来或涿鹿一带），即把几个原始部落

---

① 河北省历史文化研究发展促进会：《发扬燕赵文化传统，培育新的河北人文精神》，《河北日报》2006 年 3 月 26 日。
② 李新、王春光：《"燕赵文化精神"成因新探》，《理论纵横》2007 年第 10 期。
③ 方伟：《河北当代人文精神的置换与构建——燕赵文化价值观念系统的现代性梳理及阐释》，载戴长江、周振国主编《文化自觉——河北人文精神研究》，河北人民出版社，2006。
④ 梁世和：《圣贤与豪侠——燕赵人格精神探析》，载戴长江、周振国主编《文化自觉——河北人文精神研究》，河北人民出版社，2006。
⑤ 刘建军、鲍玉仓：《三十年来燕赵文化研究的主要进展与思考》，《河北大学学报》（哲学社会科学版）2008 年第 6 期。

合而为一，这就从源头上奠定了燕赵文化的融合基调，这种融合的性质是异质融合，而且是通过非和平方式实现的融合。燕赵文化在以后的历史演化中不断重复着这种异质融合。今天河北所处的地理区位是历史上农耕文明与游牧文明的交汇处，也是汉族政权与少数民族政权的交界处。这种地理区位决定了燕赵文化从发生到演进的整个过程，就是耕牧文化、胡汉文化的冲突交融史。异质同构导致的杂糅特征，是我们把握燕赵文化首先要关注的历史特征。

第二，燕赵文化是战争形塑的文化。历史上的今河北地区，一直是中原政权与北方少数民族政权往来争夺的战场，所以"战争气质"是理解燕赵文化的一个关键。将"慷慨悲歌"的文化风格定位的本质理解为一种"战争气质"可能更符合历史实际。燕赵文化史上著名的荆轲刺秦和赵氏孤儿故事本为历史上的偶发事件，在其他地域也有发生的可能，但其能成为燕赵文化的符号，与燕赵文化的"战争气质"不无关联，是经历了战争背景的反复强化的结果。连绵不断的战争造成了战场区域内两类风格迥异的精神风貌——精英群体的好斗善斗和广大民众的求稳拒变，这是理解河北精神气质和民风民俗的一个重要节点。燕赵文化中的一些顽症痼疾，与历史上的"战争气质"有着千丝万缕的联系。

第三，燕赵文化是经历了重大转型的文化。河北地区历史上的一个重大转折发生在元代，自元朝政权定都大都（今北京市）以来，燕赵文化发生了重大转型，元明清三代，长达七百多年畿辅地位极大地消解了燕赵文化的风骨，燕赵文化原始形态中的锋芒与棱角所剩无几。元以后的燕赵文化与之前风格迥异，这种转变的本质是主体性的不断削弱和文化个性的消减。河北人民精神世界中的某些纠结或许和燕赵文化的这一历史转型有关。

三　构建现代河北人文精神的几点思考

改革开放以来，河北在经济社会发展中取得了显著的成就，但无论是发展的速度还是发展的质量，与发达地区相比还是有明显的差距。造成这种差距的原因，除了一些客观因素外，河北在发展的精神动力和发展的自主性方面还存在一些问题，这应该说是多年来的共识。河北要迎头赶上、有所作为、有所成就，除了在大力促进经济社会发展上继续下功夫外，也需要在精神文明建设上做一番功课。以社会主义核心价值观为引领，熔铸现代河北人文精神，是建设中国式现代化河北场景的应有之义。

（一）宏观上明确现代河北人文精神的建构原则

从哲学意义上讲，作为一种文化现象，任何精神都有体有用，现代河北人文精神亦是如此。现代河北人文精神之体应由如下几个部分组成。其一，社会主义核心价值观，这是现代河北人文精神的坚实内核，是整个精神体系的骨干和支架；其二，燕赵文化优良传统，尤其是作为近现代革命和建设历史积淀的红色文化传统，这部分内容是现代河北人文精神的血脉；其三，借鉴而来的中外优秀文化元素，这部分内容是现代河北人文精神的筋骨。只有具备了这样丰富内涵的"体"，现代河北人文精神才能够在经济社会诸领域展现其强大的能动之"用"。

我们借助这种哲学的体用思维模式，可以推断出现代河北人文精神建构的两条路径。其一，明体达用。即进一步深化社会主义核心价值观教育，推进中华优秀传统文化在河北的创造性转化和创新性发展，继续深化对燕赵文化的研究，全面、客观地剖析河北历史文化传统，大力弘扬燕赵文化中的优秀成分，充分发挥其引领推进经济社会发展的能动作用。其二，因用建体。即立足于河北省情民情，着眼于河北经济社会发展的精神动力和智力支撑需求，找准河北发展的思想观念和精神短板，一方面有针对性地克服自身历史传统中的消极弊端，根治精神痼疾；另一方面从横向比较中引进中外先进文明成果，健全完善河北文化中的欠缺和不足，建设面向未来、面向现代化的现代河北人文精神。

基于以上认识，我们可以初步确立熔铸现代河北人文精神应遵循的原则。其一，有利于提高河北经济社会的现代化水平，为中国式现代化河北场景的建设提供精神动力和智力支持；其二，有利于提振河北干部群众的精神状态，培育并不断强化河北经济社会发展的内生动力；其三，有利于激发河北的创新活力，使河北干部群众在解放思想上迈上新高度、开辟新境界，不断开创各行各业发展的新局面；其四，有利于改善河北的发展环境，乘京津冀协同发展国家战略的东风，充分发挥河北的优势，加快发展、优质发展，在建设经济强省、美丽河北的道路上大步迈进。

一个地区、一个族群必然会呈现出整体的精神风貌，而任何精神的诞生，都不能离开传统文化的积淀与人文传承。因此，现代河北人文精神的构建要发挥燕赵文化中担当、厚朴、信义等优秀传统，使之在当代社会条件下发扬光大，支撑起当代燕赵儿女的精神脊梁。同时，要大力摒除燕赵文化中因循、任气和浮躁成分，不断清除燕赵文化中的陈年痼疾，让古老的燕赵文化精神在新时代焕发勃勃生机。

（二）构建现代河北人文精神需要在贯通上做文章

现代河北人文精神是社会主义核心价值观在河北的践行形态，是中华优秀传统文化在河北的当代体现，是传统燕赵文化在新时代的传承与发展。作为一种现代人文精神形态，现代河北人文精神是理论形态的人文理念在生活情景和社会氛围中的落实，是历史传统与现代社会生活的链接与延续。要实现人文精神从"理论形态"向"生活形态"的转换，做到价值观念的日常化、具体化、形象化、生活化，需要做好各种贯通工作，找到历史与现实、理论与实际、政策与生活的结合点。

1. 着力贯通古与今，充分发挥中华优秀传统文化的当代价值

习近平总书记指出，"中华优秀传统文化已经成为中华民族的基因，植根在中国人内心，潜移默化影响着中国人的思想方式和行为方式。今天，我们提倡和弘扬社会主义核心价值观，必须从中汲取丰富营养，否则就不会有生命力和影响力"。[①] 我们要立足新时代新要求，对中华优秀传统文化，尤

---

① 中共中央文献研究室编《习近平关于社会主义文化建设论述摘编》，中央文献出版社，2017，第115页。

其是燕赵文化优良传统的内涵加以继承和发展，使之成为涵养现代河北人文精神的重要思想源泉，让古老的燕赵文明焕发崭新的时代生机。

现代河北人文精神构建的过程，就是马克思主义思想精髓同中华优秀传统文化贯通的过程，就是社会主义核心价值观与河北社会生活贯通的过程，就是河北历史文化传统与当代河北经济文化建设相贯通的过程。为此，要在全社会倡导高尚健康的新生活，推动社会主义核心价值观的要求落实到每位居民、融入日常生活；要大力倡导修身自律的立身之道、孝老爱亲的齐家之道、诚信利他的交往之道、节俭绿色的环保之道、共建共享的敬业之道，使中华民族的优秀精神特质与社会主义核心价值观有机融合，使燕赵先民的传统美德在人民群众生产生活中得到传承和发展，为现代河北人文精神注入不竭的思想动力。

深入推动以文化人、以文育人的时代任务走深走实。在乡镇社区，引导人们自觉践行家庭美德，重视家庭家教家风建设，从孝敬父母、敦亲睦邻做起，进而共同创造地方好、城市好、国家好、民族好的美好生活环境。在农村社区，深入开展"反对浪费、文明办事"移风易俗行动，抵制铺张浪费、高额彩礼、大操大办、婚闹恶俗等不文明行为，打造和推广移风易俗示范点，不断完善村规民约，提倡新礼仪、好习惯。在城市社区，开展以"出入相友、守望相助"为主题的助人利他活动，广泛开展文明创建和志愿服务活动，推动邻里互助落地生根，着力营造"让大家帮助大家"的浓厚氛围。

2.着力贯通取与舍，在辩证扬弃中实现传统的真正价值

去粗取精、推陈出新，取其精华、去其糟粕，是中国共产党历来对待传统文化的方针。我们在任何情况下讲弘扬和保护传统文化，都不是原封不动地照搬，更不是连同渣滓全盘保留，对于不适应时代发展的糟粕，要坚决地加以清除摒弃。即使是传统文化中能够适应时代需求，依然具有生命力的成分，也要对其进行创造性转化、创新性发展，只有这样才能在现实生活中发挥其正面积极的作用。对待作为异质文化融合体的燕赵文化传统，尤其要强调这一辩证扬弃原则。

构建现代河北人文精神，首先要做好做足"舍"的减法，对于因循守旧、保守苟安、眼光狭窄等消极因素，尤其那些和"战争气质"相关的内斗不息、刁顽不逊等民俗劣根，一定要始终如一地加以摒除，坚决舍弃陈旧过时的糟粕沉渣，减除当代河北发展的精神包袱。对于燕赵文化中宽厚包容、勇毅担当、革新开拓等优秀传统，要做好做够"取"的加法，赋予其新的时代内涵和现代表达，使其更好地回应当代河北问题、满足河北人民的现实需求，让燕赵优秀传统文化真正新起来、兴起来、活起来。

在思想文化建设中，与取舍紧密相关的还有一个破与立的问题，就河北而言就是不断解放思想的话题。多年来，河北的发展受制于某些思想观念的束缚，这已是政界和学界的共识。解放思想过程的实质是破除河北高质量发展的思想观念瓶颈，把思想统一到新发展理念上来，为河北经济社会发展注入思想动力，激发河北发展的活力和创造力。只有破和立并举，才能真正实现思想的解放。如果只破不立，难免还会重操旧观念，回到老路上去。这或许就是河北近些年多次掀起解放思想的高潮，但最终的结果不甚理想的症结所在。这样看来，现代河北人文精神的构建，是河北实现思想解放的有效路径。

3. 着力贯通知与行，发挥价值理念的实践价值

人文精神建设知之不难、行之不易。一套价值体系要真正发挥能动作用，必须融入社会生活，让人们在实践中感知它、领悟它，进而践行之。要把我们所提倡的现代河北人文精神与人们的日常生活紧密联系起来，在落细、落小、落实上下功大。现代河北人文精神的建设绝不仅仅是一个理论课题，更是一个实践性极强的现实问题，需要引导人们从自我做起、从现在做起、从一点一滴做起，不以善小而不为、不以恶小而为之，坚持不懈、久久为功，将其转化为日常行为方式和行为习惯，融入生活和工作。

打通"知"与"行"的关键在于一系列中间环节的建设，即能否解决好"船"与"桥"的问题。这就要求我们找到社会认同度高、群众参与广泛、可复制可推广的实践载体，通过教育引导、舆论宣传、文化熏陶、实践养成、制度保障等方式，使我们倡导的价值理念真正内化为人们的精神追

求，外化为人们的自觉行动。将现代河北人文精神落实于广大干部群众的实践理性，要坚持提升道德认知与推动道德实践相结合，推动现代河北人文精神与中华传统美德的相融相通，将践行社会主义核心价值观落在精神文明建设上、落在人心上、落在行为习惯养成上。

在具体实践中，坚持找准与时代的对接点、与百姓的共鸣点、与生活的结合点；在个人生活中，倡导慎独慎微的自律意识、文明文雅的行为修养、积极健康的生活情趣；在家庭生活中，推动践行以尊老爱幼、男女平等、夫妻和睦、勤俭持家、邻里互助为主要内容的家庭美德；在社会交往中，倡导诚信做人、友善待人、宽厚为人、仁者爱人的价值理念；在消费生活中，倡导天人合一、勤俭节约、绿色低碳、适度消费的思想观念；在工作中，大力弘扬劳模精神、劳动精神、工匠精神，奏响劳动创造幸福的时代强音。总之，使现代河北人文精神成为社会主义核心价值观在河北的观念形态和实践体系。

（三）加强宣传教育，广泛开展群众性创建活动

现代河北人文精神只有为河北广大干部群众接受、认同并加以弘扬，才能发挥其树形象、育新人、促发展的能动作用。有必要重新开展现代河北人文精神的创建和宣传教育工作，在全省干部群众中努力树立弘扬中华优秀传统文化、发扬燕赵文化优良传统、学习借鉴中外先进文化、构建现代河北人文精神的自觉意识，营造良好的舆论氛围。宣传思想战线有必要把现代河北人文精神作为凝神聚力、强基铸魂的一项根本工作来做，发挥新闻、理论、文艺、出版等传播媒体的优势，同时用好新媒体，不断加大宣传力度，切实提高宣传质量，使现代河北人文精神深入人心，成为干部群众的自觉意识。

要坚持不懈的进行教育引导，开展各种形式的现代河北人文精神的专题教育活动，使现代河北人文精神教育成为我们深入学习习近平中国特色社会主义思想的一个重要抓手，同形势与传统教育、民主法治教育等结合起来，形成强大的宣传教育合力，不断提高干部群众深入学习创新理论、践行社会主义核心价值观的思想境界。为提高宣传教育的实际效果，要善于运用新时代河北

各条战线上的典型，不断总结和挖掘河北各条战线上体现现代河北人文精神的先进人物和典型事迹，把现代河北人文精神人格化、形象化，充分发挥先进人物的榜样示范效应，激励更多的人学先进、赶先进、比先进、当先进，争为建设经济强省、美丽河北做贡献。

现代河北人文精神的构建与弘扬，不仅需要自上而下的引导与推进，更需要群众性移风易俗活动的落实。我们倡导的现代河北人文精神要想在全社会蔚然成风，需要开展各种活动进行传播熏陶，要把现代河北人文精神的宣传教育融入精神文明创建活动之中，通过开展群众性创建活动带动人们去认识和实践河北人文精神。

现代河北人文精神的宣传教育，必然要求加强这一理论和实践课题的持续深入研究。一方面，要从理论上阐述和揭示新时代弘扬践行社会主义核心价值观的形势要求，阐明在建设中国式现代化河北场景的奋斗历程中，弘扬现代河北人文精神的重要性和必要性，引导广大干部提升精神境界，为现代河北人文精神的构建与弘扬开辟道路。另一方面，对干部群众在树立和弘扬现代河北人文精神的实践进行总结，不断丰富和发展现代河北人文精神的内涵与外延，使现代河北人文精神保持鲜活的理论生命力，始终作为推动经济强省、美丽河北建设的强大动力。

参考文献

《习近平谈治国理政》（第一卷），外文出版社，2018。
《习近平谈治国理政》（第二卷），外文出版社，2017。
《习近平谈治国理政》（第三卷），外文出版社，2020。
《习近平谈治国理政》（第四卷），外文出版社，2022。

实践探索篇
Practical Exploration Reports

民主视野下河北专门协商机构建设
与效能提升

吴景双*

摘　要：　习近平在党的二十大报告中指出，要"发挥人民政协作为专门协商机构作用，加强制度化、规范化、程序化等功能建设，提高深度协商互动、意见充分表达、广泛凝聚共识水平，完善人民政协民主监督和委员联系界别群众制度机制"。① 这突显了党中央对政协工作的重视。2022 年初，河北省各级政协精心组织，周密安排，以学习贯彻落实中共中央办公厅《关于加强和改进新时代市县政协工作的意见》为契机，把专门协商机构建设与效能提升作为重点工作来抓。本文对 2022 年河北省各级政协建设与效能提升实践进行了梳理，并提出了进一步加强相关工作的建议。

关键词：　专门协商机构　党的建设　民主协商

＊　吴景双，河北省社会科学院邓小平理论、"三个代表"重要思想和科学发展观研究所（精神文明建设研究中心）研究员，研究方向：思想道德建设。
① 习近平：《高举中国特色社会主义伟大旗帜　为全面建设社会主义现代化国家而团结奋斗——在中国共产党第二十次全国代表大会上的报告》，人民出版社，2022，第 38～39 页。

在中国式现代化建设的进程中，特别是中国特色社会主义进入新时代以后，以习近平同志为核心的党中央对人民政协工作高度重视。习近平在党的二十大报告中对专门协商机构建设提出了更高的要求。习近平指出，要"发挥人民政协作为专门协商机构作用，加强制度化、规范化、程序化等功能建设，提高深度协商互动、意见充分表达、广泛凝聚共识水平，完善人民政协民主监督和委员联系界别群众制度机制"。① 实际上，在2021年底，中共中央办公厅就启动了加强基层政协工作的部署，印发了《关于加强和改进新时代市县政协工作的意见》（以下简称《意见》）。随后，河北省政协专门召开会议安排部署，深入贯彻落实全国政协新部署和河北省委新要求，出台实施意见，明确具体贯彻落实措施。本文对2022年河北省各级政协以落实《意见》为契机，进一步加强专门协商机构建设、提升政协制度整体效能的实践进行总结，并提出进一步努力的方向。

一 河北专门协商机构建设与效能提升实践

（一）学习领会并贯彻落实《意见》及党的二十大精神

《意见》印发之后，河北省政协认真学习贯彻习近平总书记关于加强和改进人民政协工作的重要思想，深刻认识到加强和改进政协工作的政治意义、现实意义、实践意义及党的二十大报告中党中央对政协工作的新要求新期待。2022年初，全省各级政协精心组织，周密安排，把学习《意见》精神作为当前和今后一个时期的重大政治任务来抓。

一是党委重视支持，为政协事业发展提供有力支撑。各市县党委把学习贯彻《意见》精神作为重要政治任务，第一时间召开党委常委会议组织专题学习，深刻理解《意见》精神实质、准确把握《意见》核心要义，同步

---

① 习近平：《高举中国特色社会主义伟大旗帜 为全面建设社会主义现代化国家而团结奋斗——在中国共产党第二十次全国代表大会上的报告》，人民出版社，2022，第38~39页。

研究贯彻落实《意见》的办法措施。部分市县党委专门召开政协工作会议，对《意见》精神进行细化，推动各项工作要求落地落实。保定市委坚持把政协工作纳入重要议事日程，坚持每年召开市委常委会听取政协党组工作等情况汇报，落实将各县级政协机关列为同级党委统战工作领导小组成员单位、党委统战部部长兼任同级政协党组副书记的要求，持续巩固"党委重视、政府支持、政协主动、多方配合"的良好工作格局。

二是强化理论武装，夯实共同思想政治基础。各级政协持续深入学习《意见》精神，研究制定学习计划，坚持党组理论中心组引领学、主席会议和常委会议带头学、委员培训学、机关全体学，层层传达《意见》和会议精神，迅速掀起学习热潮，进一步理解和把握新时代市县政协工作"干什么""怎么干"，切实增强做好政协工作的使命感、责任感、紧迫感。承德市政协打造党组带头学习、专家深入解读、委办集中研讨、委员互动交流、市县联动落实的"五位一体"学习方式，营造学习《意见》精神的浓厚氛围。邢台市提出"四个纳入"原则，即把习近平总书记关于加强和改进人民政协工作的重要思想纳入干部教育培训内容，政协工作纳入党委重要议事日程，政协协商成果转化落实情况纳入督查事项和考核体系，政协机关干部纳入干部队伍建设总体规划。同时，坚持"党委常委会会议精神必学、政府常务会议精神必知"的做法，推动人民政协理论进党校，在市委《关于加强和改进新时代市县政协工作的实施意见》中，把党的领导贯穿市政协工作全过程各方面。

三是出台实施意见，明确具体贯彻落实措施。各市政协和绝大部分县政协结合自身实际情况，出台相关实施意见，以任务清单化推动工作落地落实。如邢台市政协以问题为导向，坚持把学习《意见》精神与解决现实问题相结合，在深入学习并贯彻落实中央和省委、市委政协工作会议精神的同时，在2022年1月下旬开展大调研活动，全面总结市县政协履职实践中的经验做法、难点问题，向市委报告，并在代市委起草的《关于加强和改进新时代市县政协工作的实施意见》中，根据邢台市的实际情况把中央对政协工作的要求进一步深化、实化、具体化。赤城县政协印发《关于加强和改进新时代县级政协工作若干措施任务分解》的文件，将市政协任务分解为 65 条下发给相关部门和乡镇，确保方向不偏、焦点不散。卢龙县政协结合《意见》要求和以往工作实践经验，逐项对照、拉出清单，研究具体落实措施，确保各项工作的有序推进。

（二）进一步加强自身建设，强队伍、搭平台

全省各级政协把加强自身建设作为提高履职能力和水平的基础性工作，着力强基础、增本领。

一是加强机关干部队伍建设。河北各市县政协在党委的大力支持下，"两个薄弱"问题得到较好解决，夯实了有人干事、有效履职的基础。为了解决人员薄弱问题，有的县探索出"政协各参加单位选派人员定期轮流到政协机关协助工作"的方法。据统计，2019 年以来，河北市级政协和县级政协分别增加行政和事业等编制人员 102 名、388 名，95% 的县级政协设立了"一室四委"。同时，各级政协狠抓作风建设，出台了一系列规章制度，坚决克服"慵懒散松"，打造了一支忠诚、干净、担当的干部队伍。如唐山市丰南区政协出台了《建设一流政协机关，打造一流干部队伍教育实践活动方案》系列文件，推动机关作风转变。

二是加强委员队伍建设。河北各级政协按照"懂政协、会协商、善议政，守纪律、讲规矩、重品行"的要求，一方面，切实加强委员学习培训，提高委员素质能力；另一方面，积极为委员担当作为创造条件，增强委员归属感、荣誉感和成就感，提高委员履职的积极性。同时，各级政协要坚持加强委员服务管理，制定完善委员考核制度，落实委员奖优汰劣制度，开展评选表彰活动，建立委员档案，进一步增强委员的履职活力。邢台市政协着力加强委员履职服务管理，建立健全委员履职报告、履职考核管理、履职档案管理、评选优秀委员、委员辞退退出等制度，充分调动委员的积极性、主动性、创造性。邢台市政协以委员述职、委员履职档案为抓手，具体量化考核指标。一方面，评选为优秀委员的换届时继续提名留任；另一方面，完善退出机制，对不履行职责的委员进行提醒或作出相应处理，退出机制实施后先后撤销委员 79 名，把"空头""挂名""哑巴"委员均拒之门外。宁晋县政

协建立"委员全员述职"制度，营造比学赶超的浓厚履职氛围。

三是重点发挥专委会基础性作用。邢台市政协认真落实专委会联系界别和委员、委员联系界别群众的工作机制，选聘 56 名委员担任专委会兼职副主任，建立"委员之家"和委员工作室 28 个。创新开展"书记市长与委员面对面"协商座谈、"4+1"民主监督、"政协委员手拉手，凝心聚力促发展"等活动，以专委会为依托，打造委员履职平台，确保每位委员每年至少参加 1 次协商议政会议或视察调研等。通过"政协委员手拉手，凝心聚力促发展"活动，邢台市政协 2022 年促成银行对委员企业贷款授信意向11.4 亿元，19 所院校与委员企业达成合作意向 82 项，招商引资专项行动促成签约项目 3 个，达成合作意向项目 6 个。

四是加强社情民意收集、基层民主协商平台建设。河北各县级政协大力发展基层协商民主，为委员了解社情民意、开展调查研究，人民参与基层治理进一步搭建平台载体。承德市双桥区政协出台了《关于在镇（街道）设立委员服务召集人（联络员）制度的实施意见》并跟进推动落实，设立镇（街道）委员服务召集人 12 名、政协联络员 12 名，进一步发挥乡镇联络组召集人和联络组长作用。赵县政协在全县 11 个乡镇建立委员联络站，在城区建成 6 个委员工作站，构建基层党委、政府、政协委员、社会公众之间"纵向到底、横向到边、上下联动、多方互动"的政协协商平台体系。

（三）加强党的全面领导，以新举措强化组织保证

全省各级政协适应新形势新要求，全面加强党的建设，为更好担负新时代使命任务提供坚强保证。

一是坚决落实党对政协工作的全面领导。全省各级政协坚持把党的领导作为根本政治原则，落实每年至少召开 1 次政协年度党建工作会议的工作要求，研究部署党建工作任务。同时，严格落实请示报告制度，把党的方针政策不折不扣地贯彻到政协工作之中。辛集市政协坚持以党的建设为纲要，全面落实从严治党主体责任。辛集市委高度重视政协工作，市委书记、市长每年出席政协全体会议、参加小组讨论。严格执行重大事项请示报告制度，重

要工作和重大决策执行前均向市委请示报告，保证了政协的全面工作都在党的领导下开展，做到了政协的一切工作都围绕市委中心任务进行。辛集市政协党组认真贯彻全国政协、省政协的工作会议精神，制定出台了《关于加强和改进新时代市县政协工作的实施方案》，有力推动了全市政协工作的开展。通过仔细谋划、合理分工，辛集市政协党组成员各自分管专委会，每月召开党组会、主席会，对各专委会工作进行总结分析，保证各项工作在党的领导下得到贯彻落实。

二是推动党的组织全覆盖。据统计，全省11个市级政协和87个县级政协成立了机关党组，市县政协全部建立界别委员功能型党组织，政协机关注重加强基层党组织建设，着力提高党支部建设的规范化水平。政协党组、机关党组定期听取机关基层党组织工作汇报，研究党建工作、党风廉政建设和意识形态工作，探索党员委员开展特色活动的思路、内容、方法。邯郸市复兴区政协按照"支部建在界别上，委员聚在党旗下"的党建思路，建立了"双带"（思想上带领、履职上带头）、"双促"（党员委员促党外委员、党外委员促党员委员）、"双融合"（界别组与界别组融合、党员委员与党外委员融合）工作机制，促进了党员委员和党外委员的相互融合、相互提高。

三是推动党的工作全覆盖。河北各级政协积极探索党建工作制度，制定党建工作联系机制，建立健全党组成员联系基层党建工作、党员委员联系党外委员、党员委员参加双重组织生活等"四联系"制度，推动党建工作向基层延伸、向委员覆盖。固安县政协坚持和强化"三个引领"，引导委员知责于心、担责于身、履责于行，党员委员引导带动全体委员，聚焦固安县委"四城四百"战略目标，实现了政协党建与委员履职深度融合，推动政协履职工作取得新成效。辛集市在推动党的工作全覆盖方面也有值得推广的做法。首先，加强政协党组自身建设。坚持党建工作与业务工作两手齐抓，统一谋划、统一部署、统一推进，在政协集体学习、重要会议、视察调研活动中，都对发挥界别党支部和党员委员作用提出要求并督导落实。严格执行党内生活制度，党组成员按要求参加党组民主生活会和所在党支部的组织生活会，交流讨论、汇报思想、开展批评和自我批评。其次，加强政协界别党支部建设。为了加强委员管理，提升履职活力，辛集市组建了 8 个界别党支部，建立党员委员联系党外委员制度，每个党支部涵盖 1~2 个界别，每名党员委员分别编入各党支部并分别联系 1~3 名党外委员，形成"市政协党组—机关党组—机关党支部和界别党支部，党支部书记—党员委员—党外委员"横向贯通、纵向联系的政协党建架构。2022 年，辛集市成立一家委员工作室，为界别党支部提供了活动阵地，在抗击疫情、法治教育等重点工作中开展"委员先锋"行动，发挥基层党组织战斗堡垒作用和党员先锋模范作用。石家庄市藁城区按照"发挥专业优势、便于活动组织、服务地方发展"的思路，将区直 14 个界别小组优化整合为 6 个界别联组，分别成立功能型党支部；在 15 个乡镇（区）分别成立界别联组，按地域成立 4 个功能型党支部。大力推进协商向最基层延伸，开展小范围、跨界别、多轮次的座谈交流式、协商互动式、一对一结对式深度协商，形成区、乡镇、村（社区）联动的良好格局。持续建好用活 21 个基层委员工作站，建立健全召集人、联络人制度，为委员就近就地开展群众工作搭建平台。精心组织各种视察调研、协商监督、学习观摩等活动，为委员充分发挥作用提供优质服务。创新打造"委员聚在党旗下　履职跟着中心走"党建领航履职新模式，及时收集反映委员身边的社情民意，不断增强政协组织在基层的感召力、凝聚力、影响力，让群众更多地听到"政协声音"、看到"委员身影"。

（四）突出协商主责主业，发挥专门协商机构作用

专门协商机构是新时代赋予人民政协职能定位的新内涵。面对新形势和新任务，全省各级政协充分发挥专门协商机构效能，广泛协商集聚众智，精准议政建言资政，不断推动基层政协工作向更高质量发展。全省各级政协把握政协专门协商机构这一定位，着力在专出质量、专出特色、专出水平上下功夫，进一步规范协商程序、精选协商议题、创新协商形式、力求协商成效。

一是在规范上下功夫，完善协商制度。全省各级政协努力实现协商常态化，把提升协商频次和密度作为履职尽责的硬任务。河北省各市政协年度协商均能够达到"每半年至少举行一次专题议政性常委会会议、每两个月举

行一次重要协商活动"的要求。绝大部分的县级政协能够达到"每年至少举行一次专题议政性常委会会议、每季度至少安排一次重要协商活动"的要求。同时，各级政协将制度建设放在十分重要的位置，按照《意见》要求，对协商频次作出明确规定，进一步推进协商议政的制度化、规范化、程序化发展。廊坊市政协坚持以制度建设促进工作规范，制定出台了加强协商民主建设、改进民主监督工作的实施意见，为协商工作的开展提供了遵循。石家庄市藁城区充分运用界别协商、对口协商、专题协商、常委会会议协商等多种形式，采取"1+2+3"模式，由各专委会每月选择1个切口小、受关注、能落实的议题，精准开展"微协商"，从细处着眼为民生发声，随着一件件好事办成、一件件实事落地，石家庄市藁城区赢得了群众点赞好评。每2个月针对重点提案开展1次视察监督调研协商活动，坚持问题导向，现场督办、集中会办，搭建委员与承办单位交流平台，以协商促改进、以监督助落实，提升办理质效。每季度围绕党政中心工作开展1次专题协商议政活动，并编发《建言资政专报》，打造建言精品，2022年以来，先后编发《建言资政专报》4期，提出30余条意见建议，产生了实实在在的资政效果。创新开展"委员来评判·协商在一线"活动，打造委员议事协商平台，助力打造了一大批精品亮点工程，2022年4月21日，《人民政协报》对此做法进行了专题报道。充分发挥主席会议和常委会会议主导、表率作用，以中央、省委、市委部署要求和区委、区政府中心工作为重点，制定年度协商计划，做到月月有安排、次次有主题、事事有反响。协商议政更富成效，为全区经济社会高质量发展作出了积极贡献。围绕加快新型城镇化建设、提升城市文化品位、推进养老事业发展、推动城市更新等党政重点工作，藁城区政协组织开展一线协商、建言献策，向区委、区政府提交了3份高质量集体提案和4份调研报告，区委书记对关于加快新型城镇化建设的建议表示充分肯定并作出批示、提出要求，政府相关职能部门依照建议，从城市规划设计、施工建设、拆迁改造、精细管理等方面入手，使城市面貌焕然一新，获群众交口称赞。

二是在推进上下功夫，广搭协商平台。河北各级政协把搭好协商平台作为重要任务，建立了以全体会议为龙头，常委会议协商、专题协商会议协商为重点，对口协商、提案办理协商为常态的协商议政格局，探索运用互联网、手机 App 等新载体、新形式开展协商，进一步增强网络议政、远程协商实效，通过"协商上云"扩大协商参与范围。在县级政协推开委员工作室建设，建立综合性履职平台，实现所有地域、所有委员全覆盖，推进政协协商向基层协商延伸，打通委员履职的"最后一公里"。秦皇岛市政协在乡镇和街道办事处探索设立委员工作站试点，推进基层民主协商，拓展基层群众参与政协协商的渠道。饶阳县政协构筑协商议政平台体系，在县直和乡镇创建委员议政室和委员工作室，在重点村设立"议事点"，打通委员联系群众渠道。沧州市政协从 2021 年 11 月开始，建立了政协讲堂、书香政协、全体会议协商、专题议政协商、对口协商、全链条直联直通协商、视察监督、委员会客厅、文化文史研究传播、智慧政协十个特色平台，构建起重点性协商和经常性协商相辅相成的新格局。根据平台需要，开辟了 2300 平方米 50个活动室的平台专区，打造了平等温馨的交流环境，并探索了以下四条具体实践路径。其一，精准性定位。每个平台的活动频次、议题、程序及成果反馈等都作出制度性安排。2022 年以来，在市级平台开展协商聚识活动 150余次，十个平台逐渐成为委员和界别群众"心向往之"的地方。其二，"骨干+"带动。设立政协主席恳谈日，政协主席会议成员带头到平台参与活动；实行"1+3+5"党员委员联系党外委员和界别群众制度；成立 19 个市级委员会客厅，汇聚骨干成员 103 人，吸引界别群众 500 余人；依托专委会设立 7 个功能型党支部，专委会负责人兼具主任和党支部书记双重身份，在平台组织开展党建和履职活动。其三，大尺度调研。确立起"无调研不建言、先调研后协商"的规矩，2022 年政协主席会议成员带队开展调研 31次，累计时长 77 天，委员、议政咨询专家等 600 余人次参与。其四，成果化激励。依托平台，2022 年呈报协商建言 36 件，市领导批示 107 条次，领导批示率、部门反馈率、向委员反馈率达到"三个 100%"，极大地激发了委员履职热情，调研积极参与、大会主动发言、座谈争相建言蔚然成风。

三是开展省市县三级委员履职协作。专委会是政协的工作机构，深化联系、指导和协作是其职责所在。联系、指导和协作有助于充分调动省市县三级政协自觉性积极性，切实避免"上热下凉"或者"下热上凉"。同时，省级政协专委会资源多、智力强，市县政协专委会更通基层、接地气，优势互补才能实现多赢高效，推动实现全省政协广协商、深议政、聚共识、建真言局面加快形成。省政协财经委与市县政协联系协作主要表现在以下五个方面。第一，坚持日常联系指导。每年召开对口专委会主任会议，第一时间互相通报人员变化情况，密切沟通联系，推进务实指导。第二，深化专项联系指导。利用多种渠道呼吁各方支持基层专委会建设，指导开展业务培训；与市县政协专委会共同组织专题学习、教育实践、上党课等活动。第三，探索创新联系指导。通过在住市县的委员单位新建委员之家，与市县政协一起组织委员活动，密切与基层政协的面对面联系。认真落实委员会处级以上同志定向联系市政协对口专委会制度，探索在市县专委会聘请纪律作风监督员，加强党建和专委会自身建设。第四，围绕重点议题开展履职协作。把与市县政协联合调研、联动协商、协同监督作为专委会"搭台唱戏"的规定动作，发动省市县三级政协的委员协同调研协商和民主监督，邀请市县政协同志到会发言，启发开阔协商思路，提高履职水平。第五，探索建立学习调研协作机制。外出考察调研邀请市县政协同志参加，组织省政协委员参加市县政协和对口专委会提议的专项联合调研、考察活动，经常对接调研协商议题，热心提供议政素材、推荐和反映议政成果，促进多层次高质量建言成果转化落实。

四是在提升上下功夫，增强协商实效。河北各级政协围绕党委和政府工作的重点、群众生产生活的难点、社会治理的焦点，选择涉及群众切身利益、能够增进民生福祉的切口小、受关注、能落实的协商议题，做到干实事、求实效。2022年，全省各级政协组织委员们积极参政议政、建言献策，在疫情防控、经济建设、乡村建设等重大任务中作出了巨大贡献。张家口市政协致力于推动党政关心、群众关切的基层社会治理和民生问题有效解决，打造独具张家口特色的"好商量"品牌，着力提高建言资政质量水平。秦皇岛市海港区政协深入群众开展座谈交流，关注政府的民生工程，对人民群众关心的老旧小区改造问题进行专题视察考察，助推老旧小区改造工作走在全市前列。石家庄市藁城区政协为了切实提升基层政协委员协商专业化水平，以专委会为依托，根据政协委员界别及专业特长，组织科教文卫、城市管理、社会民生、经济发展、农业农村等领域委员，融入各乡镇、社区及企事业单位的基层协商实践工作，有力提升了基层协商议事的专业化水平。围绕全区 171 个老旧小区改造工程，开展协商 20 余次，解决实际问题 50 多个。

（五）加强思想政治引领，汇聚团结奋进合力

全省各级政协厚植团结奋斗的共同思想政治基础，为助推经济社会高质量发展凝聚智慧力量。

一是着力强化思想政治引领。河北各级政协坚持把加强思想政治引领、广泛凝聚共识作为中心环节，引导参加政协的各党派团体和各族各界人士坚定不移拥护"两个确立"、做到"两个维护"。各地大力推进"书香政协"建设，引领广大政协委员多读书、读好书、善读书，增强履职能力。全省政协开展"同心抗疫情、携手促发展"等活动，各级政协委员全覆盖式参与，履职活动 4500 余项，委员在履职实践中增进了共识，在协商交流中加深了理解，在联系合作中汇聚了力量。沧州市政协汇聚各方力量历时 4 年编纂完成 14 卷共 520 万字的《沧州红色记忆》资料丛书，成为以文化人、汇聚合力的重要体现。

二是着力拓展凝聚共识工作途径。河北各级政协发挥人民政协作为爱国统一战线组织的优势和作用，建立健全谈心交流、走访看望、联系界别委员、党外委员专题视察等制度，畅通诉求表达渠道，提高团结联谊工作质量，把更多的人团结在党的周围。承德市政协建立"委员会客厅""委员工作站"新平台，切实在履职实践中找到最大公约数、画出最大同心圆。迁西县政协积极探索"基层协商阵地+委员之家+党建阵地建设"模式，坚持每个专委会高标准打造 1 个委员活动园地，努力构建"一委一品"工作格局，为凝聚广泛共识提供有效载体。

三是着力做好界别群众工作。河北各市县政协积极发挥面向基层、贴近群众的优势，加强与界别群众的沟通交流，深入了解群众意愿，及时反映群众呼声，协助党委和政府做好协调关系、理顺情绪、化解矛盾的工作。邯郸市政协开办电视问政类节目《政情民意半月谈》，打通基层协商工作"最后一公里"，举措有力、效果突出；承德县政协深入开展"委员走基层"实践活动，委员们在马扎上、树荫下、田间地头与百姓打成一片，为群众解疑释惑、排忧解难，社会反响良好；唐山市政协强化团结联合、广泛聚同化异、厚植民意基础。聚焦"凝聚起来、落实下去"这个中心任务，建立健全市县政协党组成员同党外委员谈心交流、政协主席会议成员走访看望委员、专委会联系界别委员等制度，完善健全各民主党派、各界别委员参政议政的沟通联络机制，定期召开党外委员座谈会，听取意见建议，了解思想动态，努力把社会各阶层团结在党的周围。围绕汇聚改革发展正能量，优化各类调研协商活动的议题设置、程序安排、成果体现，做到议政建言、凝心聚力一体设计、一体落实，特别注重引领委员在履职中看可喜成就、看发展变化，不断增进委员对党政决策部署的高度认同。2022 年以来，已开展"曹妃甸港口建设、钢铁产业搬迁、高新技术产业等建设情况"等省市县三级政协委员专题视察 9 次。围绕为党的二十大胜利召开营造安全稳定的社会环境，组织开展了"发挥委员主体作用，提升履职质效，助力营造安全稳定社会环境"行动。

二 存在的不足

2022 年，全省各级政协共同努力，以加强和改进市县政协工作为契机，在加强专门协商机构建设、提升政协制度整体效能实践上取得了一定的成效。综合分析来看，河北省各级政协在自身建设、党的建设和凝聚共识方面的工作做得不错，但是市县政协特别是县级政协的履职实践和工作实际与中央和省委要求还有一定的差距。

（一）对新时代政协的社会治理作用的认识有待进一步提高

河北省部分县（市、区）的党委、政府和相关部门对人民政协在推进社会主义全过程人民民主中的重要作用及在新时代社会治理中的作用认识不足、重视程度不够，加之人民政协主动协商意识不够强，导致党政领导协商动力不足。比如，有的人认为政协协商活动耽误时间，影响决策效率；有些领导家长制作风较重，认为自己的理论水平和实践经验丰富，在事前和事中作出决策时不需要进一步协商讨论；有的对协商概念的理解有偏差，有时用考察视察和交办一些事务性工作来代替协商工作。与此同时，政协委员自身也存在对协商认识不到位的问题。比如，一些政协委员对协商民主是国家治理体系的重要组成部分理解不深，缺乏强烈的社会责任感，重名誉轻协商参与的现象也不同程度地存在；有的委员认为协商是虚活，况且考核也不严格，抱着得过且过的心态对待政协工作；有的委员认为认真提出意见建议不利于维系人际关系，敢于直言的胆量不够；有的委员协商能力有待提高，协商前调查研究、分析提炼不够深入透彻，协商中真知灼见不多、建言献策质量不高，不具备深度协商、充分表达的能力。

（二）协商制度有待完善，协商内容随意性较大，协商规范性有待于加强

虽然中央政协和省政协出台了加强政协协商民主建设的意见，基本形成了较为完备的制度体系，河北大部分市县也出台了不少相关制度，如《中共政协辛集市委员会机关党组工作规则》《政协提案质量和提案办理质量"四方"评议办法》等。但是，从目前情况来看，市县政协协商民主制度还比较简单、笼统，不够细化，可操作的程序和规定较少。如，在现行的协商民主制度中，没有配套的实施细则来保证将人民政协政治协商纳入党委、政府的议事规则；对于协商什么、与谁协商、怎样协商，哪些重大决策的出台、哪些重大项目的实施、哪些重要人事方案的制定必须先经政协协商后决策、经政协协商后决定、经政协协商后通过等缺乏硬约束力。

这就导致在协商年度计划中"想到就协商，想不到就不协商；有兴趣就协商，没兴趣就不协商"的现象不同程度地存在，协商选题随意性较大；协商工作中不同程度地存在走过场、走形式的现象；有些市县政协对市县重点任务、市县党委和政府中心工作及市县经济建设、文化建设、生态建设、社会治理的具体工作规划和安排并不十分了解，导致协商选题存在盲目性。

（三）协商的深度和广度有待于进一步拓展

从协商主体来看，目前河北基层政协协商参与主体不够广泛，新社会阶层还没有更多地参与进来，农民、城市务工人员及社会弱势群体等参与协商的机会、渠道依然不多。从协商内容来看，协商议题的选择范围和广度不够。总的来看，协商议题涉及经济发展、生态治理、社会治理层面的事项占比较大，但是在政治建设方面，如对选人用人干部制度、依法行政、从严治党等政策落实情况进行协商不多。对社会主义核心价值观的培育践行关注不够。协商选题时对那些党和政府还未想到或无暇顾及，但随着时间推移可能会变成"热点"或"事件"的问题关注不够。同时，协商议题的广度也要适当。有些市县出现协商议题与党政中心工作契合度不高、与民生保障关联度不强等现象，出现非常"冷门"的议题也是不恰当的。从协商过程来看，大部分市县政协协商文化还没有很好地培养起来。表现为协商组织形式比较单一，缺少平等、充分表达的政治生态；协商过程简单化，缺少可操作的标准和流程，导致协商不能形成深度互动、充分表达的局面；协商活动存在表面化现象，有的以通报代替协商，有的以事后通报代替事前、事中协商，有的变为政协"唱独角戏"。

（四）协商成果落实的"最后一公里"问题有待解决

对于协商成果的转化，河北大部分市县仍存在重过程轻采纳、重答复轻落实、重满意度轻执行力、重协商成果报送轻跟踪问效等问题，一些市县政协虽然建立了协商成果反馈和转化机制，但收效甚微。在成果转化方面，落实起来仍存在一定问题，导致一些有价值的协商成果未能真正发挥应有的效益，有的协商结果不了了之或领导一批了之。在成果反馈方面，虽然明确了要以一定形式向政协反馈采纳落实情况，但实际上通过正式形式进行反馈的较少，即使反馈也比较笼统，究竟有多少协商意见进入了决策、执行实施、转为决策依据，从反馈材料上很难得到答案。协商成果的反馈和落实不力，不仅影响了党委、政府的科学决策，也不同程度地打击了参与协商人员的热情，不利于增进团结和加强协商民主工作。

三 意见建议

2023 年是全面贯彻落实党的二十大精神的开局之年，更是人民政协大有可为的一年。河北省各级政协要和全体政协委员一起把握新形势、聚焦新目标、落实新部署，坚持党的领导，坚定正确政治方向，聚焦全省大局，凝聚改革发展合力，树牢为民情怀，持续增进民生福祉，强化自身建设，不断增强履职能力，奋力书写更多"政协篇章"，贡献更多"政协力量"。河北省各级政协在自身建设、党的建设和凝聚共识方面的工作做得不错，下面主要就进一步加强政治理论学习和提高市县政协深度协商水平提出一点建议。

（一）加强政治理论学习

一是深入理论学习。把认真学习党的二十大报告作为重要任务摆在更加突出的位置，领会精神实质和核心内容，特别是要全面准确理解党中央对人民政协提出的新要求新期待，增强思想自觉和行动自觉；认真学习贯彻习近平总书记关于加强和改进人民政协工作的重要思想，学习《中国共产党政治协商工作条例》。同时，要坚持系统观念，把学习贯彻党的二十大精神同学习贯彻中央政协工作会议精神结合起来，做到一体学习、一体落实。二是完善学习制度。完善以市县政协党组理论学习中心组学习为引领、覆盖当地全体委员的经常性学习制度体系，科学制定学习计划，坚持党组理论中心组引领学、主席会议集体学、常委会议辅导学、党支部定期学，真正把党的学习落细落实。三是提高学习成效。要把学习成效体现在做好政协工作的自信自觉上，体现在解决问题的思路举措上，体现在准确把握新时代政协新方位新使命上，真正把党的二十大精神学习成果转化为谋划发展的正确思路、促进政协事业发展的工作举措、解决问题的实际成效。

（二）推动全过程人民民主，提高市县政协深度协商水平

要对标党的二十大中党中央对政协工作的新要求，发挥人民政协作为专门协商机构的作用，加强制度化、规范化、程序化等功能建设，提高深度协商互动、意见充分表达、广泛凝聚共识水平。

一是细化完善协商制度，形成可操作的制度体系并不折不扣地执行。要以各市县的实际出发，对已经出台的协商制度做进一步细化、具体化，探索制定人民政协组织条例和政协委员会工作规则。明确和细化政治协商的具体内容，将市县党委、政府在经济发展、生态治理、社会治理、政治建设中的重要决定、重大建设项目、重要人事安排、重大民生问题，以及久拖未决的重点、难点问题纳入必须协商范围；明确政协协商程序，从协商议题的提出和确定、协商前的准备、协商会议的组织、协商成果的报送、协商意见的处理和反馈等方面进行规范，尽可能对每个环节作出具体规定；创新适合协商深度互动、意见充分表达的协商场景和协商形式；引导以程序性制度为支撑，推动将政治协商纳入党委议事规则和政府工作规则，真正落实"把政治协商纳入决策程序"的要求。严格执行已有的可操作性制度和进一步细化的制度，如必须落实"市级政协每半年至少举行一次专题议政性常委会会议、每两个月举行·次重要协商活动；县级政协每年至少举行一次专题议政性常委会会议、每季度至少安排一次重要协商活动"等要求。

二是培育协商文化，营造能够深度互动、充分表达的协商环境。可遵从以下原则培养深度互动、充分表达的协商环境。第一，给予平等表达机

会。从协商会议桌子布局、座位安排等细节着手，积极营造平等、自由、公正、宽松的协商环境，协商时鼓励委员多说话、说实话、讲真话，做到知无不言、言无不尽，谈问题不避重就轻，提意见不遮遮掩掩。第二，引导理性表达。在协商过程中，引导协商各方保持理性，不随心所欲高谈阔论，不随意附和领导意见，也不盲目固守自己利益不放，而是从本界别群众和大多数人的立场、观点出发合理表达意见诉求。第三，提倡包容差异。引导协商主体树立大局意识、集体意识，学会换位思考、承认差异、尊重差异、求同存异，提倡合作、包容精神，争取在尊重差异的基础上达成共识，增进团结。

三是探索适合深度互动、充分表达的协商模式。要增强协商会议的互动性，改变委员照本宣科、领导表态讲话以及少数人汇报发言、大多数人被动参与的会议模式。政协常委会议可邀请专家型委员列席，每次要安排一定时间即席发言；要尊重和保障委员的话语表达权，让各民主党派、工商联、无党派委员和非党政领导职务的委员能够比较充分地发言。改进传统的例会组织形式。可在深入调查研究的基础上，多组织专题资政会，恳谈协商会，党政领导与政协常委、委员面对面协商会，加强交流互动；可将会议协商与视察督查、提案督办、民主评议等形式有机结合，也可将会议协商与书面协商、网络协商等有机结合。注重开门协商、开放协商。针对不同议题邀请相关的群众代表列席政协全体会议和常委会议，邀请专家学者参与协商，并给参与者一定的互动表达时间，真正形成广聚民意、广集民智、广纳群言的协商局面。

四是重视和促进协商成果的转化落实。第一，政协要主动作为。协商会议召开后，政协自己要及时整理提出的意见建议，报送党委、政府，并按照协商规程促使重要协商成果尽快列入党政议事日程；政协要特别注重协商成果的跟踪问效，切实加强与党政及其部门的沟通和联系，对报送吸纳意见建议的办理落实情况及时进行跟踪了解；政协组织及委员对答复不满意的，应及时责成承办单位重新办理答复；对一些重要的协商成果，有必要组织委员进行专题民主监督，并将舆论监督、群众监督与政协民主监督相结合，就协商成果落实转化过程中的重要问题进行再协商。第二，党委、政府要把协商成果的转化落实作为工作的重要组成部分。明确规定党委、政府领导签批的政协建议案、调研报告等承办单位书面答复时间；把采纳政协建议、促进协商成果转化落实情况，作为政府部门工作考评的重要内容；对政协意见建议办理较好的部门和单位给予奖励，对办理不力的部门和单位给予通报批评。

法治视野下河北省医疗纠纷预防
和处理中的实践创新

——《河北省医疗纠纷预防和处理条例》实施展望

蔡欣欣　索海文[*]

摘　要： 我国医疗纠纷预防和处理相关法律法规在发展历程上包括初步探
索、恢复发展、完善健全和全面深化四个阶段。我国预防和处理
医疗纠纷在多个因素的共同作用下取得了新进展：医院切实推进
法治建设，深入推行智慧医疗，持续优化医疗环境，提升服务水
平；医务人员法治意识与素养不断提高；纠纷处理机制日益完
善，多元化解医患纠纷；政府严格落实监管责任；宣传媒体发挥
正确导向作用。以法治力量预防和处理医疗纠纷，要坚持预防前
置与规范管理并重，坚持问题导向和目标导向相统一，坚持回应
社会关切与正向引导相促进，坚持部门联动和资源整合相协调，
持续将社会主义核心价值观融入河北法治实践。

关键词： 医疗纠纷　预防处理　法治

　　自国务院 2002 年颁布《医疗事故处理条例》后，为进一步从制度层面
确立构建和谐的医患关系，推动完善依法妥善处理医疗纠纷工作的法律规
则，《医疗纠纷预防和处理条例》于 2018 年 10 月 1 日起正式施行，开启了
新时代医疗纠纷预防和处理综合治理的新局面。在此基础上，2022 年 3 月

---

* 蔡欣欣，河北省社会科学院法学研究所副研究员，研究方向：社会治理；索海文，河北出版
传媒集团综合办公室副主任，助理经济师，研究方向：行政管理。

30 日,《河北省医疗纠纷预防和处理条例》经河北省第十三届人民代表大会常务委员会第二十九次会议通过。该条例对医疗纠纷的预防、处理、应急处置、医疗责任保险以及法律责任等方面作了全面规范,将河北省预防和处理医疗纠纷全面纳入法治化轨道,持续将社会主义核心价值观融入法治河北建设。这一条例的颁布成为将社会主义核心价值观融入法治建设的又一立法实践。

一 医疗纠纷预防和处理的立法演变过程

我国医疗纠纷预防和处理方面的法律法规,自新中国成立以来大体经历了从无到有、从不健全到逐步完善的漫长发展过程,包括初步探索、恢复发展、完善健全、全面深化四个阶段。

(一)初步探索阶段

从 1949 年新中国成立到"文化大革命",是我国医疗纠纷预防和处理法律法规建设的初步探索时期,在这期间,我国先后在医疗卫生领域作出一系列规定,不仅将我国医疗卫生事业发展纳入法制化轨道,而且为我国医疗卫生法制建设进一步发展奠定了基础。

新中国成立初期,百废待兴,人民群众的身体健康和生命财产安全始终被党和政府摆在首要位置。1949 年 9 月通过的《中国人民政治协商会议共同纲领》第四十八条规定,"提倡国民体育。推广卫生医药事业,并注意保护母亲、婴儿和儿童的健康"。1954 年通过的《中华人民共和国宪法》第九十三条规定,"中华人民共和国劳动者在年老、疾病或者丧失劳动能力的时候,有获得物质帮助的权利。国家举办社会保险、社会救济和群众卫生事业,并且逐步扩大这些设施,以保证劳动者享受这种权利"。

"文化大革命"期间(1966~1976 年),我国医疗卫生领域法制建设基本处于停滞状态。在这期间,我国医疗卫生领域不但没有制定新的法律法规,而且当时已有的法律法规也不能在正常状态下运行。

（二）恢复发展阶段

我国经济社会快速发展，国家逐步恢复法制建设主要始自 1978 年党的十一届三中全会。恢复发展期间，党和政府一方面加大卫生体制改革工作力度，另一方面进一步恢复卫生领域法制建设。由此，我国医疗纠纷预防和处理法制建设逐步发展起来。

1978 年卫生部出台《关于预防和处理医疗事故的暂行规定》，界定了医疗事故、医疗差错和非医疗事故，为我国医疗事故行政立法奠定了基础。该暂行规定强调行政机关的权力主体地位，体现了管理论的立法理念，有利于发挥行政机关的主导作用，使医疗事故处理机制有了制度依据，在一定程度上缓解了医疗纠纷。但由于缺乏患方和医方的参与，其过强的行政主导性使各主体之间的关系处于失衡状态。

1982 年通过的《中华人民共和国宪法》第二十一条规定："国家发展医疗卫生事业，发展现代医药和我国传统医药，鼓励和支持农村集体经济组织、国家企业事业组织和街道组织举办各种医疗卫生设施，开展群众性的卫生活动，保护人民健康。""八二宪法"为进入新历史时期的卫生法制建设指明了前进方向。

国务院于 1987 年 6 月 29 日颁布了《医疗事故处理办法》。这是我国首部专门聚焦规范医疗事故及其处理方式的行政法规。围绕"医疗事故"之概念，该办法对其鉴定、处理等内容作出了相关规定，卫生行政主管部门的行政管理和相关人员的责任成为主要侧重点，而医疗事故以外的其他医疗纠纷的处理方式未曾涉及。另外，采用"医疗事故"的概念很容易在医疗纠纷处理之前就推定医疗机构存在过错，患方及公众会认为患方受到的损害源于医疗机构。但从实际情况来看，产生医疗纠纷的原因不仅复杂而且多样，将"医疗纠纷"与"医疗事故"相等同失之偏颇。现实中很多医疗纠纷并不一定构成医疗事故，有些医疗纠纷也只是出现了争议，用"事故"来定义医疗纠纷不符合实际情况。因此，医疗事故的提法给医疗纠纷的解决带来了一定的困难。

（三）完善健全阶段

21 世纪初期，医疗纠纷明显增加，甚至升级为医闹、医暴行为，医患关系高度紧张，医疗纠纷的社会关注度较高。2002 年 9 月 1 日，开始施行《医疗事故处理条例》，该条例赋予了行政相对方权利，在扩大医疗事故的界定范围、明确赔偿标准和鉴定机构的内容制定方面均有所体现，在缓解医患矛盾、解决医疗纠纷等方面发挥了非常积极的作用。但由于立法程序简单且医疗事故损害具有特殊性，该条例的缺陷在解决医疗纠纷的实践中也日益凸显出来。在法律适用中的"二元化"问题尤为突出，如第四十九条"不属于医疗事故的，医疗机构不承担赔偿责任"，与《中华人民共和国民法通则》第一百零六条规定的"公民、法人由于过错侵害国家的、集体的财产，侵害他人财产、人身的，应当承担民事责任"相冲突。

鉴于此，最高人民法院于 2003 年 1 月 6 日发布了司法解释，将医疗纠纷分为"医疗事故引起的医疗赔偿纠纷"及"医疗事故以外的原因引起的其他医疗赔偿纠纷"两种，前者参照《医疗事故处理条例》的规定办理，后者适用《中华人民共和国民法通则》的有关规定。通过该司法解释，医疗纠纷被人为地划分为两种，并适用不同的法律，由此也造成了"二元化"处理模式会出现在审理医疗纠纷案件之中，同时还可能造成医疗损害赔偿和医疗鉴定的"二元化"。法律的权威性不仅会被"二元化"现象削弱，而且当事人诉讼请求和申请鉴定的类型不同，还可能会造成最终判决结果的差异以致破坏法律的统一性。

在这期间，该条例强调医患双方在医疗纠纷解决中的重要性，赋予医方和患方各自的权利，保护双方的合法权益，体现了控权论的立法理念。但更侧重于赋予患方权利，缺少对医方以及其他利益相关方的保护，在一定程度上导致了患方过度维权，医患关系仍处于失衡状态。

（四）全面深化阶段

2009 年 12 月 26 日通过的《中华人民共和国侵权责任法》，不仅对医疗损害责任作出相关规定，而且独列一章。在医疗损害责任方面，《中华人民共和国侵权责任法》与《中华人民共和国民法通则》主要立场一致，明确规定了包括医疗事故在内的一切医疗纠纷所造成损害的相关内容，实现了法律的权威性与司法的统一性。但在医疗纠纷鉴定方面，《中华人民共和国侵权责任法》并没有作出具体规定。因此，医疗纠纷鉴定同时实行两种鉴定模式，既有医疗事故技术鉴定也有医疗损害过错司法鉴定，双轨制并行。在医疗事故及医疗损害方面，《中华人民共和国侵权责任法》和《中华人民共和国民法通则》，都突出强调保护患方权益，而忽视了医患关系中医方的合法权益，将患者视为弱势群体，而将医方视为强者。然而，暴力伤医事件不仅严重危害了医务人员的人身安全，也影响了医疗机构诊疗活动的正常开展。法律的公平价值及社会主义的核心价值在于对各方当事人的公平，应该同时保护患者和医方的权利和利益，使医患双方地位平等。

2010 年 1 月，司法部、卫生部、保监会三部门从"改善民生，促进和谐"的角度，为阐明人民调解对于解决医疗纠纷的重要作用，联合发布了《关于加强医疗纠纷人民调解工作的意见》。为减少医患对抗，该意见提出要引入人民调解工作机制，加强医疗纠纷人民调解组织建设、医疗纠纷人民调解员队伍建设等，充分发挥人民预防和化解医疗纠纷的功能。在实践中，该意见在预防和化解医疗纠纷、保护医患双方合法权益、加强和创新社会治理以及维护医疗秩序和社会稳定等方面都发挥了积极作用。

为弥补医疗纠纷预防和处理方面的立法欠缺，2018 年出台了《医疗纠纷预防和处理条例》，直接将"医疗纠纷"定义为医患双方因诊疗活动而引发的争议，不仅把医疗纠纷的预防和处理纳入法治化轨道，也体现了党和国家对医患矛盾处理工作的高度重视。该条例以法律手段规范了医疗纠纷的预防和处理，总结了以往立法实践的成功经验，很好地保护了医患双方的合法权益，维护了医疗的正常秩序。该条例在制度层面促进了依法预防和妥善处理医疗纠纷，为推进我国医疗卫生事业持续健康发展和正确处理医患矛盾等提供了明确的法律依据，对构建和谐医患关系发挥了积极的作用。

河北各地以《中华人民共和国民法典》《中华人民共和国人民调解法》《医疗事故处理条例》《中华人民共和国执业医师法》《医疗纠纷预防和处理

条例》等法律法规为基础，并以 2011 年以来我国发布的一系列有关化解医疗纠纷、维护医疗秩序的文件为蓝本，制定了地方性法规并出台了相关规章和政策。由邯郸市市政府相关部门起草的《邯郸市医患纠纷预防与处置办法》是河北省第一部关于医患纠纷调解与处置的政府规章。

为平衡保护医患双方的合法权益，维护医疗秩序，构建和谐医患关系，衔接上位法的有关规定，做好医疗纠纷预防和处理工作，河北省自 2022 年 7 月 1 日起施行了《河北省医疗纠纷预防和处理条例》。该条例明确了医疗纠纷预防和处理工作的原则和职责，完善了医疗纠纷预防工作机制和医疗纠纷应急处置措施，健全了医疗责任保险等相关保障措施，规范了医疗纠纷的处理措施，初步形成了多元主体共同参与医疗纠纷治理的局面。该条例将医疗纠纷处置从重处理转移到预防和处理并重，使医患纠纷化解工作进入了法治化、规范化轨道，助推治理体系和治理能力的现代化。

二　预防和处理医疗纠纷的实践新进展

近年来，在生活水平日益提高和医疗卫生事业加速推进的大背景下，人们不仅更加重视个人生命健康，而且对医疗服务的质量和水平也提出了更高要求。令人喜悦的是，医疗单位的数量随之不断增长，医疗技术和水平也得到了快速提升。然而，医学本身就具有未知性、风险性和复杂性等特点，这就导致患者对于生命健康的高期望值与医学本身局限性之间的矛盾愈发明显。再加上医疗资源总量与患者需求以及区域间配置的不平衡，导致医疗纠纷不仅时有发生，有的甚至还激化为人身冲突，不仅使医患双方的合法权益受到严重损害，也干扰医院的正常诊疗秩序，更需引起关注的是医疗纠纷在一定程度上会影响全社会的和谐稳定。河北省在预防和处理医疗纠纷工作中，强调医疗执业活动的规范性和医疗执业主体的自律性，取得了新进展。

（一）切实推进法治建设，医务人员法治意识与素养不断提高

我国以法治方式推进各项改革，充分发挥法治的引领作用，中国特色

社会主义法律体系不断完善，现行有效的法律法规在促进改革发展稳定方面发挥了重要的保障和促进作用。在医疗卫生领域，也形成了一套完整的法律法规体系，其中包含了医务人员管理、医疗技术管理、患者安全管理、传染病预防管理等方面，这些都为医院管理法治化提供了法律依据。目前，医院在激烈的市场竞争中实现了健康发展，《中华人民共和国执业医师法》《医疗事故处理条例》《医疗机构管理条例》等医疗卫生领域的法律、法规、规章，强化了医务人员的质量意识、安全意识、责任意识和依法执业意识，不断增强其法治认知。医院内部建立了统领全局的制度体系，组织架构不断健全，加强对诊断、治疗、护理等工作的规范化管理。医疗服务的科学化、规范化与程序化水平不断提高，做到了以法治院。各医院都能运用法治理念和法治思维强化管理，形成了有效的法律实务和经验路径来预防和处理医疗纠纷。对待部分医闹患者，各医院也能顶住多方面的压力，妥善解决医疗纠纷。各医疗机构处理医患纠纷不仅没有停留在"治标"层面，也达到了"治本"的效果。

法治意识与法治素养是对法律发自内心的认同，相信法律能够维护公平正义，并自觉依法维护自身利益。随着我国法治建设的深入推进，医护人员的法治意识与法治素养不断提高。在诊疗活动中，医务人员注意保护患者隐私和个人信息，尊重、关心、爱护患者；药品、医疗器械、血液等的进货查验、保管等制度严格执行，无合格证明文件，过期的不合格药品、医疗器械、血液等坚决不使用；履行对患者的说明告知义务，向患者耐心讲解病情和医疗措施，如果需要实施手术、特殊检查和治疗，向患者及其近亲属及时说明医疗风险、替代医疗方案等，取得其明确意见，充分尊重患者的知情权、同意权和选择权；按照规定书写并妥善保管患者病历，不遗失、伪造、篡改或者违法销毁患者病历，向患者提供病历资料复制服务。医务人员在诊疗活动中不得超出执业范围开展诊疗活动，不实施不必要的检查，不违规使用诊疗技术、药物和医疗器械，不隐瞒、误导或夸大病情，不利用职务之便索要、非法收受财物或者谋取其他不正当利益。医务人员法治思维与法治意识及医疗服务质量的提高，使引起医患纠纷的可能性在一定程度上降低了。

（二）深入推行智慧医疗，医疗环境服务水平持续改善提升

各级医院以"互联网＋"为手段，提倡"以患者为中心"的管理理念，从提升综合诊疗能力、建立精细化管理体系、资源整合共享、培养高素质人才队伍及高质量管理等层面出发，推行智慧医疗，通过信息化手段全面构建和应用数字卫生系统，加强智慧医院建设。充分利用互联网信息技术扩展医疗服务的空间和内容，优化医疗服务流程，利用医院微信公众号为患者提供预约诊疗、就诊导航、移动支付、床旁结算、就诊提醒、结果查询、信息推送等便捷服务，构建和谐的诊疗环境。加强以门诊和住院电子病历为核心的综合信息系统建设，利用大数据信息技术为控制医疗质量、规范诊疗行为、评估合理用药、优化服务流程、调配医疗资源等提供支撑，实现患者与医务人员、医疗机构、医疗设备之间的互动。利用大数据信息技术建立了各种应用系统，大大提高了信息化程度，使患者能在较短的等疗时间内享受安全、便利、优质的诊疗服务，医院基本实现了疾病管理、卫生管理、应急管理、健康教育等工作的人性化和智能化，更好解决了医疗卫生服务需求与服务供给的平衡问题。

各级医院始终把患者的舒适度、满意度放在第一位，将其与提升医疗服务品质等工作有机结合，多措并举，不断提升医院服务品质、优化服务流程、改善就医环境、改进服务态度，积极为患者提供温馨周到、细致耐心、优质便捷的医疗服务。各级医院以新时代社会新需求为导向，积极改善院区环境、病房设施，全面提升患者就诊舒适度；普遍开设了方便门诊、方便药房，实行划价、收费、取药等一条龙服务；以后勤服务为突破，扩大优质护理服务覆盖面，延伸提供优质护理服务，实现优质护理服务下沉，全面提升患者就诊满意度。作为窗口服务单位，医院也是文明的实践者和创建活动的参与者。一直以来，各级医院把文明创建作为提升医院管理质效的契机，在门诊就诊大厅、院内外宣传栏等区域随处可见社会主义核心价值观、文明健康、良好心态、文明行为、关爱保护未成年人等方面的公益广告及宣传标语、宣传海报。在门诊大厅普遍设立"学雷锋志愿服务站"，提供爱心雨

伞、共享轮椅、花镜及母婴室等便民服务，设有轮椅通道、扶手或缘石坡道等无障碍设施，并配备专门的导诊台工作人员，规范引导患者，解答就诊、医保等政策或流程问题，为医院服务注入更多温度。各级医院做到了导医标识清晰，主要收费项目公开，在显著位置设置卫生健康知识宣传栏、传染病防控和应急救护知识宣传栏，展示行业规范，充分体现了"以人民为中心"的理念。

（三）多元化解医患纠纷，纠纷处理机制不断健全完善

各医院落实"平安医院"创建工作，确保医患关系和医疗环境的平安和谐，普遍建立健全了医疗纠纷调处和排查机制，确保统一领导、分级负责、责任明确、措施到位。各级医疗机构积极与公安等相关部门沟通、配合，一方面加强医院治安综合治理，另一方面严厉打击"医闹"等扰乱医疗秩序的违法行为，维护良好的医疗执业环境和医疗秩序。在医疗重点区域和重点部门的视频监控覆盖率达到了100%，夜间值班科室等关键部门安排专人值守，发现可疑情况先期处置。定期召开医疗安全会议，进行患者安全目标评估，开展医患沟通技巧相关专题会议。有的医院实行每日病区负责人安全预警上报制度，要求对有情况的患者及时汇报、沟通，预防医患纠纷的发生。各医院都在大厅显著位置布设了患者意见簿和投诉簿，对投诉流程、处理机制、投诉热线等信息进行了广泛张贴，畅通了办事群众的反馈渠道，方便了群众表达诉求；严格遵守保密规定，依法保护投诉人的合法权益，力求投诉问题"事事有交代、件件有结果"。在应对医患危机诸如投诉处理、逐级汇报、警方介入、尸体移送、证据保全等操作流程方面，各医院都加强了执行规范，完善了日常管理防范与动态管理、医患沟通、医患投诉程序解决等相关制度，将医患纠纷消灭在萌芽阶段，防止医患纠纷扩大。

在河北各级党委、政府的统一领导下，在各级各地政法部门协调下，在司法行政部门指导下，加强多主体的协作共治，完善化解医患纠纷衔接机制，加强化解医患纠纷队伍建设。由政治可靠、责任心强、热心公益事业并

熟知法律知识，善于调解又具备医学专业知识的人员作为医疗纠纷调解委员会成员，提供相关服务。各地结合医疗纠纷人民调解工作实际，健全第三方化解医患纠纷保障机制，制定了调解操作程序，使医疗纠纷处理更加方便、快捷、高效。加强各类调解与诉讼的衔接配合，构建了以医疗纠纷调解委员会为基础，与公安机关调解、司法调解、其他行政调解与诉讼相衔接的多部门协作联动机制。预防与处置并重，建立矛盾纠纷排查与应急处置机制，实现排查工作经常化，防止引发群体性事件，预防和减少重大医患纠纷。

（四）严格落实监管责任，宣传媒体正确导向作用有效发挥

为改善医疗服务，提高医疗质量，预防和减少医疗纠纷，在国家层面，持续深化医药卫生体制改革，建立健全了医疗质量安全管理体系，对各医疗机构的诊疗活动进行了规范。在河北各地，公安机关依法维护医疗机构的治安秩序，依法严厉打击"以闹谋利"行为和医疗暴力违法犯罪行为，特别是对严重威胁医务人员人身安全的医疗暴力违法犯罪行为依法追究法律责任。司法行政部门与卫生主管部门发挥引导作用，进一步加强对医疗事故技术鉴定工作的指导与监督，保证医疗事故技术鉴定及时、规范、有序；在加强对医疗纠纷协商、调解等处理过程的监管方面，为避免出现忽视程序、任意补偿的"花钱消灾"式的私了行为，明确规定双方可协商解决的医疗纠纷的范围和赔偿标准，严格规范医疗纠纷协商程序、执行医疗责任鉴定和规范责任补偿标准，保障医疗公平公正。为降低解决医疗纠纷的成本，财政、民政、保险部门共同做好协助工作，合力推进医疗纠纷加快解决。

宣传媒体坚持正面宣传报道为主，积极报道医疗卫生工作者为维护人民群众的身体健康和生命安全作出的不懈努力和奉献精神；宣传不畏风险、救死扶伤的正面典型，弘扬正气，增强医患双方的信任感，促进构建和谐医患关系。宣传媒体客观介绍生命科学和临床医学的高风险性，引导群众理性对待可能发生的医疗风险，增进公众对医学和医疗卫生工作的理解与支持，营造良好的舆论氛围。除媒体加强对医疗纠纷人民调解工作的宣传外，各级医

疗机构也通过多种形式宣传医疗纠纷人民调解工作的优势、程序以及调解协议的效力，引导纠纷当事人通过调解方式解决纠纷。

三 以法治力量预防和处理医疗纠纷的创新路径

当前，人民调解主要是靠从诉讼等途径"引流"导入医疗纠纷案件，没能真正起到医疗纠纷调解的"前端分流阀"作用。实际上，医疗纠纷涌入司法、信访渠道之后，再将已经进入诉讼、信访渠道的纠纷引流回人民调解渠道，在某种程度上，理想中的"前端分流阀"便成了"后端泄洪道"。另外，与司法解决相比，行政调解更具有专业性、高效性、灵活性、综合性、实质性的优势，因而，在医疗纠纷解决中占有重要的一席。随着法治政府建设的不断深入，行政调解越来越有扩大趋势。然而，在预防和处理医疗纠纷的实践中，行政调解的优势并没能得到充分发挥或激活。《河北省医疗纠纷预防和处理条例》的实施，开启了新时期医疗纠纷处理综合治理的新局面。贯彻落实好《河北省医疗纠纷预防和处理条例》就要坚持以人民为中心，从人民群众迫切需要出发，着眼于维护人民利益，建立多元便捷、低成本、高效率的医疗纠纷处理机制，切实减轻人民群众在依法维权中的负担，维护正常医疗秩序，维护社会和谐稳定。

（一）坚持预防前置与规范管理并重

各级政府部门着力加强医疗纠纷的多元化解机制建设，健全完善"三调联动"（人民调解、行政调解、司法调解）工作机制，及时将医疗纠纷就地化解，消除在萌芽状态；深入贯彻落实社会治安综合治理体系相关要求，以更现代化的方式推进医疗卫生机构及周边治安综合治理，维护良好的医疗卫生机构执业环境；与行业协会共同加强医疗卫生机构健康教育与健康促进工作，加强患者及家属健康教育，强化社会健康教育，加强医务人员健康管理，不断提高健康工作水平。

医疗机构实施医疗质量安全管理制度，加强工作规范化管理、医疗信息化建设和医疗风险管理，建立健全投诉接待、医疗安全责任和过错责任追究等制度。医疗机构及其医务人员应当严格遵守医疗卫生法律法规和规章制度，恪守职业道德。牢固树立"以患者为中心"的服务理念，加强对患者的人文关怀，引导患者及其近亲属遵守医疗卫生领域相关的法律、法规与规章的规定，充分尊重患者对于个人信息和健康情况的知情同意权，保证其权利的实现。

（二）坚持问题导向和目标导向相统一

医疗纠纷人民调解委员会对于解决本地区医疗纠纷、节约司法资源、维护社会稳定具有重要作用。医疗纠纷人民调解委员会要坚持公平、公正、中立的立场，认真履行职责，从制度构建、人才引进、资金保障等方面进一步完善相关措施，提高医疗纠纷人民调解委员会的公众认知度与社会公信力，发挥人民调解的主渠道作用，为医患双方搭建调解平台。

由于医疗纠纷的专业性强，司法裁判对司法鉴定意见的依赖度高，医疗损害司法鉴定成为妥善处理医疗纠纷的重要因素。加强医疗损害司法鉴定程序的规范化，规范鉴定的委托、受理、实施与意见书制作等环节，规范专家库建立，保障司法鉴定的公正性、客观性、科学性和证明力，适应新时代医疗纠纷案件的鉴定需求。

（三）坚持回应关切与正向引导相促进

各医疗机构要解放思想，打开视角，加强相互之间的交流与合作，尤其要开阔视野，加大与优秀医疗机构之间的互助共创。充分吸收优秀医疗机构及其医务人员好的诊疗方法以及关于处理医患关系的好的做法，取长补短。

进一步完善医疗风险分担机制，扩大医疗责任保险覆盖面和使用范围，加强保险机构与地方政府、卫生行政主管部门、医疗机构的协调合作，促进医疗纠纷化解与保险赔付顺畅衔接，利用医疗责任保险、医疗意外保险等风险分担形式，既减轻政府负担，又化解医疗纠纷风险，确保医患双方合法权益得到有效保障。

为更好推进医疗纠纷化解，新闻媒体要主动介入，积极引导公众正确对待医疗风险，确保真实、客观、公平、公正报道医疗纠纷事件。医疗纠纷发生后，为避免造成医患之间的不信任，要科学运用医学术语，正确报道医学的专业解释，最大限度争取群众的理解和了解。

（四）坚持部门联动和资源整合相协调

医疗纠纷的预防及处理需要多部门、多主体联合，共同消除或削减导致医疗纠纷发生的确定性或不确定性因素。仅凭单个部门的力量难以解决医患纠纷，因此，需要提升各部门主动治理能力，完善行政部门间的分工协作机制，多部门、多主体形成合力，各负其责，协调预防与解决医疗纠纷。

发生重大医疗纠纷后，卫生行政主管部门和各级医疗机构要进一步健全医疗纠纷报告制度，采取积极措施控制事态、解决纠纷。医疗机构要不断健全医疗纠纷事件应急处置预案，持续深化"平安医院"建设。卫生行政主管部门、应急部门、公安机关和医疗机构，切实建立健全突发事件预警应对、警医联动联防联控等机制，不断提高应对突发事件的现场处置能力和水平。聚焦人防、物防、技防等重点，切实加强安全防范措施建设，着力提高医疗纠纷处置的安全防范能力。为切实保障医务人员执业秩序和患者就诊安全，要依托公安机关在医院设立的医院警务室，做好警医联动、巡逻防控、涉医报警求助、突发事件动态管控等工作。在加强安保力量和安全防范设施建设的同时，还要为急危重患者设置安全检查绿色通道，确保医患双方的合法权益均得到保障。

乡村振兴视域下河北省高校
社会主义核心价值观培育践行[*]

张蓓蓓　梁　平[**]

摘　要： 从价值意蕴来看，社会主义核心价值观与乡村振兴战略的价值目标相契合、价值取向相融合，是高校推动社会主义核心价值观融入教育教学的着力点，也是高校服务乡村振兴战略的塑形铸魂工程。高校在培育践行社会主义核心价值观的过程中，要将乡村振兴的内含价值观要素和外在形式有机融入思想政治教育、专业教育、校园文化建设和社会实践等，激活青年学生参与乡村振兴的内生动力，使广大青年学生争做社会主义核心价值观的坚定信仰者、积极传播者、模范践行者。

关键词： 乡村振兴　河北省　社会主义核心价值观

党的二十大报告明确提出，要"全面推进乡村振兴"，[①]"加快建设农业强国，扎实推动乡村产业、人才、文化、生态、组织振兴"。[②]青年作为社会中最积极、最有生机的力量，投身乡村振兴伟大实践当大有可为、大有作

---

  * 本文系 2022 年度河北省青少年发展研究课题（2022HBQN79）的阶段性研究成果。

 ** 张蓓蓓，河北师范大学马克思主义学院博士研究生，华北电力大学党政办公室七级职员，高级工程师，研究方向：思想政治教育理论与实践；梁平，华北电力大学法政系主任、教授、博士生导师，研究方向：司法治理与教育管理。

 ① 习近平：《高举中国特色社会主义伟大旗帜　为全面建设社会主义现代化国家而团结奋斗——在中国共产党第二十次全国代表大会上的报告》，人民出版社，2022，第30页。

 ② 习近平：《高举中国特色社会主义伟大旗帜　为全面建设社会主义现代化国家而团结奋斗——在中国共产党第二十次全国代表大会上的报告》，人民出版社，2022，第31页。

为。高校将乡村振兴战略有机融入社会主义核心价值观培育践行，带动和引导广大青年全面投身乡村振兴的伟大实践，强化青年对社会主义核心价值观的理性认知、情感认同和行为践行，激活青年学生参与乡村振兴的内生动力和发展活力，乡村振兴之星火必将成为燎原之势，社会主义核心价值观内化于心、外化于行必将成为水到渠成之势。

一　社会主义核心价值观与乡村振兴战略价值目标的契合

富强、民主、文明、和谐是社会主义核心价值观在国家层面的集中表述和高度凝练，也凝聚了中国人民对乡村振兴理想目标的价值诉求，反映了中国人民在国家发展上的共同理想和共同追求。

（一）"富强"价值观与乡村振兴战略的契合

富强即国富民强，是社会主义现代化国家经济建设的应然状态，是中华民族的千年夙愿和中国共产党人的奋斗目标，也是国家繁荣昌盛、人民幸福安康的物质基础。历史唯物主义认为，"物质利益及其实现是任何社会主体活动的主要动因，也是推动社会进步和人的全面自由发展的物质保障。只有在生产力高度发展、社会财富充分涌流的前提下，才有可能消除旧式分工，克服人的片面发展，最终实现人的自由全面发展"。[①] 所以，富强作为社会主义核心价值观的首要价值目标，不仅反映了不同社会主体的生存需求，而且促进了社会主体的发展。

中国特色社会主义新时代是"逐步实现全体人民共同富裕的时代"，共同富裕是对传统的国富民强思想的传承。全面实施乡村振兴战略，扎实推进农业农村现代化，是实现全体人民共同富裕的必经之路，也是全面建设社会主义现代化国家的重要支撑。党的十九大以来，党中央确立了乡村振兴的核

---

① 郭建宁主编《社会主义核心价值观基本内容释义》，人民出版社，2014，第33～34页。

心内容和主要抓手，即产业振兴、人才振兴、文化振兴、生态振兴、组织振兴，这五个方面与共同富裕追求的经济建设、政治建设、文化建设、社会建设和生态文明建设"五位一体"总体布局高度契合。

（二）"民主"价值观与乡村振兴战略的契合

民主是人类普遍追求的一种价值理念，更是马克思主义政治思想的一种核心价值理念。人民民主是社会主义的生命，是社会主义现代化国家政治建设的价值目标，是中华民族的政治传统和中国共产党人的政治目标。"民主政治是一切国家形式的最高归宿。人类社会自从产生国家后，就有过不同的国家制度……只有民主制才是国家的最完整形式，从而也是国家的最终形式。"① 民主作为社会主义核心价值观关于国家价值目标的规定，是社会主义制度的本质内涵，也是创造人民美好幸福生活的政治保证。

习近平总书记指出，"治理有效，是乡村振兴的重要保障，从'管理民主'到'治理有效'，是要推进乡村治理能力和治理水平现代化，让农村既充满活力又和谐有序"。② 全面实施乡村振兴战略，离不开乡村治理的现代化，离不开协商民主在农村的有效运转。只有将协商民主嵌入乡村治理，才能实现协商民主与乡村治理的有效融合，充分发挥协商民主的制度优势，进一步提升乡村治理效能，在协商民主与乡村治理的相得益彰中实现乡村善治和乡村振兴的战略目标。

（三）"文明"价值观与乡村振兴战略的契合

文明是人类社会开化和进步的重要标志，是社会主义现代化国家文化建设应有的状态，是实现中华民族伟大复兴中国梦的重要支撑。人类文明进步的历史充分表明，"没有先进文化的积极引领，没有人民精神世界的极大丰富，没有全民族创造精神的充分发挥，一个国家、一个民族不可能

---

① 俞可平：《思想解放与政治进步》，社会科学文献出版社，2008，第170页。
② 习近平：《把乡村振兴战略作为新时代"三农"工作总抓手》，《求是》2019年第11期。

屹立于世界先进民族之林"。① 在社会主义核心价值观中，"文明"始终代表着社会主义先进文化的前进方向，集中体现着社会主义精神文明的价值追求。

乡村振兴是一项复杂的系统工程，既要塑形，也要铸魂。加强乡村精神文明建设是全面推进乡村振兴的重要组成部分，贯穿于乡村振兴工作的全过程各方面。因此，要深入开展乡村群众性精神文明创建活动，加强乡村思想文化阵地建设，保护和传承乡村优秀传统文化，逐渐形成文明乡风、淳朴民风和良好家风，进一步丰富农民群众的精神文化生活，提高整个乡村社会的文明程度，不断焕发乡村文明新气象。

（四）"和谐"价值观与乡村振兴战略的契合

和谐是我国传统文化的基本理念，是中国特色社会主义的现实价值追求，也是人类孜孜以求的美好社会理想。各种矛盾关系的和谐共生是未来理想社会的本质特征之一，未来理想社会是"人和自然界之间、人和人之间的矛盾的真正解决，是存在和本质、对象化和自我确证、自由和必然、个体和类之间的斗争的真正解决"。② 社会主义核心价值观中和谐的本质内涵，就是要倡导人与人的和谐、人与社会的和谐、人与自然的和谐，并同当前我国建设社会主义和谐社会的实践结合起来。

乡村振兴要遵循"和谐共生"的理念，重在城乡融合，根在生态绿色。树立城乡和谐发展理念，建立健全城乡融合发展的体制机制和政策体系，统筹推进田园乡村与现代城市同步建设，形成由"单向城镇化"转向"城乡优势互补"的良性发展格局。建设生态宜居美丽乡村，践行绿水青山就是金山银山的理念，进一步加强农村生态建设和环境综合治理，重塑人与自然的共生价值，努力构建"生态宜居、和谐共生"的新型美丽乡村。

---

① 《十六大以来重要文献选编》（下），中央文献出版社，2008，第752页。
② 《马克思恩格斯文集》（第一卷），人民出版社，2009，第185页。

二 社会主义核心价值观与乡村振兴战略价值取向的融合

自由、平等、公正、法治是社会主义核心价值观在社会层面上的价值取向和高度凝练，促进和实现乡村社会的自由、平等、公正、法治，不断满足人民群众对自由的热切向往、对平等的不懈追求、对公正的深度渴望和对法治的满心期待，使乡村振兴的发展成果更多更公平地惠及人民群众。

（一）"自由"价值观与乡村振兴战略的融合

自由是马克思主义的终极追求，也是中国特色社会主义的内在逻辑，对于推进中国特色社会主义事业有着重要意义。自由从来都是具体的、历史的，"我们的目的是要建立社会主义制度，这种制度将给所有的人提供健康而有益的工作，给所有的人提供充裕的物质生活和闲暇时间，给所有的人提供真正的充分的自由"。① 社会主义核心价值观所倡导的自由既要保障人民群众享有广泛而充分的自由权利，包括财产和人身自由、选举权和被选举权、言论和出版自由、集会自由等，更重要的是保证人民群众充分享有发展自我、实现自我的机会，最终实现人的自由全面发展这个社会主义的核心目标。

在全面推进乡村振兴中，必须毫不动摇地坚持农民的主体地位，充分尊重广大农民的意愿，加强农村群众性自治组织建设，保障和支持农民通过自我管理、自我教育、自我服务的乡村自治机制，实现人民群众在乡村社会当家作主。畅通农民参与乡村治理的渠道，提高农民的参政意识和参政能力，鼓励农民在村级事务管理中充分发挥其知情权、参与权、表达权及监督权等，引导农民合理表达政治诉求、行使自身权利，激发广大农民的主体积极性创造性，使其成为乡村振兴的内生动力。

---

① 《马克思恩格斯全集》（第二十八卷），人民出版社，2018，第652页。

（二）"平等"价值观与乡村振兴战略的融合

平等是人类向往和追求的理想价值，是中国特色社会主义的本质要求，是衡量人类文明进步的重要标准。中华民族传统的平等价值观十分丰富，有道家的自然平等观、儒家的德行平等观以及墨家的兼爱平等观等，将人们对天道平等的认识、对人世平等的论证渗透其中。党的十八大将平等作为一种价值追求和价值目标提升到社会主义核心价值观的高度，体现了我们党坚持以人为本、全心全意为人民服务的宗旨，最大限度满足人们的利益诉求，全方位增进民生福祉，不断实现实质平等。

全面实施乡村振兴战略，聚焦农村民生保障问题，要求打破城乡分割格局与主体身份差别，优先发展农村教育事业，完善农村社会保障体系，进一步发展农村学前教育、义务教育、职业教育等，进一步加强农村养老保障体系、医疗保障体系、社会救助体系、社会福利体系等建设，加快补齐农村民生短板，提高农村民生保障水平，赋予全体人民以获取高质量教育和社会保障的平等权利，朝着全体人民幼有所育、学有所教、劳有所得、病有所医、老有所养、住有所居的方向前进。

（三）"公正"价值观与乡村振兴战略的融合

公正作为衡量人类社会文明程度的重要标准，是中国特色社会主义的核心价值追求，是人类文明基本价值的核心和要旨。在中国传统文化中，"天下为公""公正为民"的思想源远流长、深入人心，并且构成了内涵丰富、系统完备的理论学说，今天依然是加强社会治理的重要准则和保持社会稳定的精神支柱。公正在社会主义核心价值观中的本质内涵，就是以坚持维护公平正义为原则，依据合理的尺度来分配权利和自由、权力和机会、收入和财富等社会资源，推动发展成果更多更公平惠及全体人民。

实施乡村振兴战略，大力促进乡村社会公正建设，首先就要维护好起点公平，切实保障和发展农民的基本权利，千方百计拓宽农民增收致富渠道，不断增加农民收入，坚持既做大"蛋糕"又分好"蛋糕"，切实保护农民自身的利益。着力解决农村空心化问题，加快乡村基础设施建设，主动补齐乡村人居环境的发展短板，切实保障乡村与城镇同等公平的发展机会，实质性地推进城乡融合发展。

（四）"法治"价值观与乡村振兴战略的融合

法治是治国理政的基本方式，是建设中国特色社会主义法治体系的精神动力，是现代政治文明的核心和重要成果。作为依法治国与以德治国有机结合的纽带，把社会主义核心价值观融入法治建设，就是要把社会主义核心价值观贯彻到依法治国、依法执政、依法行政的全过程，落实到立法、执法、司法、普法和依法治理的各方面，用司法公正引领社会公正，大力弘扬社会主义法治精神，积极引领社会主义法治意识，全面推进依法治国，加快建设社会主义法治国家。

作为实施乡村振兴战略的重要抓手和法治保障，积极推进法治乡村建设，要求从健全乡村依法治理机制、营造乡村治理法治氛围、加强法治乡村建设组织实施等方面着手。其中，《中华人民共和国乡村振兴促进法》作为乡村振兴战略实施的专门性、基础性法律，它的公布施行标志着乡村振兴战略实施从政策引导型向法治保障型的转变。积极推进法治乡村建设，还要促进法治与德治的有机结合，充分运用村治内生秩序提升乡村德治水平，建立道德激励约束机制，深入推进移风易俗，让地方性规范、道德教化等占据法治乡村建设的一席之地。

三　乡村振兴战略融入高校社会主义核心价值观培育践行的现实需要

全面推进乡村振兴、加快建设农业强国，是党中央着眼全面建设社会主义现代化国家作出的战略部署。广泛践行社会主义核心价值观，用社会主义核心价值观铸魂育人，是建设中国特色社会主义现代化国家、实现中华民族伟大复兴中国梦的价值引领。乡村振兴战略融入高校社会主义核心价值观培育践行，既是高校落实新时代"立德树人"根本任务的核心指导内容，也是高校师生投身乡村振兴伟大实践的强大精神力量，体现了理论与实践的统一、思想与行动的统一。

（一）乡村振兴事业是高校培育社会主义核心价值观的宝贵财富

广大乡村是培育社会主义核心价值观的重要场域，高校应充分开发乡村振兴这一社会主义核心价值观培育的有效资源，全面阐释乡村振兴战略的时代价值和伟大意义，深入挖掘乡村振兴进程中的先进事迹和感人故事，充分释放其资源禀赋的教育效应，探索以乡村振兴为载体进行社会主义核心价值观教育的方式方法，使广大青年学生争做社会主义核心价值观的坚定信仰者、积极传播者、模范践行者。

一是有助于增强对社会主义核心价值观的理性认知。习近平总书记在全国高校思想政治工作会议上强调，要坚持不懈培育和弘扬社会主义核心价值观，教育引导学生"正确认识世界和中国发展大势"，"正确认识中国特色和国际比较"，"正确认识时代责任和历史使命"，"正确认识远大抱负和脚踏实地"。[①] 从中西比较视域来看，西方发达国家用了几百年至今也没能解决，而中国仅用几十年就历史性地解决了绝对贫困问题，实现了全面建成小康社会的宏伟目标，迈向了全面推进乡村振兴的新征程，创造了人类减贫史上的中国奇迹。从历史发展进程来看，全面推进乡村振兴是我们党加快构建新发展格局的重要举措，是全面建设社会主义现代化国家的必然要求，是实现中华民族伟大复兴的重大任务。高校青年学生要深刻领悟乡村振兴战略的四个"正确认识"，担当起全面推进乡村振兴的时代责任与历史使命，把远大理想抱负熔铸在脚踏实地的乡村振兴征程中，不断增进对坚持和发展中国特色社会主义事业的政治认同和理论认同，不断增强"四个意识"、坚定"四个自信"、做到"两个维护"。

二是有助于加强对社会主义核心价值观的情感认同。思想道德水平的提升、精神世界的改造从来都不是一个纯粹的思想和精神问题，"意识在任何时候都只能是被意识到了的存在，而人们的存在就是他们的实际生活过

---

① 参见《习近平谈治国理政》（第二卷），外文出版社，2017，第 377~378 页。

程"。① 乡村振兴步入快车道，为高校社会主义核心价值观培育提供了丰富的乡土素材与广阔的实践舞台。发挥好乡村振兴事业的育人功能，以此为载体对青年学生进行社会主义核心价值观教育，组织广大青年学生深入基层一线调查研究、实践体验，积极融入乡村振兴改革实践，深入了解基层工作状况和乡村巨大变化，深切体会党中央对乡村振兴的坚定决心和鲜明态度，深刻感受脱贫攻坚精神和人民群众的获得感，强化青年学生服务乡村振兴的使命担当和社会责任感，激活青年学生参与乡村振兴的内生动力和发展活力，筑牢青年学生的思想政治之基、理想信念之魂。

（二）乡村振兴事业是高校践行社会主义核心价值观的生动展现

"一种价值观要真正发挥作用，必须融入社会生活，让人们在实践中感知它、领悟它。"② 为推动高校深度参与服务乡村振兴战略，教育部于2018年出台《高等学校乡村振兴科技创新行动计划（2018—2022年）》，组织并引导师生在实施服务乡村振兴七大行动中践行社会主义核心价值观。

一是有助于提升对社会主义核心价值观的践行。全面推进乡村振兴是重要民生工程，也是高校践行社会主义核心价值观的重要渠道，高校师生可以在丰富多样的乡村振兴实践活动中树德、增智、强体、育美，提高综合素质和能力。聚焦乡村振兴的重点领域和薄弱环节，高校以学科专业为基础、以社会需求为导向、以能力培养为核心、以实际应用为背景，鼓励青年学生用专业知识解决社会实际问题，做到学以致用，用以促学，培养青年学生勇于探索的创新精神和善于解决问题的实践能力。加快构建高校支撑乡村振兴的科技创新体系，为乡村产业发展和产业振兴提供技术支撑、成果供给和人才支撑。引导青年学生在服务他人、奉献社会中升华对社会主义核心价值观的情感认同，使乡村振兴行动成为高校学子自觉培育践行社会主义核心价值观的一面旗帜，激励更多师生投身乡村振兴的伟大实践。

---

① 《马克思恩格斯全集》（第三卷），人民出版社，1960，第29页。
② 《习近平谈治国理政》，外文出版社，2014，第165页。

二是有助于加快推进乡村振兴的步伐。高校助力乡村振兴，既是党和国家赋予高校的历史使命和责任担当，也是高校扎根中国大地办大学和履行社会服务职能的重要体现。高校充分发挥社会主义核心价值观对助力乡村振兴战略的潜在影响，为乡村振兴注入更多懂农业、爱农村、爱农民的"年轻血液"，为乡村特色优势产业发展提供科技创新支撑，加快农村农业提质增效，带动农民增收致富，为乡村全面发展提供物质保障；利用文化优势形成正确的价值导向，推动乡村传统文化创新性发展与创造性转化，切实提升村民的思想道德水平和文化自信，更好地带动乡村社会文明发展，营造新时代的乡村新风貌，为乡村文化建设提供正确价值取向。

四　河北省高校在乡村振兴中培育践行
社会主义核心价值观的案例分析

党的十八大以来，河北省以实施乡村振兴战略为总抓手，认真落实农业农村优先发展方针，不断深化农业供给侧结构性改革，全面推进乡村产业、人才、文化、生态、组织振兴，农业农村发展有了翻天覆地的变化。其中，河北省高校紧紧围绕自身的职能定位、学科以及专业特色，充分发挥教育、人才、科技等方面的资源优势，多层次、多形式、多途径助力乡村振兴，并积极探索乡村振兴育人模式，把乡村振兴作为立德树人和社会主义核心价值观培育的重要内容，引导广大师生在助力乡村振兴中受教育、长才干、做贡献，在社会调查中发现新知、掌握真知，在解决实际问题中锤炼本领、提升能力，通过服务乡村振兴达到引导人、教育人、塑造人、激励人的教育目的，推动社会主义核心价值观在高校助力乡村振兴战略中落地生根。

（一）科技创新深度参与乡村振兴

全面推进乡村振兴，面临一系列具有迫切性、关键性特征的"卡脖子"难题，高校作为科技创新的重要主体之一，需要有效发挥学科优势与专业特长，积极参与有针对性的技术攻关，着力开展乡村振兴相关的科学研究、科技创新、技术转移和成果转化推广等行动，打通创新和应用的"最后一公里"，真正把论文"书写"在乡村振兴的土地上。

比如，河北农业大学积极弘扬李保国精神，率先组建李保国扶贫志愿服务队和服务小队，循着"太行山上的新愚公"的足迹，奋战在山区生态建设和科技富民的路上。其中，李保国山区开发与林果产业创新团队致力于太行山综合治理与经济林产业化开发，用科技之手把荒山秃岭变成绿水青山，打造了富岗苹果、绿岭核桃、易县红树莓等农业品牌，让农民挑上科技"金扁担"，走上了增收致富的康庄大道。燕山大学充分发挥科研创新实力优势，坚持"以有机品牌为引领、以绿色循环经济为根本"的发展思路，大力发展特色扶贫产业，推动文化传承与产业发展双丰收。其中，驻来太沟村工作队帮助承德市来太沟村构筑绿色有机帮扶产业新格局，形成了从绿色种植到五谷加工、功能糖化饲料生产和有机肥加工的绿色产业链，集中全力打造了以设施冷棚为基础产业的乡村文化品牌。

（二）信息技术驱动引领乡村振兴

数字乡村是乡村振兴的战略方向。高校充分利用数字技术和网络化服务，解放和发展数字生产力，培育发展数字乡村新产业、新业态、新模式，极大地激发了乡村振兴的强大内生动力。持续打造网络信息平台，集成党建、产业、医疗、教育等区块链，提升乡村治理、产业发展、公共服务能力，以数字化转型赋能乡村振兴。

比如，河北大学充分发挥数字网络资源优势，实施"网链赤城"项目，组织师生团队自主开发服务网站和微信小程序，搭建数字网络平台，上线产品、宣传推广、对接需求、网络互动，全面推动实现营销网络化，通过数字技术赋能乡村振兴，为赤城县乡村发展添"智"提"质"。河北师范大学围绕河北省数字经济发展战略，积极与河北省数字经济联合会开展合作，建立"河北省数字经济创新中心""河北省数字经济人才培训基地"，在数字赋能教育产业发展、数字经济教学实践基地建设、促进科技创新和成果转化、数字经济人才培训等方面下功夫做文章，以数字赋能县域经济发展和乡村振兴人才建设。

（三）文化传承创新助力乡村振兴

良好的乡村文化风貌是乡村振兴的发展动力和前进方向，是乡村振兴的力量之"根"和发展之"魂"。高校则是乡村文化振兴的"大先生"，通过组织广大师生深入乡村开展丰富多彩的文化文艺活动，让更多、更高品质的优秀文化产品供给走进乡村，为乡村振兴提供持续的精神动能和内生力量。

比如，河北工程大学驻石榴沟村工作队，深入调研、因地制宜、精准施策，按照"旅游+扶贫开发、美丽乡村、农业园区"的发展思路，坚持结合生态保护扶贫、发展特色产业扶贫、实施乡村旅游扶贫，以"三步走"战略打造石榴特色乡村、培育石榴特色旅游。华北理工大学通过校地合作开展"设计助力乡村振兴"项目，广大师生深入唐山市甸子村进行实地调研，发掘地域文化，制定设计方案，完成一幅幅展现农村风采、传递文明新风、弘扬传统文化的墙体彩绘，助力属地乡村文化振兴、组织振兴。

（四）人才培养加快推进乡村振兴

人才是乡村振兴最重要的资源，人才数量不足、结构不优、素质不高等是全面推进乡村振兴需要补齐的短板和弱项。高校拥有丰富的教育培训资源和人才优势，应主动对接"现代农业""智慧农村"的人才需求，实施人才培养提质行动，在校内创新学科专业设置，在校外开展职业技能培训，培养造就一支懂农业、爱农村、爱农民的乡村振兴工作队伍，为乡村振兴注入亟须的人才动力。

比如，河北农业大学根据农业供给侧改革的需要，与时俱进地调整学科专业结构，调整人才培养方向，修订完善人才培养方案，大力推进实践教学综合改革，强化学生创新创业教育，不断提高人才培养质量，面向"三农"培养更多更好的优秀人才。河北医科大学充分发挥医学专业特色和博士生人才优势，将健康帮扶作为主要方向，组建送医下乡博士团，深入推进健康扶贫工程，赴河北革命老区和偏远地区开展"送医送药送技术"的接力，为基层培养医疗人才，让老百姓在家门口就能享受优质医疗卫生普惠服务。

（五）社会实践主动服务乡村振兴

高校社会实践为服务乡村振兴战略提供了一支数量大、素质高、下得去、用得上的人才大军。高校不断强化实践主题与乡村振兴的内在关联，积极建设社会实践中心、专业见习基地、志愿服务站等载体，精心打造乡村振兴主题的社会实践活动优秀品牌项目，引导广大师生扎根中国大地了解世情国情省情、社情乡情民情，在社会实践、服务奉献中厚植家国情怀，增长见识才干，强化使命担当，为实施乡村振兴战略贡献青春力量。

比如，河北省组织开展文化科技卫生"三下乡"社会实践活动，发动大中专学生志愿者了解认知河北省乡村振兴重点帮扶县的乡村发展状况，广泛实施教育关爱、爱心医疗、科技支农、基层社会治理、生态文明建设等领域的重点项目，帮助乡村产业发展，美化乡村环境，提升乡风文明，讲好乡村振兴故事。组织开展"体验省情·服务群众"主题实践活动，引导广大师生返回家乡忆变化、重走圣地续精神、深入乡村助振兴、走进一线促发展等，并结合教学、科研、实习广泛开展形式多样的乡村振兴服务活动，让广大师生在实践中获得知识、提高本领、服务社会。实施"河北省大学生志愿服务乡村振兴计划"，招募选拔优秀大学生志愿者下沉基层一线，深度参与乡村教育、乡村建设、健康乡村、基层青年工作、乡村社会治理等工作。实施"桑梓计划"大学生专题 "返家乡"社会实践活动，号召河北省高校优秀大学生主动了解家乡发展、参与家乡建设，在巩固拓展脱贫攻坚成果、全面推进乡村振兴中展现担当作为，为家乡发展贡献青春力量。

五　高校在乡村振兴中培育践行
社会主义核心价值观的路径探析

乡村振兴既是社会主义核心价值观凝聚人心、汇聚力量的生动展现，也是对社会主义核心价值观丰富内涵、实践要求的集中彰显。高校在助力乡村振兴中，要深入挖掘乡村振兴的内含价值观要素和外在形式，将其有机融入思想政治教育、专业教育、校园文化建设和社会实践等，这些举措对落实立德树人、培养时代新人、构筑大学之魂具有重大现实意义。

（一）坚持思想引领，将乡村振兴有机融入高校思政教育

思想政治教育是高校社会主义核心价值观教育的主要渠道，将乡村振兴有机融入高校思想政治教育的主课堂主阵地，在思想政治教育全过程实现乡村振兴理论与实践双向结合，能够潜移默化地促使青年学生产生立志投身乡村振兴的自觉追求。

脱贫攻坚、全面小康、乡村振兴、共同富裕等是新时代最伟大的壮举，是中国共产党在新时代治国理政中最现实最生动的伟大实践，是新时代最鲜活最生动的思政课教科书。站在立德树人的高度，高校应积极探索将乡村振兴战略及实践案例融入思政课教学，充分运用乡村振兴的生动事迹引导、激励广大青年学生，使广大青年学生更好地理解中国共产党的坚强领导和中国特色社会主义的制度优势，更好地理解"小我"与"大我"的关系、自我价值和社会价值的关系，从而自觉把个人发展融入新时代中国特色社会主义伟大事业，把实现国家富强、民族振兴、人民幸福的中国梦同自身成长发展的个人梦结合起来。高校应进一步增强思政课教学育人的吸引力、感染力和说服力，以达到思想政治教育"润物细无声"的效果。

（二）坚持问题导向，将乡村振兴有机融入高校专业教育

专业教育是高校社会主义核心价值观教育的有效途径，将乡村振兴有机地融入高校专业教育，在专业教学内容中融入服务"三农"发展、助力乡村振兴等主题研讨，为现代农业发展培养更多涉农高质量人才。

高校要聚焦"培养什么人、怎样培养人、为谁培养人"这一教育的根本问题，基于乡村振兴过程中人才队伍的结构性矛盾，在专业教学中融入乡村振兴新技术、新业态、新模式等，以对接乡村振兴战略"产业兴旺、生

态宜居、乡风文明、治理有效、生活富裕"总要求，着力培养一支素质不断提高、结构不断优化、作用日益突出的乡村振兴人才队伍，发挥人才队伍的责任担当。高校要将优化学科定位作为战略性工程来抓，用好学科交叉融合的"催化剂"，打破学科专业壁垒，对现有学科专业体系进行调整升级，为解决乡村振兴中的综合性、系统性难题提供智力支持。高校要围绕现代农业提质增效的重大需求，着力破解农业"卡脖子"技术难题，精准对接区域产业发展和乡村振兴需求，运用先进技术延伸农业产业链，拓展农业多种功能，提升农业竞争力，促进农业高质量发展。

（三）坚持文化熏陶，将乡村振兴有机融入校园文化建设

校园文化是高校社会主义核心价值观教育的重要载体，将乡村振兴有机融入校园文化建设，落实到精神文化、行为文化、物质文化等方面建设，营造充满正能量的校园文化环境，是实现乡村振兴融入高校社会主义核心价值观教育的必要补充。

高校要高度重视校园文化活动的育人功能，加强乡村振兴、服务"三农"等主题活动的顶层设计，构建符合时代发展、校本特色、学生成长规律的校园文化活动体系，有目的、有计划、创新性地开展丰富多彩、形式多样的主题活动，引导青年学生深切体会乡村振兴的重大意义和时代价值，共同见证乡村振兴的发展面貌和显著成效，切实感受脱贫攻坚精神、奋斗精神、奉献精神的民族特性和时代表达，在同频共振中凝心聚力，在润物无声中精准引导。充分利用传统媒体和互联网、手机等新媒体进行广泛宣传，将乡村振兴蕴含的价值观要素转化为大众化、精简化、通俗化的网络语言，全方位、个性化、多维度渗透到青年群体中去，讲好乡村振兴故事、传递乡村文明新风，以青年学生喜闻乐见的方式增进社会主义核心价值观教育，极大拓展学校文化育人、网络育人的多元化路径。

（四）坚持知行合一，将乡村振兴有机融入高校社会实践

"知者行之始，行者知之成"，知行合一是中国古代哲学中认识论和

实践论的命题。高校应高度重视社会实践的育人功能，坚持教育同生产劳动和社会实践相结合，引导青年学生在学习中感悟思想伟力、启迪人生智慧，在实践中钻研学问、练就本领，高校要以教育引导实践、以实践深化教育。

高校要坚持用好乡村振兴这块实践阵地，积极引导青年学生走进乡村、走近田野、走入大山，踊跃参加大学生志愿服务乡村振兴计划、文化科技卫生"三下乡"社会实践等专项行动，更加深刻地认识农村、服务农民、了解农业，不忘本来、吸收外来、面向未来。在服务乡村振兴的主战场上，把校内教育和校外教育结合起来，把校内资源和校外资源统筹起来，充分发挥青年学生的积极性、主动性和创造性，引导学生从旁观者转变为参与主体，主动谋划、参与、设计乡村振兴、服务"三农"主题社会实践活动，深入基层一线调查研究、实践体验，在了解社情民意中加深对现实社会环境的认知，在与农民的接触交往中体会人民群众的朴实善良勤劳，增强社会责任感和成才报国热情，不断提高道德修养和综合素质，激发新时代青年投身乡村振兴的昂扬斗志与坚定信念。

河北高校课程思政建设的
实践探索与对策研究

唐　霞*

摘　要： 近年来，河北高校贯彻落实习近平总书记重要讲话精神，在课程思政核心理念的指导下深化改革，从制度建设、资源建设、教学方法改革、思政元素开发、师资团队建设等方面多措施多途径开展了课程思政建设的探索和实践。经过几年探索，课程思政建设取得了一定成效，教师课程思政意识初步形成，各学科专业课程思政全面铺开，课程思政教学方法探索日益丰富。但是目前河北高校课程思政建设仍存在一些不足。面对这些不足，河北高校应基于系统思维、优化制度设计、提升教师队伍素质、推进教学改革创新、突出特色、统筹各种资源，以此推动课程思政建设卓有成效地开展。

关键词： 河北　课程思政建设　教师队伍素质

　　2016 年 12 月，习近平总书记在全国高校思想政治工作会议上指出："要坚持把立德树人作为中心环节，把思想政治工作贯穿教育教学全过程，实现全程育人、全方位育人，努力开创我国高等教育事业发展新局面。"① 这不仅凸显了高校作为思想政治教育的主阵地地位，同时也对高校有效地进行思想政治教育提出了新要求。2020 年在教育部印发的《高等学校课程思

---

　*　唐霞，河北地质大学马克思主义学院副教授，研究方向：思想政治教育。
　①　《习近平谈治国理政》（第二卷），外文出版社，2017，第 376 页。

政建设指导纲要》（以下简称《纲要》）中明确指出，要科学的设计课程思政教学体系等。这显示出思想政治教育在我国高校人才体系培养过程中的重要性，也体现了新时代思政课改革的必然趋势。

近年来，河北高校以习近平新时代中国特色社会主义思想为指导，以习近平总书记关于教育工作的重要论述为根本遵循，开始了课程思政建设的实践。课程思政是落实立德树人根本任务的内在需要，是巩固高校意识形态阵地的时代需要，也是增强高校思想政治教育实效性的客观需要。

一　充分认识课程思政的重要意义

高校肩负着为党和国家培养人才的重任，应提高站位，充分认识课程思政的重要意义，发挥课程思政的时代价值，提高立德树人的针对性和实效性。

（一）课程思政是落实立德树人根本任务的内在需要

《纲要》指出："培养什么人、怎样培养人、为谁培养人是教育的根本问题，立德树人成效是检验高校一切工作的根本标准。落实立德树人根本任务，必须将价值塑造、知识传授和能力培养三者融为一体、不可割裂。"[1]高校要按照中国特色社会主义事业兴旺发达、后继有人的要求，全面提升高等教育人才培育质量，落实好立德树人根本任务。课程思政是立德树人的重要途径。传统教学仅将思政课作为思想政治教育的主渠道，课程思政将思政课和专业课均作为育人的主渠道，把思想政治教育融入各门课程的教学，将教育过程中涉及的各个环节纳入思想政治教育的阵地，从而实现知识传授与价值引领的有效结合，以潜移默化、润物无声之势对学生进行思想政治教育和价值引领，帮助学生塑造正确的世界观、人生观及价值观，保证为党和国家培养立志为社会主义事业奋斗的建设者和接班人。

---

[1] 《教育部关于印发〈高等学校课程思政建设指导纲要〉的通知》，中华人民共和国教育部网站，2020年6月1日，http://www.moe.gov.cn/srcsite/A08/s7056/202006/t20200603_462437.html。

（二）课程思政是巩固高校意识形态阵地的时代需要

高校作为思想政治教育工作的重要阵地，是防止西方思想渗透的重要阵地之一。随着科技的进步、时代的发展，西方意识形态的渗透方式变得更为隐蔽，西方意识形态与马克思主义意识形态话语权的较量不断放大，马克思主义意识形态话语的主导力受到一定冲击。一些西方的价值观和意识形态成了普通人的生活话题，尤其是处于时代前沿的大学生。如何进行有针对性、有效的理论回应，教育引导学生正确认识世界大势和国际问题，牢固树立马克思主义意识形态，是迫切需要加强的工作。

意识形态性是课程思政的鲜明特征，全面推进高校课程思政建设回归教育初心，契合了我国教育发展的时代需要，优化了高校意识形态教育的课程体系，创新了意识形态教育的方式方法，巩固了意识形态的主阵地。

（三）课程思政是增强高校思想政治教育实效性的客观需要

思想政治教育责任重大，要引导大学生形成正确的世界观和方法论，提高用马克思主义的立场、观点、方法认识世界和改造世界的能力，提升学生的思想政治素质，引导学生正确认识世界和中国大势，帮助学生辨明方向、看清趋势。这些仅仅靠思想政治教育课程本身，难以取得理想效果，只有将其融入专业课程，才能有效开展思想政治教育。

课程思政不只是思政课或马克思主义学院的事情，它是一项为党育人为国育才的系统工程。课程思政强调高校所有课程都有育人功能，所有教师都有育人职责。课程思政涉及教育教学的全过程，需要层层激发动力、形成共识，也需要高校各部门协同配合、相互支持，客观上有利于提高思想政治教育的实效性，有利于"三全育人"格局的形成。

二 河北高校课程思政建设的实践与探索

近年来，河北高校贯彻落实习近平总书记重要讲话精神，在课程思政核心理念的指导下，围绕"知识传授与价值引领"的育人目标，深化学校思想政治教育理论课改革，多措施多渠道鼓励包括思政课教师在内的所有教师充分发挥课程育人作用，从顶层设计、资源建设、教学方法改革、思政元素开发，加强教师培训指导等方面推进改革，在课程思政建设方面开展了重要的探索和实践。

（一）加强顶层设计，构建课程思政新格局

1. 落实主体责任

教育部高等学校课程思政教学指导委员会的成立，从国家层面确立了课程思政的管理机制。之后，省级层面承担起管理责任，校级层面以党委书记或者校长担任课程思政领导小组组长。课程思政建设逐渐开展之后，河北省各高校积极传达文件精神，统一思想认识，积极跟进课程思政建设，逐渐形成了"国—省—校—院"的四级实施框架。形成了省级行政部门牵头、各校党委书记任改革领导小组组长、党政齐抓共管、教务部门牵头、其他部门联动、二级学院落实的整体推进框架。

比如，河北师范大学制定了《河北师范大学关于大力推进"课程思政"建设的实施意见》，专门成立了课程思政领导小组，完善课程设置管理及课程标准，加强教材使用和课堂教学管理，统筹推进课程育人。同时，将课程思政建设工作列入领导班子议事日程，列入学校教学检查的重要内容，作为教师考核、评优的重要参考指标。河北科技大学每个二级学院都设计了课程思政路线图，专业课教师对课程思政的热情越来越高，专业课程和思政课程协同发展是重要发展内容。河北科技工程职业技术大学成立了以学校党委书记和院长为组长的课程思政工作小组，成立了课程思政教学研究中心，制定了《课程思政工作实施方案》，全面推进课程思政建设，形成"门门有思政，人人重育人"的工作格局。河北地质大学深入推进课程思政建设，以高标准引领高质量课堂教学，制定了《河北地质大学推进课程思政建设实施方案》，构建了学校推动—学科专业群带动—教学单位驱动—教师行动格局，形成了示范课程（名师/团队）和研究中心引领的横向与纵向交叉课程思政建设体系。

2.成立课程思政教学研究中心

为组织推动课程思政教学实践，巩固、深化、提升课程思政理论成果，全方位构建课程思政与思政课程同向同行育人格局，河北省大部分高校都建立了课程思政教学研究中心，主要对课程思政的理论、体制机制、模式、内容、方法及创新等进行深入研究，引导课程思政实践，重点开展课程思政教学改革、专业课思政元素开发、优秀课程思政课堂培育以及学术交流等工作。2021 年河北省公布了河北省课程思政示范项目名单，30 所高校课程思政教学研究中心入选。

2021 年河北大学与新华网共建课程思政教学研究中心。双方在课题研究、课程开发、融媒资源、教师培训、评价体系等多方面开展合作，[①] 让该课程思政教学研究中心的教育教学在全国综合类院校中形成特色、成为样本，并辐射至全国其他院校。

3.建立教研活动机制

河北省各高校进一步推动以课程思政建设为目标的有关课堂教学内容、教学方法、教学手段等方面的改革研究，设立了一批省级课程思政建设研究项目，形成了一批课程思政教学的改革典型案例和特色做法，培育了一批可复制可推广的课程思政研究成果。河北省每年设立省级课程思政改革研究项目 200 项。课程思政教研活动机制的建立，加强了各教师之间的交流，促进了高校课程思政建设的发展。

总之，课程思政管理体系以多层次、多方位、多维度组织展开，课程思政建设更有目标、更有方向、更有深度。

（二）加强资源建设，注重课程思政条件支持

在课程思政建设中，河北省各高校也在积极探索如何更好更高效地推进课程发展。《纲要》颁布后，高校课程思政发展也越来越成熟、深入，

---

① 阴冬胜：《"课程思政"育人实践与探索——以河北大学为例》，《淮北职业技术学院学报》2022 年第 2 期。

尤其是在资源建设方面有了一定的发展，这为课程思政的全面发展提供了保障。

课程资源是实施课程思政的必要条件，不同的专业中蕴含着不同的思想政治教育资源。因此，案例资源建设和教材资源的开发运用，是保障课程思政教学效果的重要途径。

1. 案例资源建设

河北省各高校将课程思政作为课程设计和案例资源建设的重要内容，落实到每门课程的教材编写与选用、教学内容设计、教学环节安排、教学资源建设和交流研讨等方面。组织相关教师梳理各门专业课程所蕴含的思想政治教育元素和所承载的思想政治教育功能，融入课堂教学各环节，实现思想政治教育与知识体系教育的有机统一。各高校学者也依据自身特色，将优秀的课程教学案例进行搜集，形成一个全面系统的课程思政案例合集。在经过课程思政实践探索之后，多数院校已经建立了案例库。例如，河北农业大学鼓励教师充分挖掘专业课程所蕴藏的人文精神与科学精神，注重嵌入优秀课程案例，为课堂教学提供丰富素材。学校遴选 117 门课程 230 篇案例，出版了《课程思政讲义辑要》，打造具有专业特色的"课程思政案例库"。[1] 河北北方学院利用三步法建立课程思政典型案例库。紧密围绕社会主义核心价值观凝练思政元素表；明确各专业课程与思政元素的结合点，填写教学设计表；集成教师课程思政心得"案例随记"和学生课程思政"案例随感"，撰写课堂案例表，建立"课程思政"案例库。[2]

2. 教材资源建设

教学大纲是课程教学的顶层设计，各高校在出台的关于课程思政建设的方案中，都提出要进行课程大纲修订，强调要将教材内容与课程思政建设结合起来，根据人才培养政策来修订人才培养方案，创新发展课程思政教材建

---

① 高立杰、邵宝剑、陈宝江等：《基于三全育人的专业课程思政教育体系的构建——以河北农业大学动物科技学院为例》，《中国多媒体与网络教学学报》（上旬刊）2022 年第 6 期。
② 丁利华、刘乃迪、谭洪华等：《工科课程思政教学体系的探索与建设——以河北北方学院工科专业为例》，《河北北方学院学报》（社会科学版）2021 年第 4 期。

设。由于教材编写的严谨性和周期性，一些高校正在加快制定教材出版计划。专业课教材在阐释专业领域知识的同时，也要挖掘可以与思想政治教育相结合的点，让学生能够在学习专业知识的同时树立正确的价值观，激发学生的开拓创新意识。河北地质大学发布《河北地质大学本科课程通用质量标准》，将课程思政融入课程质量要求，为教材选用与编写、课堂教学、学生学习成果评估和课程考核等建立了标准。

3.示范项目支持加大

为了加快建好课程思政，绝大多数高校都通过课程立项的方式激励各部门全员、全程、全方位投入到课程思政建设中。河北工业职业技术学院出台了《关于加强思政课程和课程思政协同育人的原则意见》，实施了课程思政教学研究相关课题的立项工作，并给出了指导性意见，要求坚持价值引领和知识传授相结合，课程建设与深化改革相结合。

河北大学以项目为引领，积极探索课程思政建设路径。截至2022年8月，河北大学累计建设课程思政示范课程20门、优秀课程40门，评选课程思政优秀教学案例（设计）100个，其中，3门课程获批首批国家级课程思政示范项目，18门课程获批省级课程思政示范项目。

河北工业大学确定30门课程为示范课程，旨在通过重点开发示范课程，培育具有特色的课程思政专业核心课程，组建教学名师和团队，为全面推进课程思政改革形成可复制经验。[①]

（三）加强教学方法改革，探索新型课堂教学模式

为增强课堂教学实效性，河北省各高校积极探索推进现代技术在课程思政教学中的应用，以期提高学生兴趣、引导学生思考。同时，广泛应用各种新型教学方式，坚持以学生为中心，突出学生主体、教师主导的地位，提升育人的实效性。课程思政教学改革不是简单的"贴标签"，而是要遵循"盐

---

① 文晶晶、李墨：《深化河北高校"课程思政"建设的关键问题与解决路径》，《共产党员》（河北）2019年第22期。

溶于汤"的原则，重点在于把握好"度"，把握其他各类课程在思政教育中的"隐性"特点。河北省高校积极探索教学改革，创新教学模式。

河北大学新闻传播学院通过有声书录制学习红色经典，创新课程思政实践方式。有声书录制，是政治理论学习与专业课程实践的有机融合，也是河北大学深入推动构建"大思政"格局的崭新探索。为提高专业课程思政元素挖掘质量和保证后期教学融入效果，河北大学在学校、学院、专业多个层面出台相应激励机制，创设有力的支持条件，通过课程思政传递党的声音和社会主流价值观，最终实现教书、育人、育才的有机统一。

（四）加强思政元素开发，打造课程思政新课堂

教育部高教司吴岩司长曾指出："高校教师的 80% 是专业教师，课程的 80% 是专业课程，学生学习时间的 80% 用于专业学习。"[①] 这表明，对人才培养影响更大的是专业课程，因此要着力挖掘专业课程的思政元素。全面推进课程思政建设，就是要寓价值观引导于知识传授和能力培养之中。河北省各高校坚持统筹做好各学科专业、各类课程的课程思政建设，注重在所有课程中深挖课程思政元素，并将其有机融入专业课程教学，达到潜移默化的育人效果。河北省各高校积极探索适合本校的课程思政育人模式，利用河北丰富的红色文化资源，将学科特色与课程思政元素深度结合，实施多元化课程思政育人模式。

河北大学物理科学与技术学院基于河北大学"滴灌育人"的理念和物理"物含妙理"的课程特色，结合学科基础课"光学"课程的丰富思政元素，建立并实践了"链条式"课程思政模式，分别从教师自身引领、教学内容、教学方法、课程考核和评价四方面对学生进行思政引领，实现了教学全过程不同层面的培根塑魂功能。[②]

---

① 吴岩：《让课程思政成为有情有义、有温度、有爱的教育过程》，新华网，2020 年 6 月 9 日，http：//education. news. cn/2020-06-09/c_ 1210653008. html。
② 阴冬胜：《"课程思政"育人实践与探索——以河北大学为例》，《淮北职业技术学院学报》2022 年第 2 期。

河北师范大学音乐学院将《真理之歌》作为学院课程思政建设的重点项目，全面部署、深入挖掘其课程思政资源。相关教师认真落实，在课堂讲授、作品分析、专业指导、舞台实践等环节寻找与课程思政的契合点，把《真理之歌》融入课程思政教学内容和教学环节。近年来，该校音乐学院积极探索课程思政建设模式，努力构建全员、全课程的"大思政"工作格局，通过政治理论学习、学院制度设计引导、课程建设项目立项、以赛促建等方式推动形成了"课程门门有思政，教师人人讲育人"的良好氛围。

（五）加强教师培训指导，提升课程思政教学能力

教师是课程思政建设发展的关键，因此，其课程思政素养的发展也是一直被关注的重点。在早期实践中，各高校都以宣传、培训、研讨的形式来动员教师学习和贯彻课程思政，并有高校提出"教育者要先受教育"的观点。经过一系列的实践探索，教师课程思政素养的发展已逐渐形成相关机制建设，主要围绕构建教师课程思政素养发展机制和教师课程思政发展活动展开。

首先，就教师课程思政素养发展机制而言，各高校已经在教师培训、集体备课、教研中心、发展示范课程、教学反思等多方面进行了制度建设。河北大学大力推进教师思想政治素养提升工程，充分利用线上线下培训、会议研讨、调研学习等多种途径，组织开展多元化、多层次、多轮次的教师培训，引导广大教师树立课程思政理念，掌握课程思政育人方法。积极组织教师参加"高校教师课程思政教学能力培训"，全校共有 1727 名教师完成培训并获得证书。鼓励支持广大教师学习和借鉴其他高校课程思政改革先进经验，加强互动交流，持续深化课程思政教学改革，进一步提升教师育人能力。

其次，随着课程思政建设在高校全面推进，专业课教师课程思政素养提升活动也越来越丰富。一些学校定期举办多种教学活动，如名师示范讲堂、教学沙龙等，一方面有利于资源共享，另一方面有利于教师课程思政能力的提高。在教师层面基本实现了从知晓、理解、支持到行动的积极转变。

三 河北高校课程思政建设取得的成效

近年来，河北高校落实立德树人根本任务，按照大思政、大教育的思路，充分发挥好每门课程的育人作用，全面推进学校课程思政建设，促进各类课程与思想政治理论课同向同行，取得了一定成效。

（一）教师课程思政意识初步形成

在提出课程思政建设之前，思政课教师长期处于一个孤军奋战的局面，许多专业课老师只是讲授专业知识却忽略了对学生的价值引领和品格塑造。提出课程思政建设后，在深入学习了习近平总书记的重要讲话精神后，河北省各大高校相继开始了思想政治教育改革、课程思政建设，课程思政育人理念在高校萌芽，高校为推动课程思政与思政课程工作也作了许多努力。随着课程思政建设的推进，不少老师破除了思想政治教育是思政课教师的职责这样的刻板印象。专业课老师也开始有了育人理念，尝试把教书和育人相结合，克服"两张皮"现象，打破思想政治教育孤岛效应。高校进行课程改革，编写课程思政教材，打造课程思政金课，用思政课程引导课程思政，促进全员、全过程育人。在高校初步形成课程思政与思政课程协同育人理念后，过去那种重知识讲授轻价值引领的现象有所改善。专业课也有了"思政味"，专业课教师与思政课老师协同育人，促进了思想政治教育事业的发展。

经过课程思政的建设，高校专业课教师在课程思政实施过程中整体素养有所提高。部分教师能够在专业课程中积极主动地挖掘和利用专业课内容中与思想政治教育相关的内容，整合教学资源，扩展专业课程融入思政元素，同时加强课程思政教学创新。

（二）各学科专业课程思政全面铺开

对大学生的思想政治教育来讲，课程思政只有运用到实践中才能发挥作用。为了使课程思政理论教育不对新时代大学生造成抽象化、概念化和知识化的禁锢及影响，专业课在融入思政元素的成果后，应该实践到课堂教学之中，自觉接受课堂教学和学生的检验，以此增强思想政治教育对大学生的影响力和感染力，塑造大学生正确的人生观、世界观和价值观。

经过各高校对课程思政实践案例的不断探索，专业课课程思政也越来越深入发展，这主要体现在：学者们在选编专业课课程思政案例的基础上，将相同学科或专业的案例进行合辑，来更深入地对专业课程进行研究和实践。在文、经、教、理、农、医、艺等七大类专业中，都有相应的学科课程思政实践案例，来从多个方面探索和实践这一门专业课在实施课程思政建设后的思政教育发展，来实现立德树人的根本任务。《纲要》发布后，大量专业课程思政实践案例成果涌现，在一定程度上也展现了专业课程思政的深入发展和进一步的探索。因此，专业课实施课程思政建设过程中产生的文章以及著作的研究成果，都是使思想政治教育贯穿整个专业课教学的重要一步，也正是这些研究成果的涌现，让专业课程思政有了更深入的发展，挖掘了更多的教育价值，进而落实了立德树人的根本任务。

（三）课程思政教学方法探索日益丰富

给课程铸魂即遵循人才成长和思政教育规律，将课程中的思政教育元素挖掘出来，实现立德树人，这是课程思政最基本的要求。梳理各高校积极探索将思政元素融入专业课堂的实践经验，可以发现教学方法主要是讲授教学和案例教学，混合式教学、互动式教学、实践教学也开始与课堂教学相结合，教学方法与信息技术的融合使用变得更广泛。

总之，在课堂教学中发现，教师在课堂中将多种教学方法融合使用，将思政元素加入其中，进而激发学生课堂学习的积极性，使学生在课堂上接收和学习有关于思想政治教育的内容。这样的融合教学，更有利于促进大学生的全面发展。

四　河北高校课程思政建设存在的不足

河北高校对于推进课程思政建设作出了一定探索，取得了一定成效，但是仍然存在一些短板需要去补齐，这些短板的出现既有客观原因，也有主观原因。对这些短板进行把握和分析，是有效开展课程思政建设的前提。

（一）课程思政建设制度不够完善

1.课程思政建设制度保障不完善

高校课程思政建设制度不够完善，即在领导机制、管理机制、运行机制和评价机制等方面没有明确的制度保障。很多高校在下发课程思政建设政策时，都需要各学院、各部门、各教师团队层层递进，分步落实。但由于在实际操作中，管理工作与教育工作交集不多，甚至存在脱节情况，很多任务无法及时有效的做到上传下达，出现各学院、各部门以及教师在落实课程思政任务时出现流于形式等情况。这就容易导致课程思政建设效果两极分化，所以，必须完善监督和管理制度。

2.课程思政建设考核机制不健全

目前各高校仍没有健全的课程思政建设评价体系，没有涉及促进学生认知、情感和责任感等方面的评价指标，也没有现成的评价体系可供借鉴。没有评价机制的指导，高校在课程思政建设中的实施进度和实施效果就无法得到有效保障，所以构建完善的课程思政建设评价机制迫在眉睫。课程思政建设评价机制不应片面追求量化的指标，这是因为课程思政要取得良好效果必须进行实事求是的教学设计，所以不能仅用硬性的量化指标去要求一线教师，硬性的量化指标可能会导致教师在教学过程中刻意追求目标，生搬硬套，所以必须构建健全合理的课程思政评价指标，真正促使教师有动力开展课程思政。

（二）部分教师课程思政能力不足

课程思政的建设发展，不仅需要将思想政治教育元素贯穿到所有课程之中，还需要教师全身心的投入到教学活动中。教师是教学活动的主体，是课堂教学的引导者和负责者。因此，在课程思政建设中，教师的能动作用是否有效发挥，是课程思政目标能否落实的关键。经过多年的课程思政建设发展，教师的课程思政意识得到了大幅度的提高，但仍有部分教师的课程思政意识存在偏差。

1. 部分教师对课程思政理念认识不到位

高校多数教师愿意承担课程思政职责，并且也形成了一定的效果。但是也有部分教师，特别是专业课教师，依然排斥课程思政，认为思想政治教育是马克思主义学院的职责，跟专业课程关系很小或者没有关系。尤其是一些专业教学能力强但课程思政意识相对薄弱的教师群体，这类教师认为，相关教师和辅导员应当承担起学生的思想政治教育工作，思想政治教育和自己关系不大，而自己的任务就是保质保量完成专业知识教学。如果有同学提出了疑问或者困惑，他们会非常愿意解答疑问和引导学生，但不会主动寻找思政元素在课堂中进行融入教学。

2. 部分专业课教师课程思政能力不强

目前，一些有课程思政意识但系统性不足的教师尽管非常愿意去挖掘课程中的思政元素进行教学，但是由于自身课程思政水平不高，无法对思政元素进行深入、系统地挖掘，只能依靠热情和敏感性来进行表面的思政教育。也有教师不明确哪些思政元素可以融入课程内容，不能坚持适度原则，害怕说多错多，干脆对于思政教育避而不谈。还有教师在进行课程思政教学设计时，容易针对课程中某个目标或者某个思政元素来下功夫，而不是从整体出发，对课程进行系统化设计。这就导致整个课堂全部围绕课程思政建设进行，从而破坏了课程的原本意义，因小失大。

总之，在课程思政的课堂教学中，教师的课程思政意识与课程思政能力缺一不可，要让专业课教师在这两方面均衡发展。否则就会出现专业课教师有课程思政意识但是课程思政能力不足，或者有课程思政能力但是课程思政意识不够的情况，这都会阻碍课程思政的整体建设和发展。

（三）多数课程思政建设成果泛而不精

由于专业课程体系与思想政治教育在知识内容和认知结构方面存在差异，这就要求教师必须领悟专业课课程背后的文化内涵，将思政元素与专业课程特点紧密对接，真正实现专业课程的课程思政建设。但是，在课程思政实际建设过程中，在对专业课课程思政案例进行探索和分析时发现，大部分教师在分解课程中的思政元素时依然流于形式，将自身与学生之间的沟通束缚于显性课程内容讲解中，很多案例也无法证实思政元素融入课程的科学性和有效性。这些案例的背后，不仅是对教师课程思政能力的考验，也是对高校课程思政整体建设效果的考验。

五　河北高校课程思政建设的对策建议

2022年"五四"青年节前夕，习近平总书记到中国人民大学考察调研，他"希望全国广大青年牢记党的教诲，立志民族复兴，不负韶华，不负时代，不负人民，在青春的赛道上奋力奔跑，争取跑出当代青年的最好成绩!"① 习近平总书记不仅对中国青年提出了殷切希望，也对中国高等教育特别是思想政治教育工作提出了新的更高的要求。课程思政育人模式的创新是一项系统工程，也是提升思想政治教育成效的重要举措。河北各高校应补齐课程思政建设中的短板，基于系统思维，优化制度设计，提升教师队伍素质，推进教学改革创新，突出特色，统筹各种资源推动课程思政建设卓有成效地开展。

（一）加强管理，持续优化制度设计

制度问题至关重要，深化课程思政建设，必须持之以恒、久久为功，持续优化制度机制建设。

1. 继续做好顶层设计

明确学校党委在课程思政建设工作中的主体责任，成立课程思政领导小组，以党委书记为第一负责人，学校领导班子成员分工负责，建立健全课程

---

① 《习近平在中国人民大学考察时强调：坚持党的领导传承红色基因扎根中国大地 走出一条建设中国特色世界一流大学新路》，中央政府门户网站，2022年4月25日，http://www.gov.cn/xinwen/2022-04/25/content_ 5687105.htm。

思政工作领导体系，制定总体规划和目标，将课程思政建设工作落地落实。切实发挥学院党委在课程思政建设中的核心作用，明确课程思政建设工作中各职能部门和二级学院的责任清单。着眼立德树人，统筹推进，务求实效，将课程思政建设融入办学治校各领域、教育教学各环节。

2. 建立课程思政建设评价考核制度

要提高政治站位，建立课程思政建设评价考核制度，并纳入各二级单位和党政一把手年度考核范围，其主要指标作为政治巡视和纪检监察的重要内容。价值塑造往往是隐性的，隐性教育的成效也并非一日之功，短期内难以量化。因而需完善教学评价标准，建立健全以产出为导向的考核评价机制，避免"唯量化"的考核评价方式，综合运用量化评价与主观评价、过程评价与结果评价等多样评价方式。要把教师参与课程思政教学改革情况、课程思政示范课程建设情况、课程思政教学效果作为考核评价、岗位聘用、评优奖励、选拔晋升的重要内容。要完善教师职称聘任制度，转变重科研轻教学的评价体系，注重教学过程评价，评价体系应该以是否促进学生成长和全面发展为标准，鼓励教师重视教学工作，提升教学水平。

（二）强化认识，提升教师队伍素质

高等教育阶段是学生思维模式升华与价值观塑造的关键期，作为学生成长引路人的教师应不断学习先进思想和专业知识，提升思想政治素养和课程思政教学能力。

1. 从高度深度上提高认识

习近平总书记指出，"大学是立德树人、培养人才的地方"，[①] "古今中外，每个国家都是按照自己的政治要求来培养人的，世界一流大学都是在服务自己国家发展中成长起来的"。[②] 我们的高校坚持党的领导，承担着为中

---

① 习近平：《在北京大学师生座谈会上的讲话》，人民出版社，2018，第4页。
② 习近平：《在北京大学师生座谈会上的讲话》，人民出版社，2018，第6页。

国特色社会主义事业培养建设者和接班人的任务。课程思政建设强调将思想政治教育有机融入各门课程的教学和改革，实现"价值引领与知识传授"的有效结合，教书育人是每位教师的使命，对于高校教师而言，必须站在党和国家高等教育事业的高度深入思考如何"育人"，树立教育家的情怀。学校应通过各种形式组织教师学习党和国家的最新政策和会议精神，使教师对课程思政树立正确的认知，产生课程思政意识。

2. 提高教师课程思政能力

教师的课程思政能力影响甚至决定了课程思政建设的整体成效。要加强教师课程思政能力提升培训，将课程思政作为教师教学发展的必修内容，以新教师上岗培训、教学发展专题研修计划为载体，充分利用课程思政建设交流平台，通过开展常态化教学设计经验交流、专题报告、教学工作坊、现场教学观摩等多种活动，促进优质资源互通共享，帮助教师提升政治素质和教学素养，帮助教师提升课程思政教学教研能力，使更多课程思政教学品牌课程不断涌现，全面形成"课课有思政、人人讲育人"的良好氛围。

（三）改革创新，构建课程思政教育体系

要从国家意识形态战略高度出发，将思想政治工作贯穿到人才培养体系之中，整体规划思政资源，有针对性地修订教学培养方案和教学大纲，构建"全专业推进、全课程融入、全过程贯穿、全方位保障"的教学体系，寓价值塑造于知识传授、能力培养之中。要对所有专业课程进行梳理，分类推进课程思政建设。

1. 完善课程体系

课程思政要根据不同专业课程特点，将价值塑造要素有机融入课程教学大纲、课程标准、教学设计、考试考核等各个方面，贯穿教育教学各个环节，实现专业教学和思想政治教育的无缝融合。遵循"思政+专业"原则，找准思政内容与专业知识的契合点，科学合理、实事求是地挖掘课程中所蕴含的思政元素，建立覆盖思政课教师与专业课教师的集体备课平台，组织专业教师绘制"课程思政元素地图"，探讨专业课课程中每个思政元素的切入

点，厘清思政元素与专业课课程内容之间的关系，按照不同课程分门别类地设计完整的课程体系。

2. 完善教学体系

课程思政教学创新要坚持以学生为中心，尊重学生的主体地位。根据学生的思维特点、学习规律、行为习惯等因素，激发学生的学习自觉性，培养学生好学、乐学的习惯。完善教学体系要用好课堂教学这个"主渠道"，创设生动多样的教学情境。在做到规范严谨传授专业课程知识的基础上，使用学生喜闻乐见的话语方式，采用生动多样的教学方式，增强思想政治教育的感染力和生动性，实现思政要素与课堂元素有机结合，促使课程思政润物于无声。同时，课程思政教学创新要始终坚持以学生课程学习体验、学习效果为检验标准，做到"情""境"统一、"理""境"结合，让学生通过学习，掌握事物发展规律，通晓天下道理，丰富学识，增长见识，塑造品格，实现全面发展。

除用好课堂教学主渠道外，课程思政教学体系建设还应构建各种专业课程体系新范式，使课程由课堂内向课堂外延伸。要突出课程思政整合课堂内与课堂外的特征和优势，为思想政治教育与专业课程的融合提供资源和平台。协同学校党建、学术研究以及校园文化等资源，共同推进课程思政建设。

（四）注重特色，以点带面开展课程思政

课程思政建设涉及不同的地区、学校、课程和教师，所以要因地制宜，因人而异，结合学校、课程以及教师的特点和实际情况，有计划有步骤地开展这一系统工程。

1. 结合学校特色开展课程思政

河北省不同城市的高校，可结合地方特色和实际情况进行不同的课程思政建设。比如，在石家庄的高校可加强对西柏坡精神等红色历史文化资源的挖掘和运用，弘扬革命精神和优良道德传统，将党史教育融入课程思政教学；在邯郸、保定等历史文化名城的学校则可以重点结合历史底蕴，通过历史文化、英雄人物等对学生进行中华传统文化、爱国情怀等的培育。

每个高校也都有自身的特色，各高校可结合学校特色开展课程思政建

设。比如河北师范大学，可在课程思政建设中加强对学生"怀天下、求真知"的精神熏陶；河北地质大学可结合地质特色在课程思政中融入对"仰山慕水"文化精神的引导。

2.结合课程特色开展课程思政

高校每门课程的性质均不一样，应结合每门课程的特点开展课程思政教学。比如，哲学社会科学类课程带有一定的意识形态性，在开展课程思政过程中可进一步凸显和深化马克思主义意识形态。自然科学类课程专业性强，意识形态色彩不突出，在这类课程中开展课程思政要注意精准挖掘专业课与思想政治教育的契合点，切忌强硬嫁接或者生搬硬套，可将思想政治教育与自然科学课程蕴含的创新精神、科学意识以及逻辑思维等方面结合，通过潜移默化的方式影响学生。

3.结合教师特色开展课程思政

每位教师都有自己的教学风格，可以结合自己的教学风格开展课程思政教学。比如，对于善于理论解读的教师，可以认真研究思政基本理论与专业理论知识的契合点，在授课过程中实现思想政治教育元素的有机融入，既能拓展理论深度和广度，也能对学生们进行价值引导；对于善于举例子、讲故事的教师，可以选取一些既与专业内容相关又有正确价值导向的案例和故事。

河北省城市社区培育和践行
社会主义核心价值观的有效路径

王晨阳*

摘　要： 城市社区是培育和践行社会主义核心价值观的必要阵地。自理论层面来看，城市社区建设与培育和践行社会主义核心价值观具有强关联性；自实践层面来看，河北省近年来也分别在城市社区治理与城市社区公共活动两个方面，探索总结出了城市社区培育和践行社会主义核心价值观的诸多宝贵经验。本文即对这些宝贵经验进行了阐述，且进一步依据现况，梳理了当前河北省城市社区培育和践行社会主义核心价值观所面临的现实困境，并提出了有针对性的对策建议。

关键词： 城市社区　社会主义核心价值观　社区治理

一　城市社区是培育和践行
社会主义核心价值观的必要阵地

社区既是社会治理体系的末梢神经，也是体现社会风气与人民思想动态的最基本单元。可以说，城市社区精神文明建设就是城市精神文明建设的核心元素，是构建城市精神文明不可或缺的重要渠道，是培育和践行社会主义核心价值观的必要阵地。

从可行性来看，城市社区建设与培育和践行社会主义核心价值观具有强

＊　王晨阳，河北省社会科学院省情研究所助理研究员，研究方向：精神文明建设。

关联性。以城市社区为抓手培育和践行社会主义核心价值观有以下三点好处。一是城市社区文化建设本身即是城市社区建设工作的重要一环。将社会主义核心价值观融入城市社区文化建设，即是为抽象的价值观念提供了具象可行的宣传渠道，同时也为其提供了一定的组织支持和保障。二是城市社区覆盖的受众广泛、全面。一方面，在宣传效果上，可以实现社会各阶层、各性别、各年龄段的全面覆盖；另一方面，城市社区内的退休老人、家庭主妇、学龄青少年也为宣传社会主义核心价值观这项精神文明建设工作提供了丰富的潜在人力资源。三是城市社区是最贴近人民生活的公共场所。习近平总书记指出："一种价值观要真正发挥作用，必须融入社会生活，让人们在实践中感知它、领悟它。"① 相对于媒体、工会等其他形式，城市社区不但能发挥其独有的，以家庭示范、邻里情感链接和个人社会资本为条件的行为规范能力，而且能将这些规范行为切实融入居民的点滴生活，城市社区具有更强的教化能力。

培育和践行社会主义核心价值观也对城市社区建设工作大有助益。第一，社会主义核心价值观为城市社区文化建设提供了根本内核。当前的城市社区文化建设，不但要求突破片面的、区域的、个别群体的限制，要求立意更为宏观、受众更为广泛、用途更为普遍，而且要求适合我国历史土壤与当下发展阶段的精神文化内核。社会主义核心价值观从国家、社会与个人三个层面，高度概括和阐释了当下人民群众的精神文化需求，也为每一位社会成员提供了最基本的道德准则和行为规范，足以为城市社区文化建设提供指引。第二，培育和践行社会主义核心价值观是提高城市社区治理能力的有效途径。城市社区治理水平的提升与居民群众素养的养成有密切的联系，将社会主义核心价值观融入居民群众日常生活和行为规范，教育引导居民群众遵守社会公德、涵养家庭美德、提升个人品德，是涵养高素质文明社区居民的必要措施，也是提高居民公共意识的前提。加强社会主义核心价值观在城市社区中的培育与践行，可以稳固城市社区发展，进一步提升城市社区文明程度，推动城市社区治理能力不断提升。

---

① 习近平：《论党的宣传思想工作》，中央文献出版社，2020，第58页。

二 河北省城市社区培育和践行
社会主义核心价值观的经验

（一）将社会主义核心价值观融入城市社区治理

城市社区治理理念是城市社区精神文化建设的起点，以社会主义核心价值观引领并指导城市社区治理，充分发挥党组织示范带头作用，以服务行动率先垂范，以服务精神成风化人，是引导城市社区居民主动践行社会主义核心价值观的根本前提。河北省在城市社区治理实践中，以社会主义核心价值观为行为根据，探索城市社区治理新格局，坚持以党建引领为核心，充分调动政府、社会组织以及居民群体参与城市社区治理的积极性、主动性和创造性，持续优化服务内容、服务载体和服务方式，使城市社区居民自觉坚持以社会主义核心价值观引领城市社区精神文化建设、城市精神文化建设。

衡水市桃城区以"党建引领"为鲜明主线，以"红色物业"为抓手，打通联系服务群众的"最后一公里"，以社会主义核心价值观为指导，构建城市社区治理新格局，切实提升群众的获得感、幸福感、安全感，打造文明城市社区。

党建引领多元共治，打造城市社区治理新格局。桃城区充分发挥基层党组织的政治优势和组织优势，以社会主义核心价值观引领物业服务管理不断优化、贴近民心，进而转化为社会基层治理的发力点。桃城区选取工作基础好、示范带动性强的居民小区，共同打造"红色物业"联盟示范点，深入推进社区"两委"成员和物业服务企业管理层"双向进入、交叉任职"，形成"社区党组织+业主委员会+物业服务企业"的"共商共议"议事平台，聚焦小区实际难点、居民诉求，定期召开会议，共同研究解决矛盾和纠纷，形成了党建引领、多元共治、居民参与的社区治理新格局。截至2022年中，桃城区已打造7个"红色物业"联盟示范小区，组织"红色物业"为民办好事实事1300余件。

完善工作规章制度，激励各主体充分发挥城市社区服务功能。为明确各基层党（工）委主体责任、相关部门监管职责、街道社区管理责任和物业服务企业的社区服务义务，压实各主体社区服务责任，桃城区委组织部先后制定了《关于进一步严格非公企业和社会组织党内组织生活的意见》《非公企业和社会组织党支部标准化、规范化建设清单》等指导性文件和《桃城区非公经济组织考核评价办法》《桃城区物业服务质量考核评价办法》等相关考核制度。桃城区在制度中突出党建引领、价值观念引领，将物业服务企业的党建工作情况作为信用评级、物业项目招投标的参考依据，以制度规范"红色物业"日常工作运行，推动各项任务落地落实。截至 2022 年，"红色物业"联盟已累计组建 25 支物业服务企业党员先锋队，开展重温入党誓词、专题党课、走访慰问、志愿服务等主题党日活动 186 次，切实将社会主义核心价值观融入和体现在城市社区治理服务工作中。

汇聚多方资源力量，强化"红色队伍"服务能力。桃城区将"红色物业"作为优化基层治理的着力点，将社会主义核心价值观转化为便民、为民、利民的城市社区治理具体工作目标，切实提升基层治理精细化水平。在"红色物业"小区成立"红色便民服务站""红色志愿服务队""红色党员先锋岗"等一批以"新思路、心服务"为特点的"红色队伍"。在全区创城的攻坚节点，"红色物业"联盟组织人员力量深入开展各类志愿活动，全力助力创城工作，累计发动党员、志愿者、居民群众 1.5 万人次，开展杂物清理、绿化修整、道路清扫等美化小区行动，以健康、持续的城市社区服务行动践行社会主义核心价值观。

承德市双滦区以党组织凝聚带动为核心，将社会主义核心价值观融入基层治理多元参与新格局，激发城市社区共治活力，提升城市社区治理效能。

党建引领铸造共治核心。双滦区打破城市社区单打独斗格局，构建区直机关、企事业单位、两新组织党建共建联动、各司其职的全域党建格局。3个街道成立了街道"大工委"，制定了街道"大工委"议事规则，由区委常委任街道"大工委"书记，选聘 21 名辖区单位党组织书记担任街道"大工委"兼职委员，签订共建协议书 25 份，达成项目清单 29 个。双滦区 28 个城市社区全部实行"大党委"制，每名区级领导联系一个城市社区，辖区党政机关、企事业单位、社会组织、物业服务企业负责人聘为兼职委员，真正构建起以城市社区党组织为引领，大事共议、实事共办、要事共决、急事共商、难事共解的"五事联办"机制。同时，持续推行党政机关、企事业单位党组织和在职党员进城市社区"双报到"制度，印发《完善"双报到"制度筑牢社区治理"共同体"的通知》《双滦区"双报到"工作考核办法（试行）》等相关文件，开发双滦区"双报到"工作管理系统，实现进城市社区活动跟踪式记录、纪实化管理、精准化考核，把服务城市社区成效作为党政机关、企事业单位党组织及在职党员年终考核、民主评议、评先评优、提拔使用的重要依据。

"三方联动"保障共治协商。双滦区发动群众广泛参与城市社区治理，夯实自治基础，深化城市社区党组织领导下的居委会、业委会和物业服务企业"三方联动"机制，实行"双向进入、交叉任职"，积极推荐符合条件的城市社区"两委"成员参选业委会委员，兼任物业服务企业义务质量总监，吸纳优秀物业服务企业党员负责人担任社区"两委"兼职委员或城市社区"大党委"成员。建立联席会议制度，定期召开居委会、业委会、物业服务企业三方联席会议，通报近期工作情况，协商城市社区重大事项，共同制定解决方案。建立服务承诺制度，指导城市社区居委会、业委会和物业服务企业结合各自职能职责，作出服务承诺并公示，三方形成共建合力，推动物业服务提档升级。由城市社区党组织牵头，组织党员居民代表对社区"三方联动"工作进行评议，评议结果作为城市社区居委会、业委会考核评价和物业服务企业信用管理的重要依据。

整合网格提升共治效能。双滦区以网格化服务为切入点，充分发挥小区网格员参与城市社区治理工作的重要作用，结合疫情防控中暴露出的治理问题，先后印发了《全面推进基层社会治理网格化工作的实施方案》《关于在全区社区建立"一员三长"联动机制提升基层网格治理能力的实施意见》等一系列文件，将上级部门在城市社区设置的多个网格整合为一个综合网格，统筹网格内党建、综治、维稳、应急、社保、城管等各领域工作，打造基层治理"一张网"。建立了"1+1+X+Y"网格化组织体系，即每个城市社区由 1 名街道领导班子成员包联，担任网格工作指导员，每个小区（楼院）由 1 名城市社区干部担任网格长，由若干名网格党支部书记、楼栋长、单元长、物业服务企业员工、在职党员等担任兼职网格员。这一网格化组织体系整合城市社区各类管理服务资源，组建各具特色的网格服务团队 69 支，实行组团式、专业化、联动式服务，实现了"小事不出网格、大事不出社区"。

智能平台便捷共治参与。双滦区开发"双滦慧办"社区治理信息化平台，建立区、街道（镇、区直部门）、社区三级运行体系，明确分工、各司其职，围绕基层网格员及各部门开展的社会治理各项具体事务，实现民生实事线上受理、线上监督、过程透明、一次办成。城市社区居民只需登录微信小程序"智慧双滦"，即可根据页面提示对社区内志愿活动、邻里调解、法制服务等一应事项进行查询和办理，特别是应用小程序中的"随手拍"功能，简单操作即可对社区事件进行反映上报，并对事件办理结果进行监督。智能平台的应用让原来需要居民亲自跑办的事项，转变为不再受时空限制，可以直接在手机上提出申请，基本实现了"让数据替人跑"，有效提高了居民在城市社区治理中的获得感和参与度，便民服务更加精准化。

（二）将社会主义核心价值观融入城市社区公共活动

有效发挥城市社区公共活动聚合作用，促进居民沟通交流，缔造稳固的邻里情感联结与公共利益联结，是弘扬社会主义核心价值观，发挥社会主义核心价值观教化作用的关键途径。对此，河北省在城市社区公共活动实践中深入挖掘居民城市社区生活的现实需求，持续优化创新活动内容与活动形式，将城市社区公共活动办贴心、办实在，提高居民对城市社区公共活动评价，激发城市社区居民参与城市社区公共活动动力、筹划城市社区公共活动意愿，增强社区居民归属感，促使人人主动以社会主义核心价值观为行为准则，共建友好和睦的城市社区环境、和谐稳定的社会氛围。

邯郸市以社会主义核心价值观为根本引领，大力弘扬"奉献、友爱、互助、进步"的志愿服务精神，创制性推行"志愿者银行"，打造集志愿者服务发布、志愿服务时长记录、志愿服务积分存储和兑换功能于一体的城市社区志愿服务创新平台，营造"我为人人，人人为我"的良好社会氛围。"志愿者银行"在街道和城市社区建立三级架构。一是街道成立"志愿者银行"总行，负责整合辖区企业、社会团体等资源，为辖区志愿者、困难群体提供专项物资和服务。二是在每个城市社区成立"志愿者银行"分行，负责招募本社区志愿者、制定服务清单、推荐优秀志愿者、审核志愿服务积分等。三是依托城市社区和商业网点，在总行和分行下设"爱心超市"，接纳辖区爱心物资，以供志愿者凭参与志愿活动所得积分到"爱心超市"兑换生活用品。"志愿者银行"依托这三级架构，形成以党建为统领，以党员志愿者为主体，以辖区商户资源为支撑，以互惠互利为反哺机制的新平台，实现公益提供者与公益求助者之间的无缝对接，引导带动城市社区居民、企业积极参与到志愿队伍中，开展扶老助残、文明宣传、环境整治、心理辅导、医疗义诊、普法教育等各类城市社区志愿活动。截至2022年9月，仅邯山区便已成立"志愿者银行"总行14个，城市社区分行71个，新增注册志愿者3976名，71个城市社区分行都已建成"爱心超市"，签约企业商超共计139家，受捐物资金额约18800元，累计开展活动454次。

三河市吸纳社会企业资源，积极打造"社区书房"的城市社区文化模式，将阅读与文化元素全面结合，助推城市社区精神文明建设提档升级。公益阅读空间由三河市芳澜文化传播有限公司筹办，20余家爱心商家踊跃参与，以倡导全民阅读为前提，为广大城市社区居民和青少年学生提供优质、畅销书籍和学生必读书目，最大限度满足城市社区居民对文化生活的需求，实现文化资源共享普惠。首家公益图书馆开馆第一年，进馆阅读、参与科普文化活动的人数便已突破13000人次，日常开办的各类文化活动亦深受城市社区居民喜爱，组织邀请故宫博物院、北京阅读形象大使等专家学者开展文化讲座5场，配合三河市科协组织开展科普知识讲座、科普活动月等活动9期，组织开展励志动画电影展映和小手工制作等活动数十场。切实将文化触角延伸到基层，让广大城市社区居民参与喜闻乐见的文化活动，在活动中发挥中华优秀传统文化教化作用，弘扬和践行社会主义核心价值观，增强城市社区居民文化自信，引领城市社区文明新风。

三　当前河北省城市社区培育和践行 社会主义核心价值观所面临的现实困境

河北省城市社区培育和践行社会主义核心价值观取得了一定的成绩，实现了一定的创新。城市社区并非政府机构而是基层群众性自治组织，这就使得其在工作理念、工作保障、工作方式等方面呈现出一定的特殊性，也面临诸多困难。

第一，部分街道办事人员、城市社区工作者对社会主义核心价值观缺乏深刻认知。其中一部分是对社会主义核心价值观存在认知偏差，进而体现在城市社区治理的具体工作中。这部分人员或将工作"走形式"，只注重应对检查、撰写报告等"表面文章"，而对城市社区居民现实需求"绕道走"，难以赢得城市社区居民的肯定与信任；或对工作开展缺乏创新性、主动性，"重管理、轻服务"，在工作中存在敷衍心理，未能广泛采纳城市社区居民办事意见，调动居民切身参与城市社区建设发展的积极性，难以为城市社区未来服务功能的进一步扩展打牢地基。基本的城市社区治理工作如果未能赢得居民满意，便难有安静祥和、凝心聚力的城市社区氛围，对培育和践行社会主义核心价值观会起到反作用。

第二，城市社区"人、财、物"资源紧俏，对培育和践行社会主义核心价值观形成束缚。城市社区人、财、物等相关服务治理资源供给缺乏稳定性。在人力资源方面，街道办事处作为派出机关、社区工作的指导方，尚且存在人员数量少、构成杂、任务多等现实情况，更不必说本不属于政府机构的城市社区了，其可用人力资源就主要依赖党员、志愿服务者的主观自觉性，志愿服务队伍人员不稳定、组织效率偏低。在物质经费方面，城市社区工作经费来源较为单一，主要以政府或上级拨款为主，居委会经济收入普遍微薄，而城市社区居民捐赠、集资则更为稀少。少数经济发展较慢地区对提高城市社区内便民利民的物质基础已较为吃力，更无暇顾及各类城市社区活动的开展与创新。

第三，社会主义核心价值观的培育方式与城市社区居民的日常生活融合不足。在城市社区这一环境内培育和践行社会主义核心价值观的最关键方式，就是要将抽象的理论概念与广大居民群众的日常生活紧密结合，只有将社会主义核心价值观直观、生动的投射于城市社区居民的衣食住行等方方面面，才能真正为大众所接受、认可和自觉践行。部分城市社区在社会主义核心价值观的培育和践行工作中，还只停留在张贴海报标语、摆放景观小品等显层次的文化建设，而忽略了深层次的文化建设，在工作中缺乏对虚实体文化转化中介的应用，没能以推己及人的城市社区公益服务融入居民生活，以丰富多样的城市社区文娱活动吸引居民学习，以持之以恒的城市社区生活习惯带动居民践行，难以在居民中形成文化共识。

第四，城市社区居民"主人翁"意识不足，对以社会主义核心价值观提升城市社区文明程度缺乏责任感。当前城市社区普遍存在人口构成复杂、流动性大的问题，城市社区居民彼此间的家庭结构、生活习惯、家乡风俗均存在一定差别，在生活观念上也难免有所摩擦。这致使部分居民缺乏对城市社区的认同感和责任意识，对城市社区开展治理工作、建设工作、服务工作等漠不关心，缺乏参与意识与共建积极性，这些因素都影响了在城市社区培育和践行社会主义核心价值观的效果与进程。

四 对河北省城市社区培育和践行社会主义核心价值观的路径建议

在城市社区培育和践行社会主义核心价值观，要坚持以人民为中心，以服务为宗旨，以共建为思路，以实践为手段，以创新为推动工作的思路，坚持社会主义核心价值观在城市社区治理及城市社区公共活动中的民主性、融入性和创新性。发挥主流价值观的引领作用，使城市社区居民形成共识，凝聚居民向心力。将社会主义核心价值观转化为具体的道德行为规范，引领居民自觉追求更高道德标准，将价值要求转化为具体行为实践。

（一）不断优化城市社区治理效能，提升居民责任意识

城市社区治理工作的优劣直接影响到城市社区居民的日常生活体验好坏，提高城市社区治理水平，是提升居民对城市社区认同感、归属感，进而产生城市社区共建责任感的前提和基础。对此，街道干部、城市社区工作者必须加强对社会主义核心价值观融入城市社区治理的重视程度与深入认识，站稳自身服务立场，以工作实践为引领，成风化人。一是着力完善城市社区治理中的居民参与机制，如定期开展城市社区居民民主协商会议，设立便民意见箱，帮助居民组织、设立、申报业委会等，以制度保障居民有效参与城市社区治理。二是强化城市社区民生建设，应当及时依据各项政策调整与城市社区居民现实需求变化，完善城市社区必要基础设施建设，如依据消防政策调整及时增设电动车充电桩，依据养老政策调整设立日间照料中心等。三是完善各类应急保障预案，加强城市社区工作人员应对应急事件培训，提升测评工作人员相关专业素养和危机事件处理能力，并定期在城市社区内发动广大居民开展相关应急培训演练，将对居民的服务保障落在关键实处，以赢得居民对城市社区工作的信任与支持。

（二）持续发挥党建引领作用，发挥示范带动作用

坚持党建引领是在推动城市社区治理优化，构建文明和谐城市社区实践中总结出的宝贵经验，在河北省培育和践行社会主义核心价值观的城市社区实践中，成功的城市社区无一不依靠党建引领发挥关键支撑和率先垂范作用，未来仍需坚持推广。一是要推进"红色物业"建设。坚持以人民为中心的根本立场，拧紧党建责任链条，着力推进城市社区党组织领导下的居委会、业委会、物业服务企业多方协同联动，强化工作推进机制，定期开展优秀"红色物业"评比，切实提升物业管理服务水平。二是要夯实网格化管理工作。确保网格员招聘程序公平、公开、公正，合理设置网格员考核指

标；依据社区工作特点灵活把握网格员管理机制；加强各职能部门与基层网格系统间的办事协同性，畅通问题反馈和解决渠道。三是要加强党员组织效率。要整合组织队伍资源，结合党员个人的专业、特长及个人意愿合理分配岗位；完善党员下沉社区激励机制，纳入党员干部职级晋升、评先评优参考标准，充分发挥党员模范带头作用。

（三）拓展吸纳多方资源汇聚，强化城市社区服务能力

充足的人力、财力、物力资源是提升城市社区服务能力，营造舒适和谐城市社区氛围，推动居民自觉以社会主义核心价值观作为行为准则的强效助力；拓宽城市社区资源渠道，吸引社会资源向城市社区聚拢，实现城市社区与社会资源的"双赢"，是城市社区建设的努力方向。一是要激励公益活动进城市社区。建议民政部门整合公益组织资源，引导公益组织向重点城市社区提供帮扶服务，激励完善各类城市社区公益典型选树活动的宣传表彰工作。二是要挖掘商业资源服务城市社区。立足居民生活的现实需求，结合"十五分钟便民生活圈"建设，谨慎评估企业质量与服务品质，设立企业招标与退出机制，在获取居民支持的前提下，将社会商业资源引入城市社区，在托管看护、文娱教育、家政等重点领域实现市场与民生的双赢局面。三是要用好城市社区平台吸引资源。近年来，河北省不乏将历史文化教育馆、非遗传承基地开进城市社区的建设案例，城市社区在作为服务对象的同时，本身也兼具开放平台功能，未来应进一步发挥城市社区优势，将"城市社区平台"理念优先融入住宅区开发建设过程，将亟待传扬或继承的优秀文化或理念与社会主义核心价值观相结合，以城市社区平台为支点，实现居民精神文化需求与文化传扬任务的供需平衡。

（四）积极创新城市社区公共活动，加强邻里情感凝聚

城市社区公共活动与志愿活动的开展可以加强城市社区居民间的互联互通，提升城市社区整体凝聚力，对宣传和培育社会主义核心价值观具有显著推动作用。一是要切合城市社区居民现实需求。要深入开展居民需求调研，

结合城市社区现实特点，开展助老、育幼、生活技能培训等不同主题的活动，把活动切实办到居民生活需求点上，激发城市社区居民参与积极性。二是要保障活动召开质量。要提升活动的内容质量，保障城市社区公共活动召开频次，在每一次的活动中切实加强城市社区多元主体间的交流互动，将社会主义核心价值观传递至居民心中，莫让"留照片"成为目的，莫让"走形式"凉了民心。三是要创新活动召开形式。探索"互联网+"新模式，结合城市社区公共活动开展的实际，利用网络和新媒体，通过线上线下两手抓，打破时间空间限制，搭建居民交流平台，满足居民参与意愿，解决居民生活难题。

数字时代背景下社会主义核心价值观落地乡村的河北实践

徐　颖*

摘　要： 社会主义核心价值观落地乡村，具有数字化的时代特点。数字时代为社会主义核心价值观落地乡村带来了全新的机遇和挑战，最主要的是数字时代的互联网、云计算、物联网等新技术打造了全新的物理空间和网络空间，这两个空间的建立改变了乡村社会的连接关系、乡村社会的组织模式，重塑了乡村社会的价值流向。与此同时，社会主义核心价值观落地乡村与数字化乡村建设、乡村振兴战略、基层治理新格局的建立等大的国家乡村行动同频共振，社会主义核心价值观落地乡村，不再只是以文化的培育和践行单面而行，而是与乡村其他方面的发展共融而行，呈现出互相融合和渗透的特点。鉴于此，本文在阐述了数字时代社会主义核心价值观落地乡村的时代价值后，阐述了河北乡村社会主义核心价值观的建设实际，剖析了数字时代社会主义核心价值观落地乡村的实践启示，进而思考优化社会主义核心价值观落地乡村的路径。

关键词： 数字时代　社会主义核心价值观　乡村

---

* 徐颖，河北省社会科学院邓小平理论、"三个代表"重要思想和科学发展观研究所（精神文明建设研究中心）助理研究员，研究方向：马克思主义中国化和社会治理。

一　数字时代社会主义核心价值观
落地乡村发挥出重要的时代价值

数字时代社会主义核心价值观落地乡村与国家乡村建设行动呈现同步和融合的特点。社会主义核心价值观落地乡村与数字乡村建设、乡村振兴战略和基层治理新格局的建立同步同行，社会主义核心价值观的落地乡村和践行不再只是单方面的文化行动，而是与整个乡村系统"滚雪球"似的融合发展。

（一）社会主义核心价值观落地乡村与数字乡村建设同步

党的十九届五中全会通过的《中共中央关于制定国民经济和社会发展第十四个五年规划和二〇三五年远景目标的建议》，明确提出要加快数字化发展，认为数字化发展是提升公共服务均等化、普惠化、便捷化水平，满足人民日益增长的美好生活需要的重要途径。由于数字乡村建设是数字化发展的重要组成部分，加快数字化发展自然离不开数字乡村的建设。数字乡村的建设要落实到数字乡村建设行动，这些行动包括加大农村互联网建设力度，扩大农村的光纤网、宽带网的有效覆盖，在基础设备不断完善的基础上，加快农村管理服务数字化进程，构建涉农信息普惠服务机制，提升农民生活的数字化服务水平等。同时，提高农村的数字化服务水平仅仅依靠外在"输血"是不够的，还要不断由内提高农村地区的数字化能力，积极营造农村数字文化氛围。

社会主义核心价值观是中华优秀传统文化与现代文明相结合后产生的文化精髓。它作为一个民族的文化软实力，是有效整合社会意识、保障社会系统正常运转、维持社会秩序的重要途径。乡村现代化是社会主义现代化的重要组成部分，这就要求社会主义核心价值观在乡村落地，并对乡村现代化建设发挥价值引领作用。当前，乡村现代化正处于乡村数字化发展的过程中，社会主义核心价值观落地乡村，必然与数字乡村的建设发展同步。

（二）社会主义核心价值观落地乡村成为乡村振兴战略的强大精神动力

习近平总书记在党的二十大报告中指出："全面推进乡村振兴"[①]，"建设宜居宜业和美乡村"[②]，对未来乡村建设作出了重要部署。建设宜居宜业和美乡村是一项系统的重要历史任务，这一任务包括构建现代乡村产业体系、巩固拓展脱贫攻坚成果、扎实稳妥实施乡村建设行动、加强和改进乡村治理、加强农村精神文明建设等，任务的落实和完成需要发挥人民群众的集体力量和奋斗精神，人民群众的集体力量和奋斗精神的发挥并不是自发的，而是需要全社会统一的共同意志。全社会的共同意志从何而来？自然是需要统一的精神力量来引领。只有能担当起时代的价值重任，发挥出凝聚人心、汇聚民力的强大作用。

当前，在数字时代背景下，整个社会的价值观念呈现多样化的趋势，要把全社会意志和力量凝聚起来，必须有一套与整个乡村振兴战略相适应的、能够形成广泛共识的核心价值观，来激发人民群众发挥出乡村振兴战略所需要的创造力。而以社会主义核心价值观为灵魂的乡村文化可以起到统一思想、凝神聚力、引领行为、汇聚和塑造主流价值的作用，从而不断使精神行为转化为乡村治理效能，实现乡村不断跨越式的发展。

（三）社会主义核心价值观落地乡村与基层治理新格局的建立相融合，必然释放巨大的治理效能

党的十九届四中全会明确要求构建基层社会治理新格局。2018年中央一号文件《中共中央 国务院关于实施乡村振兴战略的意见》和2022年的中央一号文件《中共中央 国务院关于做好2022年全面推进乡村振兴重点工

---

① 习近平：《高举中国特色社会主义伟大旗帜 为全面建设社会主义现代化国家而团结奋斗——在中国共产党第二十次全国代表大会上的报告》，人民出版社，2022，第30页。
② 习近平：《高举中国特色社会主义伟大旗帜 为全面建设社会主义现代化国家而团结奋斗——在中国共产党第二十次全国代表大会上的报告》，人民出版社，2022，第31页。

作的意见》都强调，要健全党组织领导的自治、法治、德治相结合的乡村治理体系。这里的德治侧重通过道德建设引导群众加强自律，是基层治理中的"软治理"。乡村要发展，不能只关注物质生活改善和经济发展，还要重视乡村治理和农村精神文明建设，重视乡村价值在滋润人心、德化人心、凝聚人心等方面的作用。在基层治理新格局建立的大背景下，实现乡村价值不能仅仅依靠道德的力量，而是要在乡村基层党组织抓实做强的基础上，不断健全党组织领导下的自治、法治、德治相结合的乡村治理体系，提高乡村善治水平。在这样的文化氛围下，推动社会主义核心价值观深入人心，中华优秀传统文化繁荣发展，农村移风易俗取得扎实进展，农民精神风貌全面提振，良好社会风尚蔚然成风。因此，可以看出，社会主义核心价值观落地乡村与基层治理新格局的建立相融合可以形成强大的功能和力量。

二　数字时代社会主义核心价值观落地乡村的河北实践

数字时代社会主义核心价值观落地乡村的做法，与以往的乡村社会主义核心价值观践行不同。以往的乡村社会主义核心价值观践行一般都是采用简单的宣传方式，或者采用文化传播的工具和载体进行，大多数践行是通过简单的文化途径。而新时代下，具有数字技术支撑的河北乡村社会主义核心价值观的落地和践行，紧跟时代大潮和国家战略，尤其是重视党建引领的作用、数字化工具的使用、各类平台的搭建、新时代文明实践站的建设等，将社会主义核心价值观的落地和践行融入乡村发展建设的过程，把社会主义核心价值观作为凝聚乡村建设的精神力量。笔者调研雄安、衡水、定州等地区发现，数字时代社会主义核心价值观落地乡村的主要做法有以下四个方面。

（一）突出党建对社会主义核心价值观落地乡村的引领和组织作用

调研中的各村，通过村里的集体努力，建成了现代化的"两委"办公室和宽敞的党员活动室，全村的党组织活动有了固定的活动场所。在这个现代化的场所里，制定了党员和党组织各项制度，落实了党员的各项权利和义务，不断强化党员核心作用，组织各项党建活动，并用党建活动引领村里集体活动的开展，村里的集体活动涉及经济、社会、文化、生态等方面，自然能够发挥党建对社会主义核心价值观践行的引领和组织作用。

（二）搭建各类平台助力社会主义核心价值观落地乡村的实践

调研中的各村，通过搭建公益平台，组建爱心志愿者团队，实现了有人管理和负责定期清扫村庄公共区域。通过搭建创业平台，组织创业者协会举办各类培训项目，开展直播带货等，不断发展和壮大村级经济产业。通过搭建宣传平台，设立抖音号、微信公众号、微信群，开展国旗下的讲座、乡村大讲堂、抖音直播等活动，实现了乡村文化的传播和发展。通过组建舞蹈队、歌唱队等文体队伍，丰富了村民的业余文化生活。各类平台的搭建，使社会主义核心价值观融入百姓的生产生活，使社会主义核心价值观落地乡村成为一种"无形的力量"，得到了培育和践行。

（三）以村级各类制度引导和约束社会主义核心价值观落地乡村的实践

调研中的各村，先后制定了《村民手册》《村民公约》《垃圾分类要点》《爱心小屋运行说明》《村民积分设置标准》等乡村管理文件，让村民对"什么能做，什么不能做"做到心中有数，让这些明文规定不断内化为村民点滴的生活习惯和生活态度。同时，借助现代数字化的传播工具，将各类制度、规章等内容和要点分批发布到微信公众号，让村民能够随时查阅，不断提高村民的爱村意识和爱村行动。村级各类制度对引导和约束社会主义核心价值观的践行起到了有益的作用。

（四）用活新时代文明实践站来实现社会主义核心价值观落地乡村

按照河北省和各市的安排和部署，大多数乡村建造了新时代文明实践站。新时代文明实践站可以说是社会主义核心价值观的重要传播站，在这里，全村的村民可以"传道德、习品行、传文化"，可以学习国家的大政方针政策，可以通过为村里老年人提供免费三餐来践行爱老敬老。可以说，一个村级新时代文明实践站，能够实现"一站多用"，这个"站"不仅是全村人的精神文化家园，还是社会主义核心价值观的重要实践地。

三　数字时代社会主义核心价值观落地乡村的启示

调研雄安、衡水、定州等地发现，数字时代社会主义核心价值观落地乡村具有"新旧兼容"的特点，既具有以往乡村社会主义核心价值观落地的特点，又具有新时代社会主义核心价值观落地的时代特点。这与现在乡村所处的时代背景有关，也和国家的区域乡村政策和发展战略有关。

（一）以党组织为核心凝聚共识

笔者调研发现，大多数的乡村发展得益于村党支部的带领作用。村党支部充分用好国家和地方政策，合理支配建设资金，加强基础设施建设，使原来的"脏乱差村"变成了"天鹅湖村"，得到了村民的认可。这是乡村变化发展的最大能量。村民依赖村党支部、相信村党支部，愿意跟着村党支部的脚步往前冲，这就形成了强大的以村党组织为核心的村级奋斗内驱力。

（二）重视数字化工具的使用

现代乡村的发展，是在数字化的背景下进行的，虽然乡村当前的数字化基础设施建设与城市的数字化基础设施建设相比还不够完善，但是乡村基本的数字化工具还是能够满足村民的日常生产生活需求。尤其是数字化工具在社会主义核心价值观的学习和传播过程中起了很大的作用。在河北的乡村中，村级组织充分使用了微信、抖音等数字化的工具进行制度的宣传、文化的传播、全体村民的组织和动员等，这种方式不仅向村民传递了价值观，让价值观在无形中内化于心，还使价值观不断赋能村民行动。村民的行动又不断促进村级产业和乡村经济的发展，真正发挥了价值转化为行动的巨大作用。

（三）社会主义核心价值观的培育践行与乡村发展相融合

民生是最大的政治，是乡村发展的最终目的。乡村发展最终要落实到提升村民对美好生活的追求上面。要想村民了解社会主义核心价值观、懂得社会主义核心价值观，不能就价值观而谈价值观，而应该将社会主义核心价值观与村民的生产生活相融合，与不断发展的美好生活相融合。调研中的各村，充分利用了数字化的工具，在村里的活动中心打造了抖音直播间，村支书亲自上阵进行直播带货，售卖本村的文化产品，比如乡村工艺品、字画等。这种方式真正实现了数字时代价值文化的传播，因为这些文化产品是价值观的重要载体，承载着乡村的和谐、美丽、勤劳等重要价值理念，产品一旦卖出，即实现了价值的传递，这种价值的传递范围很广，几乎是全国性的，最终实现了村级文化产业经济效益和社会效益的统一，促使社会主义核心价值观和乡村发展真正的融合在一起。

四　数字时代社会主义核心价值观落地乡村的优化路径

数字时代社会主义核心价值观落地乡村，并得到不断践行和发展，需要乡村完备的系统建设行动。这个系统建设行动包括打造高质量的基层党组织、打造一支高质量的乡村文化建设队伍、打造高质量的乡村数字化基础设施、打造高质量的乡村经济。只有具备这一个系统建设行动，才能保障社会主义核心价值观落地乡村具有厚重的"硬实力"和"软实力"。

（一）打造高质量的基层党组织，为社会主义核心价值观落地乡村提供强大的组织支撑

党的二十大报告指出："坚持大抓基层的鲜明导向，抓党建促乡村振兴，加强城市社区党建工作，推进以党建引领基层治理，持续整顿软弱涣散

基层党组织，把基层党组织建设成为有效实现党的领导的坚强战斗堡垒。"①这一重要要求，突出强调了党组织在基层治理中和社会主义核心价值观落地中发挥着统揽全局和协调各方的桥梁作用。各地党委和政府要加强基层党组织的班子建设及制度建设，树立治理意识。调研发现，乡村的党组织建设依然相对薄弱。乡村党组织的人员、物资、财政等依然没有真正落实到位，这与乡村振兴的发展实际需要产生了巨大的落差。打造高效的基层党组织要做到以下三点。一是建立完备的党组织网格。完备的基层党组织网格是落实党的政策和行动的重要载体和工具。乡村治理要借鉴城市治理的网格化工具，建立与网格工具相对应和融合的党组织。实践证明，党组织只有与网格相融合、相互支撑才能发挥基层治理的最大效能。二是配齐党组织建设所需要的物资保障。当前国家战略行动和乡村现代化的重任都需要基层的乡村来完成，而全国的乡村基础建设仍然存在发展不平衡、建设不均衡等特点，所以应继续优化村级党组织建设，科学配齐党组织建设所需要的人力、物力、财力，只有做到"三力"配比均衡，才能最大限度发挥基层党组织的作用。三是引进大量的"乡村人才"，保障乡村党组织高效运转。乡村党组织的功能发挥最终还是要依靠高素质的专业人才。这些专业人才在时代的重任下，被赋予了更多的期待和能力要求。"乡村人才"要懂得国家政策、懂得经济社会发展规律、懂得乡村发展特点，要能够紧跟党中央的战略步伐，使乡村党组织在引领乡村振兴的过程中，永远成为贯彻落实党中央决策部署的"最后一公里"的坚强保障。

（二）打造一支高质量的乡村文化建设队伍，为社会主义核心价值观落地乡村提供强大的人才支撑

社会主义核心价值观在乡村的落地和传播仅仅依靠党委和政府是不够的，党委和政府也不是万能的，现代的"品牌意识"和"专业意识"启示

---

① 习近平：《高举中国特色社会主义伟大旗帜 为全面建设社会主义现代化国家而团结奋斗——在中国共产党第二十次全国代表大会上的报告》，人民出版社，2022，第67页。

我们，要让专业的人来做专业的事情，只有这样才能保障实践效果的高质量和高效率。为此，要想使乡村文化真正承担起时代赋予的文化任务，就应该建立一支专业的乡村文化建设队伍，负责乡村文化的全方位建设和传承。在整个乡村振兴的过程中，文化振兴是乡村振兴的内核和软实力。但在实践中，文化的振兴是最难达成目标的，因为文化振兴不是一蹴而就的事情，并不是投入点钱，增加点文化基础设施就完成了任务，而是需要通过不断的沉淀和时间的积累来达到内化的作用。在调研的过程中发现，村级组织中，大学生的数量还是很少，专业的懂文化的人也是少之又少，能看到文化重要作用的人也很少，乡村发展的现状需要党委和政府高度重视乡村文化队伍建设。一是要引进一批专门的有素质有文化的乡村文化人员，打造专业的文化队伍。专业的文化队伍具有丰富的知识储备和经验，他们可以知晓国家的文化建设和意识形态教育的精髓，因而可以引领乡村文化的发展方向。二是乡村文化队伍建设模式可以采取专职和兼职共存的方式。在有条件的乡村打造专职的文化队伍；在条件相对不好的乡村，可以充分利用数字化工具，可以采用远程或者兼职的方式，实现专业人员对乡村文化建设的指导。三是充分利用乡贤能人和健康的老年人来补充乡村文化队伍。乡贤能人具有熟知家乡、通晓外面世界的能力和素质，这是外面的专家不具备的优势；村里的老年人对乡村文化十分熟悉，并且具有充足的时间来组织和管理乡村文化队伍。

（三）打造高质量的乡村数字化基础设施，为社会主义核心价值观落地乡村提供技术支撑

数字化基础设施是数字乡村发展和乡村振兴的物质基础和硬件条件。社会主义核心价值观在乡村的落地需要完善的数字化基础设施。完善的数字化基础设施可以为社会主义核心价值观的践行和培育创造全新的载体和模式。当前，应以满足人民群众的美好生活需要为引领，重点加强普惠性、基础性、兜底性民生建设，尤其是要打造数字化的农村基础设施。一是继续加强农村网络信息基础设施建设。数字化的工具主要是以网络信息基础设施为基

础，当前应重点打造城乡融通一体化网络基础设施，打造完备的村级政务、商务、文化、教育便民服务的信息平台，实现平台上整合涉农服务项目等。二是开发和完善信息技术服务保障系统。完善的信息技术需要完善的服务保障体系才能实现长久的运转。应加快农村地区宽带网络、移动通信网络覆盖建设步伐，开发适应每个乡村地区特点的信息技术、信息产品、信息应用和信息服务。不断根据实践发展需要，搭建各类数据服务平台，数据服务平台应包括完整的村级数据系统建设，即数据层、应用层和服务层建设。三是建造统一规范的信息共享和数据库。数字时代信息和数据能够实现畅通无阻的共享是最重要的，也是最难的。应逐步探索建立统一规范的乡村各类发展、各类服务的信息共享，实现乡村信息和数据的价值传递和交换。

（四）打造高质量的乡村经济，为社会主义核心价值观落地乡村提供强大的物质支撑

乡村文化的发展得益于乡村经济的发展和繁荣。历史唯物主义认为，经济基础决定上层建筑。社会主义核心价值观落地乡村需要以乡村经济的发展为支撑。当前，乡村经济在乡村振兴战略下备受关注，各省和各地区也根据各自的特点作出了有益的探索，但由于乡村经济发展薄弱，各方面基础设施落后，尤其是没有固定的特色乡村产业作为支撑，乡村经济仍然是制约乡村文化发展和繁荣的最重要的因素。在数字时代，大力发展乡村经济，应该将乡村数字经济与实体经济有机融合，充分利用数字技术为乡村经济发展赋能。一是要继续全方位大力发展现代农业。农业始终是乡村经济的根本，但新时代发展农业不能就农业而谈农业，而是要构建现代农业体系，推动第一、二、三产业融合发展，不断提高农业质量效益和竞争力，拓宽农民增收的致富渠道。乡村经济应该以现代农业为主，但也需要探索适合地区特色的乡村特色产业，让其成为现代农业的重要辅助。二是要不断深化农村改革。农村有了特色产业可以提高农民的经济收入，但是如何分配经济收入决定了有"多少钱"能够真正到农民的手里，农村保障问题也直接影响了农民的间接收入。因而，应在大力发展乡村经济的基础上，不断巩固和完善农村的

基本经营制度，继续深化承包地"三权分置"改革，探索宅基地"三权分置"实现形式，继续推进土地征收制度和农村集体经营性建设用地入市制度改革等，让乡村经济分配更加公平更有保障。三是大力发展乡村直播产业。众所周知，现在很多地区党委和政府都非常重视乡村直播产业的发展。实践证明，这一乡村经济发展模式是可行的。河北省乡村也可以探索和借鉴此种模式，根据自己乡村的特点大力发展具有品牌特色的乡村直播产业。

文明风尚篇
Civilized Custom Reports

以志愿服务参与河北基层社会
治理的成效与启示

尹 渊*

摘 要： 志愿服务参与基层社会治理既是推动社会治理体系和治理能力现代化的客观需要，具有重要的现实意义和时代价值，又是对中华优秀传统文化的继承和发展，具有深厚的历史和文化底蕴。近几年，河北省把"奉献、友爱、互助、进步"的志愿精神融入志愿服务活动，在基层社会治理中取得了一定成效，构建了志愿服务参与基层社会治理新格局，打造了志愿服务参与基层社会治理新平台，完善了志愿服务参与基层社会治理的模式，推动了志愿服务参与基层社会治理新探索，有助于激发社会组织和个人的创造活力，推动基层社会治理创新，提高基层社会治理效能。在新的历史发展阶段，我们要及时总结经验，查找、解决现实问题，推动管理的精细化，提高志愿服务整体活力；丰富志愿服务内容，打造志愿服务特色品牌；优化志愿服务队伍结构，提高志愿服务队伍素质；积极培育志愿精神，增强志愿服务社会认同。

---
* 尹渊，河北省社会科学院邓小平理论、"三个代表"重要思想和科学发展观研究所（精神文明建设研究中心）实习研究员，研究方向：思想政治教育。

关键词： 志愿服务　志愿精神　基层社会治理

习近平总书记在北京冬奥会、冬残奥会总结表彰大会上强调："要在全社会广泛弘扬奉献、友爱、互助、进步的志愿精神，更好发挥志愿服务的积极作用，促进社会文明进步。"[①] 扎实推进志愿服务活动是促进学雷锋活动常态化的重要途径，是弥补政府服务不足和市场服务缺陷，推进国家治理体系和治理能力现代化的重要支撑，是新时代培育践行社会主义核心价值观，营造良好社会风尚的有力手段。党的二十大报告又提出，要"完善志愿服务制度和工作体系"[②]，为大力弘扬志愿服务精神，推动志愿服务事业发展进步提供了科学指南和行动纲领。我们要深入学习习近平总书记关于志愿服务和社会治理的重要论述，贯彻落实党中央决策部署，立足实践，明确标准，查找问题，提出下一步推动志愿服务参与基层社会治理的对策建议。

一　志愿服务参与基层社会治理的实践成效

2022 年北京冬奥会志愿者成为本届冬奥会上的一道亮丽风景线，"小雪花"们活跃在冬奥会申办、筹办、组织乃至总结的各个进程的若干工作领域，不仅在冬奥会各个赛区发挥了重要的保障作用，而且在赛区之外的志愿服务还推动了基层社会治理的创新，这是河北省推动志愿服务参与基层社会治理的一个缩影。

近几年，河北省积极推动志愿服务活动在城市社区、农村等基层地区深入开展，全省各地取得了显著成效，构建起志愿服务参与基层社会治理新格局，打造了志愿服务参与基层社会治理新平台，完善了志愿服务参与基层社

---

① 习近平：《在北京冬奥会、冬残奥会总结表彰大会上的讲话》，人民出版社，2022，第 13 页。
② 习近平：《高举中国特色社会主义伟大旗帜　为全面建设社会主义现代化国家而团结奋斗——在中国共产党第二十次全国代表大会上的报告》，人民出版社，2022，第 45 页。

会治理的模式，推动了志愿服务参与基层社会治理新探索，有效地推动了基层社会治理的创新实践。

（一）党建联建社区，形成工作合力，构建志愿服务参与基层社会治理新格局

张家口市以志愿服务创新基层社会治理，在全市各县（区）打造社区和小区（楼院）党组织书记、楼长（党小组长）、邻里大管家、志愿者和县（区）直部门解题队伍"五支队伍"，并将基层志愿服务划分为"社区党组织—小区（楼院）党支部—楼栋党小组"三个层级，通过分层管理的方式方法，推动社区、小区（楼院）、楼栋层级化设格、专职化配员，构建形成党建、综治、城管等"多网合一、一网多能"的网格管理体系，确保基层堡垒在小区、党员服务在身边。截至 2022 年，就已有 2000 余名有能力、有威望、有热情的党员被推选为小区党支部书记，推选楼栋党小组长 1.6 万余名，5.7 万余名热心居民、教师、退休老同志选聘为邻里大管家，打通了"微治理"的神经末梢。

承德市高新区以滨河社区为试点，建立社区居家养老服务中心，通过政府购买服务、企业运营、社会参与的方式，打造"没有围墙"的养老院。组织辖区退休党员干部、退役军人和在校大学生成立"两老一少"（"两老"就是老党员、老军人等这些退休的身体比较好的老人，"一少"就是青年志愿者）志愿服务队伍，下设慰问、医疗、康复、文艺等 12 个学雷锋小组，既为老年人提供服务，又参与创建文明城市、绿色社区建设等为民服务活动。倡导"服务今天，享受明天"的服务理念，采取"时间储蓄"的方式，详细记录志愿者服务活动情况，存入志愿者"时间银行"个人账户，当志愿者年迈需要被照顾时，就可以从自己的账户中支取"时间"享受相应的服务。通过实行志愿服务积分制等激励措施，引导群众参与基层社会治理。

（二）整合服务资源，畅通社情民意，打造志愿服务参与基层社会治理新平台

石家庄市搭建"线上+线下"互通平台。线上依托"志愿石家庄"微信

公众号，社区居民进入公众号内的"我要求助"界面发布自身志愿服务需求，后台即可根据群众需求分类派单给志愿者，志愿者发挥自身特长，完成接单。线下依托社区学雷锋志愿服务站的阵地作用，通过接听求助电话登记需求或入户走访收集群众需求，及时精准提供服务。通过"线上+线下"的方式打造全市社区志愿服务精准对接平台，实现居民点单、平台派单、志愿者接单的全链条社区志愿服务。

唐山市丰润区成立由区委书记任总队长的区级志愿服务总队和专业志愿服务队，在区新时代志愿服务文明实践中心挂牌成立区志愿服务促进中心。以区志愿服务总队为龙头，以区直志愿服务分队、乡街志愿服务支队、村居志愿服务大队为骨干，以党员干部为引领，动员社会力量广泛参与志愿服务，形成面向农村、服务农民、活跃在群众身边的志愿队伍。着眼解决志愿服务"谁来干、干什么、怎么干"的问题，探索实施三级网格员主动联系群众，志愿服务项目年度总台账、月发布等机制，促进志愿服务高效运转。整合广电网络、融媒体、应急广播、大数据分析等资源，打造文明实践云平台和"一云五播"管理系统。依托云平台，建立群众点单、新时代文明实践中心（所、站）派单、志愿者接单、群众评单的运行机制，实现志愿服务的常态化、精准化。

（三）汇集民意民智，创新服务方式，完善志愿服务参与基层社会治理的模式

群众需要什么，志愿服务就提供什么。围绕群众最直接、最关心、最现实的利益问题，衡水市桃城区通过"创城热线""12319热线"等平台倾听民意、问诊痛点、疏通堵点。聚焦解决群众"急难愁盼"问题，开展以"点亮微心愿"为主题的志愿服务活动，党员干部走上街道、深入社区，广泛征集群众"微心愿""微诉求"，创新推出群众反映诉求"点单"、党员干部及时"接单"、联合相关部门为诉求"买单"的精准服务模式，推动志愿服务从"上菜"向"点单"的服务模式转变，让群众享受到了精准的志愿服务。

承德市双滦区设立邻里志愿服务驿站，为居民提供卫生保洁、家政服务、爱心帮扶、社区团购、快递代收代发、信息咨询六大项特色服务。邻里

志愿服务驿站设立心愿树，定期组织党员志愿者、辖区企业和社会爱心人士认领微心愿，已满足居民需求 60 余个。邻里志愿服务驿站以"有问题、有反馈、有解决"为宗旨，在志愿者与群众之间搭起了一座沟通的桥梁。2021 年，全区共有基层党组织进社区报到 104 个，在职党员（含入党积极分子）进社区报到 1927 人，80% 以上的基层党支部都与社区确定了共建项目。

（四）提高服务水平，打造志愿品牌，推动志愿服务参与基层社会治理新探索

邯郸市邯山区搭建以党建为统领、志愿者为主体、辖区商户资源为支撑、互惠互利为反哺机制的"志愿者联盟"新平台，提高辖区退休党员、热心群众以及大学生们参加基层社会治理的积极性。"志愿者联盟"由辖区的志愿者和志愿服务企业组成，参与社区公益活动或志愿者活动的居民可以到社区"志愿者联盟"登记，社区会给每位参与志愿服务的居民发放一个"爱心积分卡"，上面记录居民参与志愿服务的时间、服务项目、服务时长、服务积分及认定人等信息。街道在为辖区 589 名志愿者发放"爱心积分卡"的同时，还联合辖区千鑫美食林、德药堂药房等 50 多家企业和商户，共同组成志愿者企业联盟，为志愿者提供惠购等活动。截至 2021 年，全区共有50 余个"志愿者联盟"，注册志愿者已达 10.8 万人。

廊坊市安次区亿合社区创建志愿者孵化基地，成立以文艺骨干为主体的"舞动人生志愿服务队"，以社区党员为主体的"先锋先行志愿服务队"，以教师为主体的"春风化雨志愿服务队"，以共建单位为主体的"雷锋精神志愿服务队"，以未成年人为主体的"小豆丁志愿服务队"。根据不同队伍、不同年龄、不同特长进行专班培训，采取自学、互学、帮学的方式，加强各支队伍的理论素质、文化素质和思想道德素质，满足居民大众化和个性化的志愿服务需求。通过完善社区治理，亿合社区荣获 2020 年度全国"最美志愿服务社区"称号。

二 志愿服务参与基层社会治理取得成效的原因及举措

河北省坚持党建引领志愿服务，为志愿服务活动的开展提供了方向；搭

建志愿服务各类平台，为志愿服务活动的开展拓宽了渠道；完善志愿服务政策体系，为志愿服务活动的开展提供了保障；使志愿服务融入基层社会治理，确保了志愿服务活动参与基层社会治理的效能。

（一）坚持党建引领志愿服务，确保行动有方向

要想治理好基层社会，建强党组织是关键。在基层社会治理过程中，河北省以创新党的基层组织为手段，打造党在基层社会治理中的"战斗堡垒"，突出党建引领，强化志愿服务抓手，构建精准化、精细化、专业化、标准化的志愿服务体系，把党的组织优势转化为"看得见、管得着"的服务居民、造福居民的民心工程。比如在冬奥会筹办期间，来自河北大学、燕山大学、河北医科大学等高校的冬奥志愿者团队，通过成立临时党委、团委，发挥临时党支部、团支部作用，举行重温入党誓词、交流分享会、微课宣讲等各类主题活动，认真学习贯彻习近平总书记关于志愿服务的重要指示精神，以习近平新时代中国特色社会主义思想为指导，将习近平总书记关于志愿服务的重要指示、重要论述转化为冬奥志愿服务活动的行动指南，在实践中弘扬了志愿服务精神，保证了冬奥志愿服务活动始终保持正确的方向。

（二）搭建志愿服务各类平台，确保行动长效化

打造孵化培育平台，优化志愿服务队伍结构。以"双报到"活动为依托，广大党员干部下沉街道和社区，在志愿服务、基层社会治理中发挥先锋模范作用，优化了志愿服务队伍结构。机关企事业单位党组织和在职党员根据工作性质和专业特长，定期开展活动，提供形式多样的志愿服务，培树具有单位特色和个人特点的志愿服务品牌，将党组织战斗堡垒作用和党员先锋模范作用从"工作圈"延伸到"生活圈"，确保了志愿服务工作队伍的长期稳定。开展线上线下业务培训，推动志愿服务人才队伍建设。线下以宣讲为主要渠道，通过"流动课堂""田间课堂""板凳课堂"等形式，围绕群众关心的问题，把"书面语"变成"家常话"，用乡音传递"党音"，让培训效果入脑入心。线上借助"河北志愿服务网"，开设"志愿课堂"专栏，推

出"理论微课堂"，通过开展党史学习教育、通识培训、技能培训、主题讲座等，持续提升志愿者储备力量的志愿服务素质及服务水平。打造交流学习平台，提升志愿者综合素质。主要采取"擂台赛"的形式，借助主流媒体和新兴媒体，向全社会充分展示一些志愿服务活动中的好点子、好做法、好经验，选树一批榜样人物、先进事迹、典型案例，营造"比、学、赶、超"的浓厚氛围，在交流与竞争中不断提高志愿者的服务水平和能力。打造品牌志愿服务项目，实现志愿服务提质增效。每月从河北各地、省直有关单位计划开展的志愿服务项目中选取具有典型意义的志愿服务项目，并通过"河北志愿服务网"向全社会公开展示志愿服务活动重点项目，进一步激发了志愿服务的活力，推动了志愿服务在全省的普及发展。

（三）完善志愿服务政策体系，确保行动有保障

在志愿服务活动中，河北省不仅以《河北省志愿服务条例》为根本遵循，而且为《河北省志愿服务条例》中的细则制定了可操作的配套政策制度，为志愿服务活动的开展提供了可靠保障。比如省委组织部、省人社厅、省教育厅、共青团河北省委等多家单位出台政策，在评优评先、推优入党、职称评定、定向招聘等方面向冬奥会志愿者倾斜。印发《北京2022年冬奥会和冬残奥会河北省高校来源志愿者保障激励方案》，按照"一校一策"原则，团省委协调各高校制定主要解决志愿者学业保障问题的保障激励实施方案，明确志愿服务期间课程调整、成绩学分核算制度标准等。同时，推动各高校将冬奥会志愿服务与第二课堂相结合，将冬奥会志愿服务时长双倍计入第二课堂成绩单中。优先推荐冬奥会志愿者参加全省"青年马克思主义者培养工程"大学生骨干培训班并进行跟踪培养。这些举措是完善志愿服务政策体系的一次有益尝试。

（四）志愿服务融入基层社会治理，确保行动有效能

社区是基层社会治理的基本单元，志愿服务参与基层社会治理集中表现在对社区的服务中。河北省围绕关爱社区老年人、儿童、特殊困难群众，坚持问题导向，提供有针对性的志愿服务活动，精心梳理社区志愿服务事项清

单，开展社区志愿服务。完善需求调研、议事会和联系走访等制度，对接居民志愿服务需求，整合社区志愿服务资源，精准实施社区志愿服务项目。推进"五社联动""社工+志愿者"联动发展，对志愿者开展社会工作专业知识与技能培训，逐步提升志愿服务专业化、规范化水平，持续提高志愿服务力量参与基层社会治理的能力。

三　志愿服务参与基层社会治理存在的问题

如何弘扬好志愿服务精神，推动志愿服务成果转化，加快构建由政府主导、社会广泛参与的基层社会治理新格局，成为当前志愿服务事业创新发展的重要时代课题，其关键是要推动志愿服务参与基层社会治理向常态化、长效化发展。虽然我们在一些方面已取得了一些成效，但从整体、长远来看，志愿服务体制机制不完善、服务水平还不够高等问题依然存在，具体来说有以下几个方面。

（一）志愿服务动员的社会化有待提升

政府与志愿者、志愿服务组织是处理社会问题、解决社会矛盾、推进基层社会治理的两个不同主体，两者在基层社会治理中采取的方式方法不同、地位功能不同，理应各具优势。但是，从当前志愿服务参与基层社会治理的实践来看，志愿服务活动往往带有一定的行政色彩。从动员来说，志愿服务活动主要采取的是自上而下的行政化动员，志愿服务组织自发的活动较少；从运作来说，行政化运作较为明显，志愿服务组织自主性、社会性较为薄弱；从内容和目标来说，志愿服务活动更多的是与行政工作目标相挂钩，活动的开展反映的是对行政工作内容的完成。这反映出志愿服务管理工作的薄弱，以致政府与志愿者、志愿服务组织在基层社会治理过程中存在地位功能的界限模糊。

（二）志愿服务运作的项目化有待深化

通过"河北志愿服务"网查阅河北省 2021 年 1～12 月的志愿服务项目，

我们不难发现，志愿服务在内容上呈现"运动式"的特点，许多志愿服务项目仅围绕特殊的时间节点或重大事件开展。如临近春节，开展"小年暖心关爱"等志愿服务活动，关爱慰问不返乡务工人员、卡口站岗执勤人员、一线人员家属等；"3·5"学雷锋日期间，开展"雷锋在身边、志愿我当先""为奉献者奉献"等志愿服务活动，慰问孤寡老人、环卫工人，开展环境清理等。每到这些特别的日子，一些特殊人群便会享受到服务，平日里的相关服务活动却较少，呈现出节日志愿活动多、日常志愿活动少，应急志愿活动多、常规志愿活动少，同质志愿活动多、特色志愿活动少等问题，志愿服务项目的同质化，直接影响服务的效果，消磨志愿者的热情，造成志愿服务资源的浪费。

（三）志愿服务队伍的专业化有待增强

志愿服务活动的对象众多，包括老年人、未成年人、外来务工人员、下岗失业人员、残疾人和低收入人员等；志愿服务领域广泛，包括社会救助、慈善公益、优抚、助残、敬老扶幼、治安巡逻、减灾救灾、医疗卫生等。但就目前来看，由掌握专业知识理论、具有丰富服务经验的志愿者所组成的志愿服务队伍较少，这必然导致一些志愿服务队伍无法承担起应有的服务功能。

（四）志愿服务精神的引领力有待提高

志愿服务是一种无偿性质的公益活动，无数志愿者不求回报、甘愿奉献的行为孕育了志愿服务精神。但是，在日常的志愿服务活动中，仍存在一些人对志愿者志愿服务行为的不理解，甚至诋毁，志愿服务并未形成广泛的社会认同，反映了志愿服务精神引领力的薄弱。

四 推动志愿服务参与基层社会治理的对策建议

加快推动志愿服务参与基层社会治理，必须深入贯彻落实习近平总书记关于志愿服务工作和社会治理的重要思想和党中央决策部署、省委要求，坚持问题导向和效果导向相结合，大力弘扬志愿服务精神，发挥志愿服务在创新基层社会治理过程中的作用。

（一）推动管理的精细化，提高志愿服务整体活力

要围绕正确处理在基层社会治理活动中政府和志愿者、志愿服务组织的关系，不断"支持和发展社会工作服务机构和志愿服务组织，壮大志愿者队伍，搭建更多志愿服务平台，健全志愿服务体系"①，持续激发志愿服务整体活力，应把握以下三点。

一是组建专门统一的志愿者管理机构。鉴于目前志愿服务活动中存在的多方管理问题，以及行政部门和志愿服务组织、各个行政部门之间的关系界定不清、职责权限不明的现状，建议建立统一的志愿服务工作委员会，负责志愿服务活动的组织与管理，统一协调文明办、团委、民政等各个志愿服务管理部门的关系，进一步增强各个部门之间的统筹协调，增强志愿服务活动的计划性、有序性、自主性，避免志愿服务资源的浪费，提高基层社会治理效能。

二是促进志愿服务组织的规范化发展，营造志愿服务社会新风尚。明确行政部门的权责职限，规范扶持志愿服务组织的运作和行为，减少志愿服务运作过程中的行政色彩，鼓励政府部门参与志愿服务，发挥引领作用，推动形成全社会参与志愿服务的良好氛围。加快完善自下而上的沟通反馈机制，确保政府与志愿服务组织之间信息的互通有无，促进志愿服务组织的规范化发展。一方面有利于政府及时跟进志愿服务组织的需求，为政府有效指导志愿服务工作提供有力依据；另一方面便于志愿服务组织掌握信息，把握社会民众诉求，实现志愿服务资源的优化，提升服务的水平和质量。

三是创新社会化动员的方式方法，提高志愿服务社会参与水平。充分发挥互联网优势，形成高效、便捷的志愿服务活动。比如，"支教中国 2.0"利用互联网的超时空性，改变了以往传统的支教方式，使志愿者在兼顾日常

---

① 全国人民代表大会常务委员会办公厅编《中华人民共和国第十三届全国人民代表大会第四次会议文件汇编》，人民出版社，2021，第 180 页。

生活的同时，又可以开展志愿服务活动。河北在全国首创的"广电网络+志愿服务"新模式中利用网络改变了志愿服务分散化、碎片化、孤岛式局面，实现了志愿服务高效推进等。这些有益探索都极大地增强了志愿服务的社会属性，应加以借鉴，以进一步提高志愿服务参与社会治理水平。

（二）丰富志愿服务内容，打造志愿服务特色品牌

要紧紧围绕社会救助、慈善公益、优抚、助残、敬老扶幼、治安巡逻、减灾救灾、医疗卫生等志愿服务的重点服务领域，聚焦群众"急难愁盼"和社会广泛关注的问题，探索制定志愿服务项目清单，不断"培育志愿服务品牌，推动志愿服务项目化发展，搭建志愿服务供需对接平台，整合各方志愿服务资源回应群众需求"[①]。要坚持以下三点。

一是坚持服务主体的多样化。鼓励政府、企业、学校、群众等开展志愿服务活动，形成不同主体参与基层社会治理的强大合力，确保项目清单完成的力度。

二是坚持服务内容的多元化。通过走访、调研、座谈等方式，了解服务对象需求，根据服务对象的不同需求制定志愿服务清单。采取多样化的服务方式，坚持长期服务与短期服务相结合、单向服务和互助服务相结合、分散服务和集中服务相结合、定点服务和流动服务相结合等服务方式，确保项目清单完成的满意度。

三是坚持对志愿活动的定期问效。在每次志愿活动完成后，可以通过电话回访、上门回访、调查问卷等方式，及时了解志愿服务工作开展情况，形成工作成效的反馈。根据反馈，及时发现问题、整改问题，在不断思考、优化中打造志愿服务的特色品牌。

（三）优化志愿队伍结构，提高志愿服务队伍素质

"志愿服务是群众奉献爱心的重要渠道，要进一步健全应急志愿服务、

---

① 国务院研究室编写组编写《十二届全国人大五次会议〈政府工作报告〉辅导读本》，人民出版社，2017，第426页。

志愿服务激励嘉许、保险保障等制度，为志愿服务搭建更多平台，让奉献、友爱、互助、进步的志愿精神发扬光大。"① 需要不断优化志愿者队伍结构，提高志愿者队伍在社会活动中的影响力，使更多高素质人才参与到志愿服务活动中来，激发社会治理主体的活力，要求把握以下三点。

一是建立健全志愿者激励机制。要不断建立起多层次、多样化的激励制度。从精神激励层面来说，对表现优秀的志愿者进行表彰和认可，实现宣传和激励的双重目的；从物质激励层面来说，对参与志愿服务的人员进行物质上的奖励，除颁发证书外，建议重点给予奖金激励（奖金来源可采取"财政补贴+社会募集"的方式）；从服务激励层面来说，记录志愿时长，确定以时长换取积分的标准，积分与购物、出行、购房等惠民政策挂钩。

二是建立健全志愿者培训机制。鼓励成立第三方专业培训机构，对志愿者进行志愿服务宗旨目的、规章制度、行为准则等基础培训。组建由专业技能人员组成的培训队伍，提高志愿者的专业素养、技能水平等。培训方式不拘泥于课堂传授，还可以以座谈会、研讨会、实地体验等形式进行。

三是建立健全志愿者考核机制。政府部门要协助志愿服务组织制定科学的志愿服务考核机制，将志愿服务的时长、内容、评价等作为考核的一定依据，考核结果纳入社会工作求职、评优等考虑的范围。

（四）积极培育志愿精神，增强志愿服务社会认同

志愿文化以"奉献、友爱、互助、进步"的志愿精神为合理内核，志愿文化的基本价值观是社会主义核心价值观的重要组成部分。"只有在充分了解志愿精神的基础上，才能把志愿精神内化为自身行动的持久动力，自觉践行志愿活动，投身志愿事业。"② 因此，必须积极培育志愿精神，弘扬志愿文化，从而才能凝聚社会共识，推动社会治理。需要抓好以下两点。

一是构建完善的新媒体宣传阵地格局，大力弘扬志愿文化。新媒体的建

---

① 国务院研究室编写组：《十三届全国人大四次会议〈政府工作报告〉辅导读本（2021）》，人民出版社、中国言实出版社，2021，第357页。

② 张晓红：《论志愿服务教育》，人民出版社，2017，第90页。

设需要党、政府、公民和网络管理部门协同合作、同向发力。要整合政府网站、官方媒体平台以及部门（街道）、村（居）委会的官媒账号，形成协调配合的志愿文化宣传阵地格局。同时，试点指导街道社区成立志愿服务站（点）协同发声，探索开展抖音直播宣传志愿文化，努力构建多样化、立体化、全媒体的宣传体系，打通文化传播"最后一公里"，增强志愿服务的社会认同。

二是做好有关志愿文化的理论研究工作。阐释清楚志愿文化与中华优秀传统文化、志愿文化与社会主义先进文化的关系，深入挖掘志愿服务精神的深刻内涵，彰显志愿服务精神应有的价值和功能，帮助人们树立正确的价值观、人生观和世界观，不断提升人们对志愿服务精神的认同，激发志愿者热情，扩大志愿服务的规模，营造"我为人人，人人为我"的文明和谐社会风尚。

河北省电子读物社会主义核心价值观表达的现状、成效与问题

王少军*

摘　要： 电子读物是知识传承、文化传播和价值引领的重要载体。本文从电子读物的内涵、演进过程与社会功能入手，着重分析了河北省电子读物社会主义核心价值观表达的现状、成效与问题，并有针对性地提出了对策和建议，以求对增强社会主义核心价值观培育有所助益。

关键词： 电子读物　社会主义核心价值观　文化传播载体

阅读是人类获取知识、启智增慧、涵养精神、培育价值观的重要途径。党的二十大报告明确将"深化全民阅读活动"视为"提高全社会文明程度"，"推进文化自信自强"的重要举措，为新时代推动全民阅读创新发展提供了根本遵循和实践指引。随着数字信息技术、网络技术和智能技术的进一步发展，承载阅读的主要介质从传统纸质图书变成了电子屏幕，因此数字阅读成为人们的一种新的阅读方式，而电子读物成为网络时代、信息时代文化传播的主要载体之一，承载着社会主义核心价值观传播和培育的重要使命。深入研究河北电子读物的发展演化，剖析河北电子读物社会主义核心价值观的表达方式和表达效果，探索引导、推进、提升河北电子读物社会主义核心价值观的正确导向、传播效果的路径与对策，有助于推进河北社会主义核心价值观培育和践行，提升社会文明程度，赋能河北文化自信自强，助推河北经济文化新发展。

---
* 王少军，河北省社会科学院邓小平理论、"三个代表"重要思想和科学发展观研究所（精神文明建设研究中心）副研究馆员，研究方向：文化建设。

一 电子读物的内涵演进及社会功能

电子读物在丰富了社会主义核心价值观的传播形式，拓宽了社会主义核心价值观传播渠道的同时，超越了简单"读"的范畴，超出了"出版物"的限定，呈现出多样化的质态。电子读物也给社会主义核心价值观的培育带来了新的挑战。海量信息、庞杂内容、快速阅读等，不仅冲击着人们的视觉、听觉，而且也给人们对信息甄别、判断、选择带来难度，从而影响人们的价值判断、价值选择，影响社会主义核心价值观培育的效果。电子读物作为一种跨界事物，涉及信息、智能、出版等领域，因此各界人士并未对其形成一个统一的认识，专家、学者或从业者从不同的角度对电子读物作了不同的解析或概括。因此，研究电子读物社会主义核心价值观的表达及成效，有必要对电子读物的内涵加以界定，并从其产生发展的演进中考察其社会功能。

（一）电子读物的内涵及演进

鉴于当前对于"电子读物"并没有精准概括的事实，我们尝试借助于现有相关概念进行逻辑重构，即通过对"电子""读物"概念组合来理解和界定"电子读物"的内涵。读物，一般是指"供阅读的东西，包括书籍、杂志、报纸等"。[①] 因此，电子读物可以理解为书籍、杂志和报纸的"电子版"形式，即通过电子计算机或其他电子设备阅读的出版物。电子出版物就是将文字或图像通过电子计算机记录在磁盘或光盘上，需要时又通过电子计算机处理，在显示器屏幕上显示出来供人们阅读，并可将屏幕上显示的内容复制下来予以保存等。[②] 因此，对于电子读物，可以这样来进行描述：利用计算机制作，必须使用相应设备才能阅读的出版物。这是对电子读物在相对传统意义上的描述。

电子读物质态的演进，是与现代科学技术，特别是信息技术、网络技术

[①] 中国社会科学院语言研究所词典编辑室编《现代汉语词典》（第 7 版），商务印书馆，2016，第 322 页。

[②] 参见中国社会科学院语言研究所词典编辑室编《现代汉语词典》（第 7 版），商务印书馆，2016，第 296 页。

和智能技术的演进相联系的，随着现代科学技术的推进而出现了新发展样式。大体可以分为影印文字、电子书、网络原生图书和融媒体阅读等形式，体现了电子读物在不同阶段的发展变化。

20世纪70年代前后，因为图书、杂志和报纸印刷成本较高，而且不易携带，特别是一些珍本、孤本等具有文物保存价值的资料难以提供给大量学习者和研究者。一些图书馆、资料收藏者开始借助逐渐兴起的影像技术，把一些重要图书、杂志和报纸等通过专业设备扫描成为影印文件，既解决了重要文献的存储问题，又在某种程度上解决了这些文献的使用问题。因为影印资料相对于纸质资料具有易存储、便携带等特点，逐渐从图书馆、文献库等领域向社会各领域拓展，成为电子读物的最初形态。而20世纪90年代微型计算机的推广和普及，则加速了这一进程。计算机的宏量存储、便捷复制、快速传输，U盘、光盘等存储介质的便携性，图书、杂志、报纸等被扫描成为影印文件，人们借助计算机实现文献资料的查阅。当然，影印文件仅仅是便于携带而已，其主要来源于纸质的图书、杂志和报纸等，并没有完全摆脱对纸质媒体的依赖。而且影印文件的主要使用对象局限在具有一定知识基础的专业人员中。

20世纪90年代中期后，在人们对便携式阅读的渴求和微电子技术进一步发展的双重推动下，E-book（Electronic book）应运而生。E-book即我们常说的电子图书。它既是一种阅读器，也是一种新业态的信息传播方式，即借助电子阅读器、依托互联网，通过数字传载内容。E-book一经出现，便以体积小、易携带及人机互动性而受到人们的热捧，亚马逊公司的Kindle就是一个典型。但是，E-book尽管与图书、杂志和报纸等传统纸质媒体相较有着无比的优势。然而，它必须借助专用的设备才能实现阅读功能，价格高昂的硬件设备成为一个无法回避的现实问题。

当人类的步伐跨进21世纪，数字技术、网络技术和智能技术协同共进，手机、平板等智能终端的发展，破解了移动阅读的局限。人们通过手机、平板等智能终端实现了随时随地就可以浏览信息的愿望。在这些现代科技的共同作用下，网络原生图书自然生成，网络文学盛极一时，如起点网、榕树下等网络小说网站成为年轻人所钟爱的阅读网站。人们的阅读突破了时空的限制，即时、便捷、快速成为数字阅读的重要优势，一度曾有取代纸质阅读的苗头。

当前，世界正面临百年未有之大变局。在快速的社会节奏、突如其来的社会风险及不可预测的自然危机中，人们很难有时间静下心来，品味书香，浅阅读、快阅读、短阅读成为社会主流的阅读方式。人们迫切需要在较短时间内从海量信息中检索到对自己有用的东西。因而，以智能终端为载体，融文字、图片、音频、视频等多元素为一体的新媒体阅读得以快速发展。以视觉、听觉等感官刺激为主要手段的阅读方式，不仅进一步摆脱了地域、时空的限制，而且挣脱了前摄知识、文字素养的限制，只要你拥有一个智能终端，就可以通过视频等现场演示的方式进行学习和娱乐。在现代社会，以电子读物为主要内容的数字阅读成为我们猎取信息、休闲娱乐、纾解心绪的重要方式。

（二）出版物的社会功能

在人类社会发展的历程中，虽然文字以不同的形式存在着，但从甲骨卜辞、青铜铭文到竹简石刻，从纸质媒体到今天不断变化的电子出版物、网络出版物，文字基本的社会功能并没有发生根本性的改变。纵观人类文明发展的历史，出版物主要发挥着以下六个方面的社会功能。

1. 文化传承

作为语言和信息的重要载体，无论是传统出版物还电子读物，文化传承都是其重要功能。文化不仅是现实生活的写照，而且是历史的沉淀。在长期的发展过程中，人类创造的知识、经验经过历史的累积和沉淀，以文字、符号、照片、图表等形式记录和保存下来，原生态地描述人类社会生活的变迁和科学技术的发展，帮助人们了解历史、传承知识、总结经验，使中华民族的文化薪火不断、生生不息。

2. 教育功能

出版物本身就是知识的载体，阅读是人们获取知识、了解世界、改变自我的重要方式和途径。在这个过程中，出版物发挥着重要的作用。中国古代世家门阀制度就是基于知识垄断而形成的，也正是因为造纸术、印刷术的发展而逐步消解，阅读不仅培育了社会发展需要的人才，而且也填平了因出生不同而造成的身份鸿沟，用知识改变命运，成为社会阶层流动的重要途径。

3. 价值引领

出版物是文化传承、知识传播和科学创新的重要载体，也是意识形态、价值观念、舆论传播的重要阵地，更是坚持文化自觉和文化自信的平台，在传播进步思想和先进文化、促进社会变革与发展、引领社会前进的方向等方面发挥着重要作用。因此，要坚持正确的出版方向，坚持以人民为中心的工作导向，坚持正确的政治导向和唯物辩证思想、科学态度、科学作风的导向，宣传国家的方针、政策和法令，以及报道社会和科学技术的新动态、新趋势，讲好中国革命、建设、改革和发展的故事，总结科学创新、理论创新、体制创新的经验，发挥"为国立心、为民立魂"的价值引领作用，以社会主义核心价值观统领文化建设，注重用社会主义先进文化、革命文化、中华优秀传统文化培根铸魂，培育社会主义优秀建设者和合格接班人。[①]

4. 引导舆论

社会舆论是社会生产生活中民情民意的反映，社会舆论是一种客观存在，同时，它又是可以被创造、被疏通、被引导的。出版物是引导社会舆论的一种重要手段和途径。当前世界局势变化深刻，出版物必须注意抵御西方舆论导向的侵袭，引导正确的社会舆论方向。"毒教材"事件既是一个值得警惕的现象，也为出版行业敲响了警钟。

5. 思想智库

科学研究的成果只是通过逻辑分析、实证研究和科学实验所获得的新认识、新方法、新技术、新发现、新发明和新成果，要想将其转化为现实的生产力，就需要获得社会的认可。而获得社会认可的前提则是必须被社会了解、承认、试验、应用或推广。出版物作为专业知识、研究成果的承载物，为学者、政府、企事业单位等了解和认识最新理论成果或科研成果提供了重要平台，成为政府和企事业单位决策、实施的"智库"，为社会发展提供了智力支持。

---

① 《（受权发布）中共中央关于党的百年奋斗重大成就和历史经验的决议》，新华网，2021年11月16日，http：//www.xinhuanet.com/politics/2021-11-16/c_ 1128069706.htm。

6. 休闲娱乐

全面建成小康社会目标的完成，使人们的衣食住行等简单的生理需要基本得到满足，人们期待和向往更加美好的生活，从追求简单物欲到追求高品质的生活，休闲娱乐等逐步进入普通家庭。一些提供生活技巧和娱乐的网站或媒体平台悄然进入出版领域，如以汽车、钓鱼、烹饪、服装、百科、旅游等为主题的出版物大量涌现即是明证。这些出版物不仅指导人们更好地享受生活，而且以各种形式陶冶人们的思想情操、丰富人们的闲暇时间、提高人们的生活质量，促使人们走向、接近并最终实现一种"诗意的栖居"①。

电子读物作为出版物的一种，除了具备上述社会功能外，也存在消极方面。互联网开放式、共享式的阅读渠道也使得各种流言、淫秽、暴力、隐私、泛娱乐化甚至低俗的内容得以传播，阅读内容海量的同时也造成了信息冗杂、良莠不齐的局面，这些内容虽然迎合了某些读者的口味和偏好，满足了一部分读者群体的低级趣味，但可能会给某些社会群体带来误导，造成审美情趣降低、价值取向偏差，甚至导致道德行为失范、发生犯罪行为等严重后果，影响社会安定和谐，破坏社会秩序。因此，在发挥电子读物文化传承、价值引领、休闲娱乐等功能的同时，必须高度警惕并尽可能限制电子读物中不良信息的消极作用。

二　河北电子读物社会主义核心价值观的
表达现状、成效与问题分析

在信息数字化时代，电子读物的发展已经成为一个不可逆转的潮流和趋势，其在社会主义核心价值观培育与践行中发挥着重要作用。深入考察河北省电子读物社会主义核心价值观表达的现状、成效与问题，是探索推进河北社会主义核心价值观培育，提升社会文明程度的基础和前提。

（一）河北省电子读物的发展状况

近几年，河北省互联网发展迅速，网民规模不断增大，特别是移动端应

---

① 叶秀山：《何谓"人诗意地居住在大地上"》，《读书》1995 年第 10 期。

用的用户比例不断提高。《2021 年度河北省互联网发展报告》统计数据显示，到 2021 年底，全省网民规模达到 5468.9 万人，全年新增 186.5 万人，较 2020 年增长 3.5%。网民普及率为 73.3%，高于全国网民普及率 0.3 个百分点。其中，城镇网民占全省网民的 62.6%，农村网民占全省网民的 37.4%。全省固定互联网宽带用户规模不断扩大，到 2021 年底，达到 2796.9 万户，居全国第七位，全年新增 262.5 万户，同比增长 10.4%。2021 年，河北省移动互联网用户总数达到 7512.5 万户，居全国第六位，全年新增 408.5 万户，同比增长 5.8%（见图 1）。①

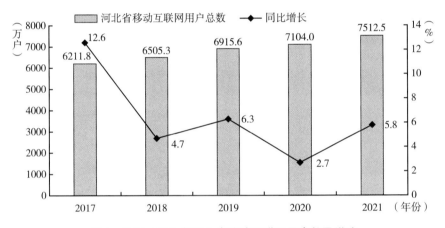

图 1 2017~2021 年河北省移动互联网用户数及增速

资料来源：河北省通信管理局、河北省互联网协会：《2021 年度河北省互联网发展报告》，河北省互联网协会网站，2022 年 5 月 16 日，http：//www.heis.org.cn/webMsg.action？tm =msgInfo&busiModel=5000&qMsgId=xxwh4b0b5f018cb4。

截至 2021 年，全省网民年龄主要集中在 18~40 岁，占比达 51.6%。其中，31~40 岁的网民占比最高，为 20.0%；41~50 岁网民占比为 17.9%；18~25 岁网民占比为 16.3%；18 岁以下和 40 岁以上的网民占比分别为 13.2%、35.3%。全

---

① 河北省通信管理局、河北省互联网协会：《2021 年度河北省互联网发展报告》，河北省互联网协会网站，2022 年 5 月 16 日，http：//www.heis.org.cn/webMsg.action？tm = msgInfo& busiModel =5000&qMsgId=xxwh4b0b5f018cb4。

省网民以中青年群体为主，互联网逐渐向中老年群体渗透的趋势愈发明显。①

报告中还专门对网民阅读类应用使用情况进行了统计和分析，多数阅读集中在一些网络文学性平台。（见图2、图3、图4、图5）

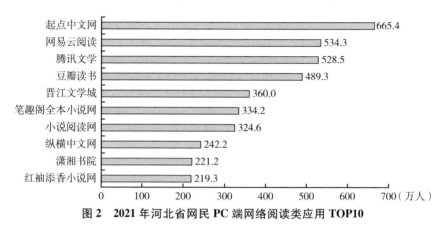

图2 2021年河北省网民PC端网络阅读类应用TOP10

资料来源：河北省通信管理局、河北省互联网协会：《2021年度河北省互联网发展报告》，河北省互联网协会网站，2022年5月16日，http：//www.heis.org.cn/webMsg.action？tm＝msgInfo&busiModel＝5000&qMsgId＝xxwh4b0b5f018cb4。

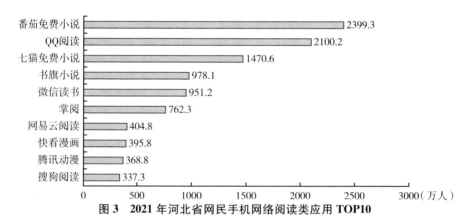

图3 2021年河北省网民手机网络阅读类应用TOP10

资料来源：河北省通信管理局、河北省互联网协会：《2021年度河北省互联网发展报告》，河北省互联网协会网站，2022年5月16日，http：//www.heis.org.cn/webMsg.action？tm＝msgInfo&busiModel＝5000&qMsgId＝xxwh4b0b5f018cb4。

① 河北省通信管理局、河北省互联网协会：《2021年度河北省互联网发展报告》，河北省互联网协会网站，2022年5月16日，http：//www.heis.org.cn/webMsg.action？tm＝msgInfo&busiModel＝5000&qMsgId＝xxwh4b0b5f018cb4。

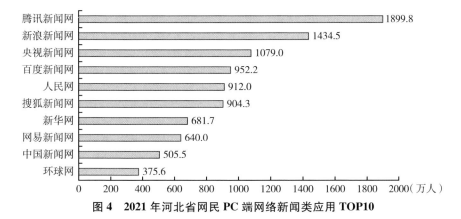

图4　2021年河北省网民PC端网络新闻类应用TOP10

资料来源：河北省通信管理局、河北省互联网协会：《2021年度河北省互联网发展报告》，河北省互联网协会网站，2022年5月16日，http：//www. heis. org. cn/webMsg. action？tm=msgInfo&busiModel=5000&qMsgId=xxwh4b0b5f018cb4。

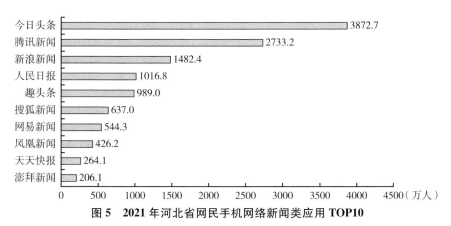

图5　2021年河北省网民手机网络新闻类应用TOP10

资料来源：河北省通信管理局、河北省互联网协会：《2021年度河北省互联网发展报告》，河北省互联网协会网站，2022年5月16日，http：//www. heis. org. cn/webMsg. action？tm=msgInfo&busiModel=5000&qMsgId=xxwh4b0b5f018cb4。

　　上述数据虽然没有直接描述河北省电子读物的发展状况，但这些数据却侧面折射出河北省网络阅读、数字阅读的大体情况。特别是我们如果把视频类阅读也概算到电子读物中的话，那么这个数据可能会更加可观。另外，出于统计角度的不同，河北省电子读物还应该包括省内出版集团出版的数字图书、报纸及学术期刊电子平台、数据库，各级各类图书馆中的数字资源等。

因此，河北省电子读物总体来讲，发展迅速、数量庞大，既是人们获取知识、了解信息的重要途径，又是培育社会主义核心价值观的重要平台。

（二）河北电子读物社会主义核心价值观表达的成效分析

电子读物作为出版物的特殊形式，自然也应该承担起出版物的职能和职责。《出版管理条例》第三条规定，出版活动必须"传播和积累有益于提高民族素质、有益于经济发展和社会进步的科学技术和文化知识，弘扬民族优秀文化，促进国际文化交流，丰富和提高人民的精神生活"。[1] 国家新闻出版总署《期刊出版管理规定》第三条也作出类似规定，期刊出版必须"坚持正确的舆论导向和出版方向，坚持把社会效益放在首位、社会效益和经济效益相统一的原则，传播和积累有益于提高民族素质、经济发展和社会进步的科学技术和文化知识，弘扬中华民族优秀文化，促进国际文化交流，丰富人民群众的精神文化生活"。[2] 中共中央宣传部、教育部、科技部印发的《关于推动学术期刊繁荣发展的意见》指出，学术期刊要"坚持高举旗帜、服务大局。坚持马克思主义在意识形态领域的指导地位，深入学习宣传贯彻习近平新时代中国特色社会主义思想，增强'四个意识'，坚定'四个自信'，做到'两个维护'，充分发挥学术期刊独特作用，提高学术期刊围绕中心、服务大局能力，为社会主义现代化建设提供强大精神动力和智力支持"。[3]

现在电子读物的发展总体上是符合国家出版目标和规范的，特别是能够在社会主义核心价值观培育中发挥应有的作用。具体体现在以下五个方面。

1. 凸显价值引领

《中共中央关于党的百年奋斗重大成就和历史经验的决议》中指出，"党坚持以社会主义核心价值观引领文化建设，注重用社会主义先进文化、

---

[1] 《出版管理条例》，中华人民共和国中央人民政府网，2020年12月26日，http：//www.gov.cn/zhengce/2020−12/26/content_ 5574253.htm。

[2] 《期刊出版管理规定》，国家新闻出版署官网，2021年12月9日，https：//www.nppa.gov.cn/nppa/contents/770/103254.shtml。

[3] 《中共中央宣传部 教育部 科技部印发〈关于推动学术期刊繁荣发展的意见〉的通知》，2021年6月23日，http：//www.nppa.gov.cn/nppa/contents/312/76209.shtml。

革命文化、中华优秀传统文化培根铸魂"。①电子读物作为文化传播的重要载体和媒介,不仅在内容上凸显社会主义核心价值观,而且也坚持以社会主义核心价值观培育人才,引领社会经济和文化发展。

从目前河北省电子读物的内容上来看,一些大型新闻类网站、学术期刊电子平台等以新闻为主要内容,宣传党的路线、方针和政策,以及宣讲社会良好的风貌,能够发挥价值引领的作用。比较典型的如"长城网"等政府性新闻网络平台。

2. 彰显政治方向

当今世界正经历百年未有之大变局,各种社会风险和潜在危机都影响着中国特色社会主义事业的发展。坚持正确政治导向,不仅是哲学社会科学的责任,而且是整个社会的责任。作为文化和意识形态传播的物质形态,各类出版物都必须坚持正确的宗旨,坚持中国特色社会主义发展方向,紧扣时代脉搏,引领社会发展。

从河北省电子读物的实际运营状况来看,坚持马克思主义指导地位,坚持"四个意识"、坚定"四个自信"体现在大多数出版物的出版宗旨中。如《河北日报》阐述河北发展规划、政策与发展方向,刊载河北最新发展动向等。一些学术期刊的数字平台,如《河北学刊》以"传承学术文化,繁荣社科研究,推出探索性、前沿性、原创性科研精品"为办刊宗旨,形成了关注国内外最新社会科学理论热点和重大学术问题的办刊特色。《河北师范大学学报》(教育科学版)明确提出"坚持正确的政治方向和办刊宗旨"等,始终坚持社会主义期刊为人民服务、为社会主义服务的方向。而且这些期刊从内容选取上也确实坚持了这一方向,承担着服务经济社会发展、激发创新意识、培育科学精神的重要使命。

3. 引导社会舆论

电子读物是社会舆论的重要传播载体和意识形态工作的重要阵地。河北

---

① 《(受权发布)中共中央关于党的百年奋斗重大成就和历史经验的决议》,新华网,2021年11月16日,http://www.xinhuanet.com/politics/2021-11/16/c_1128069706.htm。

省主要出版单位、电子出版物大多都能在坚守学术准则的同时，紧扣时代发展，做好舆情传播工作，主动承担起"为国立心、为民立魂"的使命，坚持马克思主义在意识形态领域的指导，用马克思主义的立场、观点、方法来分析和解决问题。从"长城网"、《河北日报》及社会科学类学术期刊电子平台的一些代表栏目和文章来看，都始终坚持这一要求，牢牢守住意识形态工作的阵地。在社会科学类期刊中开设马克思主义理论、思想政治教育的专题栏目，更有专门论述当前热点问题的栏目，如生态发展、网络意识形态、新发展理念等，对河北营造和培育风清气正的社会舆论环境、引导舆论发展方向起到了积极作用。

4. 助力文化建设

进入新时代，党和国家高度重视社会主义文化建设，从为实现中华民族伟大复兴的中国梦提供思想保证、精神力量、价值支撑的战略高度，提出了坚定文化自信、加快建设社会主义文化强国等战略设计。党的十九届五中全会则进一步把"建成文化强国"纳入"2035年远景目标"。[1] 党的二十大报告中专题描绘了"推进文化自信自强，铸就社会主义文化新辉煌"[2] 的壮美篇章。

电子读物是文化传播、文化教育、文化繁荣的重要载体。河北电子读物在数字赋能经济社会发展中发挥了重要的引领作用，在改变河北文化生态、催生新兴文化业态、变革文化生产方式、繁荣文化市场、深化全民阅读活动、提升社会文明程度等方面发挥着重要作用。

5. 传播形式多样

电子读物集文本、图片、视频为一体，不仅突破了传统信息传播单一化的模式，而且也超越了知识文化基础的限制，通过各种丰富多彩的形式、人民喜闻乐见的话语，来阐释和解析社会主义核心价值观的内涵和要求，通过

---

[1] 《中华人民共和国国民经济和社会发展第十四个五年规划和2035年远景目标纲要》，中华人民共和国中央人民政府网，2021年3月13日，http://www.gov.cn/xinwen/2021-03/13/content_5592681.htm。

[2] 习近平：《高举中国特色社会主义伟大旗帜 为全面建设社会主义现代化国家而团结奋斗——在中国共产党第二十次全国代表大会上的报告》，人民出版社，2022，第42页。

现场表演、视频示范切实加强了人们的心理感受，增强了对人民群众社会主义核心价值观的教育。

（三）河北电子读物社会主义核心价值观表达存在的问题透析

电子读物的便捷、即时、互动等优势，使其在社会主义核心价值观的表达上比传统纸质读物更具吸引力。但是，正如硬币具有两面，电子读物同样在社会主义核心价值观表达上存在着无法避免的问题。

1. 价值多元消解了社会主义核心价值观的权威性

目前，我国新闻出版部门严格管理纸质读物，特别是图书、报纸和杂志的出版发行。一般来讲，这些读物都必须履行严格的审批程序，需要经过编辑的一审、二审等，上报主管部门和新闻出版管理机构审核，确证无误后才可以出版发行。

相对而言，网络信息发布则无须经过这么严格的审核。除了一些比较正规的大型新闻网站或平台，能够严格履行信息发布审核程序外，其他网站或平台则审核相对宽松。因此，一些平台发布的内容中有意或无意携带或掺杂着多元的价值观念和倾向，如历史虚无主义、拜金主义、消费主义等。海量的网络信息和多元的价值选择冲击，导致一些网民理想信念动摇、价值观念模糊、价值判断和价值选择弱化，冲击着社会主义核心价值观的主体地位。

2. 话语自由削弱了对社会主义核心价值观的认同

传统纸媒时代，信息传输是单向度的，阅读者仅仅是信息的受众，通过单向信息传输或价值灌输来接受价值观念。在这一培育模式中，话语权掌握在培育者或信息传播者的手中，价值或信息的权威性保障了受众对价值观的认同。

电子读物的数字阅读模式带有典型的开放性和交互性，在某种意义上改变了阅读者的身份。与传统阅读方式不同，网络阅读平台或智能终端不仅为每一个读者提供了阅读资源，而且给每一个读者提供了"麦克风"，使读者在阅读的同时可以随时以评论的方式表达自己的思想观点，这就意味着不同的价值观念都可以"发出声音"。个人价值观念得以自由表达，一方面调动了人们参与话语表达的积极性，另一方面也在一定程度上削弱了电子读物这一社会主义核心价值观传播渠道的影响力。

3.功利化追求弱化了社会主义核心价值观培育的目标

与传统媒体不同，电子读物的收益来自客户的点击量和下载量。一些平台为了"圈粉"，往往采用过度商业化的运营模式，比较突出的主要有以下几种方式。一是标题党，为了吸引读者关注，人为篡改标题或"带节奏"，发布一些所谓的热点话题或搞花边新闻；二是根据读者心理关切，把读物内容进行切割，以"欲知后事，且听下回分解"的手段来吸引读者，造成读物内容"碎片化"；三是迎合社会歪曲心理，以不良手段吸引读者。这一功利化的追求，无形中分解弱化了电子读物社会主义核心价值观培育的目标。

4.碎片化阅读弱化了社会主义核心价值观培育的功能

传统纸媒的阅读过程，是读者与作者思想交流、碰撞、共鸣、思辨的过程。因而，阅读是一个思想重建和意义生成的过程，读者通过价值判断和价值选择，重构并逐步形成自我相对稳定的价值观念或观念系统。

而在现代快节奏的社会生活中，人们面对海量的信息，连信息的甄别和选择的时间都不是很充足，短小精悍的信息片段成为人们阅读的首选。现代信息技术、网络技术和智能移动技术的发展，为信息"碎片化"提供了技术支撑，人们据己所需，即时借助智能终端获取知识，"有事儿问度娘"已成为一些人的惯常行为。而百度经验、百度百科、新浪爱问等网络平台及悟空问答、师兄帮帮、搜题君等 App 的大量涌现，极大地便利了人们对自己所需知识的检索和快速获取，无须进行深入思考和验证。

值得我们注意的是，这种信息的碎片化不是基于知识本身的逻辑而形成的，往往是人们出于某种主观目的而进行的人为分割。从社会意义来讲，特定价值观念都是以特殊社会情境或语境为支撑的，对某些观念或价值标准的人为分割，有意或无意地扭曲了作者或文本原意，产生歪曲的理解或认识，造成价值选择的偏差。所以，碎片化信息导致人们的阅读和思考方式发生变化，对人类的情感、性格、思维及价值培育都会产生影响。

5. 语言的范本化淡化了人们对社会主义核心价值观的兴趣

电子读物与其他读物一样，需要用生动的语言来进行叙事和描绘。但是，大量新闻类网站或平台，没有超越传统媒体的语言窠臼，习惯于讲"官话""套话"，在人们需求多样化的时代，仍然保持所谓用语"规范化"、格式"标准化"、内容"范本化"，千篇一律，使人读之无趣，从而淡化了人们学习和理解社会主义核心价值观的兴趣。

6. 过度娱乐化影响着社会主义核心价值观培育的效果

在阅读大众化的时代，读者更倾向于选择比较短的文本、直观的图片或视频来阅读和观看，以期用少量时间成本获取更大量的信息。人们对阅读的感知，由平面、单向转变为融合画面、文字、视频、互动功能的视觉、听觉、触觉等立体感知，阅读愉悦感增强了，阅读形态娱乐化在日常生活中屡见不鲜。阅读的目的不再是单纯的获取知识和增长智慧，在某种程度上成为新形态的娱乐休闲和心理放松的方式。当前，"戏说"和穿越影视作品、网络文学的兴起与流行，实质上就是对阅读"娱乐化"过度追求的现实回应。电子读物的过度"娱乐化"，极容易造成历史虚无主义，甚至对历史和文化"恶搞"，近年来一些"神剧"的出现，影响了社会主义核心价值观的培育效果。

三　提升河北电子读物社会主义核心价值观表达的对策建议

在全民阅读成为提升社会文明程度、共享社会文化成果重要途径的今天，如何在发挥电子读物便捷、即时、交互性优势的基础上，依托网络信息存储、传输的特点，提升电子读物在社会主义核心价值观培育上的成效，需要我们深入探索和研究。根据河北省电子读物发展的现实状况和存在的问题，建议从如下三个方面进行考虑。

（一）加强对电子读物的引导和管理

当前，电子读物方兴未艾，渐成不可阻挡之势。单纯对其进行限制或约束难以有效解决问题。因此，要发挥社会主义制度的治理优势，通过行政、法律等手段，加强对电子读物的引导和管理。

首先，加强行政制约。电子读物的健康发展离不开有效的行政制约。因此，与之相关的各级行政部门，如新闻出版、工业与信息、公安、教育等，要依据管理职责制定相应的行政法规，加强对网络平台、文化市场的指导、规范和监督，如建立备案登记制度、信息发布审核制度等，并对违反规定的行为进行有效惩戒。

其次，完善法律规范。任何社会都需要法律的规范。电子读物作为出版物的特殊形态，自然也需要法律的规范和指导。因此，应该加快电子读物管理的立法，建立健全整治、规范电子读物的法律法规，保障电子读物健康有序发展。

最后，进行有效监督。政府部门必须通过全媒体宣传国家的大政方针，要求各媒体发送权威性的信息，对社会信息进行有效的引导；各家媒体平台必须建立内部监督管理体系，要确保信息发布的真实、健康、合法，组成严格的内容审核部门，建立连带性的监督管理体制，由省网信办进行监督实施。

（二）加强体制机制创新，提升电子读物质量

1. 坚定出版宗旨

作为国家知识传承、文化传播和价值引领的重要载体，电子读物同样需要遵守国家出版管理的要求，确立明确的出版理念，坚持以人民为中心的服务宗旨，真正服务读者。在具体实施中，要切实履行出版职责。新闻出版管理部门和宣传部门必须严格审核出版内容。

2. 强化编辑职业素养

建立和培养一支学术道德优秀、职业素养水平高的编辑队伍，是提升电子读物质量的关键。因此，必须严格编辑人员的选聘制度，把业务精、专业强的人员纳入编辑队伍，并且不断强化编辑人员职业道德，不断加强职业教育培训。同时，重视对编辑人员的人文关怀，提高编辑人员的待遇，改善其

工作条件，可根据工作性质试行弹性工作制。

3. 严把选稿用稿质量关

电子读物的质量取决于稿件的质量，即选用发表成果的质量。稿件质量是电子读物质量的基础。从实践来看，只有坚持严格的选用稿件的标准，所发表的成果才能是顶级的原创性、前沿性成果。因此，电子读物在选用稿件时也要注重稿件质量，注重成果的思想性、创新性，语言的生动性、趣味性。因此，必须建构严格的选用稿件流程，推行专家外评、盲审制度等，减少学历、职称等人为设置的非学术因素的影响，尽量避免把一些"人情稿"，甚至"水稿"编辑入选，以免影响电子读物的质量，降低社会影响力。

（三）加强网络管理，净化网络环境

互联网作为新时代的基础工具，已经深深地影响着人们的工作、学习和生活。因此，恢复和净化网络环境已成为互联网行业亟待解决的问题。

1. 推行互联网实名制

网络阅读中不良信息传播的主要原因就是网络信息传播具有隐匿性。部分电子读物正是由于网络的匿名特性，摆脱了道德和法律的规范和限制，甚至制造网络暴力却没有得到有效惩处。因此，网络实名认证能够规范网民言行，有效整治网络暴力，净化网络环境。

2. 创新网络治理体系

随着中国互联网的发展和普及，今天的中国业已成为一个高度网络化的社会，信息流、知识流等大都以互联网为载体，带来了媒体、经济、文化、社会等各方面的繁荣发展，引发了出版物形态的变迁，推进了电子读物的发展。因此，需要一套运行有效的网络治理体系加以规制，以形成良好的网络秩序。逐步构建以网络安全法为基础、以行政法规为主体、以部门规章为支撑的法律法规体系，涵盖网络内容、信息服务、网络安全、网络技术等方面的网络综合治理制度体系，推动互联网在法治轨道上健康运行。

3.有效避免不良文化的消极影响

网络的开放性带来了文化的多元化。从总体上看，多元文化冲突有利于文化融合和交流，有利于吸收世界优秀文明成果，开阔视野，推动本国政治、经济、文化、社会的发展。但是，文化的多元冲击也带来了极大的负面影响。一些腐朽文化往往以网络媒介为其传播的工具。因此，在信息时代，更要警惕不良信息、腐朽文化的消极影响。要通过政府加强监管，阻止腐朽文化的传入；要对网络媒体的文化进行分析、鉴别和筛选，取其精华、弃其糟粕，为我所用；要正确引导公众提高对不良信息和腐朽文化的警惕性，自觉抵制腐朽文化，营造健康的网络生态环境。

总之，"互联网+阅读"的电子读物使获得海量信息资源成为可能，也对培育社会主义核心价值观、提升社会文明程度带来新的挑战。因此，要使电子读物实现健康发展，切实发挥其价值引领作用，不仅需要党和政府的监督和引导、规范，而且需要不断提升电子读物的质量，只有坚持弘扬家国情怀、传播主流价值、增强文化魅力、汇聚教育合力，内化"铸阵地、增给养、重引导、强践行"的培育路径，才能够真正为社会主义核心价值观的表达守正赋能。

参考文献

习近平：《决胜全面建成小康社会 夺取新时代中国特色社会主义伟大胜利——在中国共产党第十九次全国代表大会上的报告》，人民出版社，2017。

习近平：《高举中国特色社会主义伟大旗帜 为全面建设社会主义现代化国家而团结奋斗——在中国共产党第二十次全国代表大会上的报告》，人民出版社，2022。

余效诚：《数字读物论：论公众学习效率反馈模式的变革》，中国社会科学出版社，2013。

国家统计局：《中国统计年鉴》，http：//www. stats. gov. cn/tjsj/ndsj/。

《2010-2019年全国图书、期刊及报纸的出版种数和总印数统计》，华经情报网，2020年10月25日，http：//huaon. com/channel/distdata/657977. html。

推进移风易俗　培树时代新风

——河北省以移风易俗培育和践行社会主义
核心价值观的实践调查

段小平*

摘　要： 移风易俗是推进社会主义精神文明建设的重要内容，也是培育和践行社会主义核心价值观的有效举措。面对"天价彩礼""攀比成风"等农村不良社会风气，河北省坚持以社会主义核心价值观为引领，把移风易俗作为厚植淳朴民风，涵育文明乡风的主要载体，采取宣传教育、典型示范、制度规范等多种手段，引导群众摒弃陈规陋习，引导群众将社会主义核心价值观内化于心、外化于行，加快建设和谐美丽乡村。本文围绕河北省各地推进移风易俗、涵育社会主义核心价值观的做法，分析了当前农村移风易俗面临的主要问题，提出了涵育社会主义核心价值观的对策建议。推进移风易俗是培树文明乡风的重要举措。《中共中央 国务院关于实施乡村振兴战略的意见》明确要求，加强农村思想道德建设，开展移风易俗行动，培树文明乡风。进入新时代，推进移风易俗，弘扬社会主义核心价值观，是加强农村社会主义精神文明建设的迫切需要，也是巩固拓展脱贫攻坚成果、推动实现共同富裕的需要，更是赓续中华优秀传统文化、保障农民过上幸福美好生活的内在要求。

关键词： 移风易俗　社会主义核心价值观　河北省

---

* 段小平，河北省社会科学院财贸经济研究所副所长、副研究员，研究方向：思想政治教育。

一 充分认识推进移风易俗
弘扬社会主义核心价值观的时代意义

（一）移风易俗是加强农村精神文明建设，涵育文明乡风的迫切要求

民族要复兴，乡村必振兴。全面推进乡村振兴，产业兴旺是基础，乡风文明是保障。农村作为传统的"熟人社会"，人情往来不可避免。农村婚丧嫁娶的互帮互助，原本应是和谐和美乡村社会交往的重要内容，但农民收入水平逐渐提高以后，受盲目攀比、传统思维等多种因素影响，农村"高价彩礼""奢侈婚礼""豪华丧葬""随礼攀比"等不良风气愈演愈烈，"考学宴""暖房礼""寿星宴""满月宴"等人情往来名目繁多，农民被迫跟风。有的人情往来名目甚至成为少数人敛财谋利的手段，严重脱离了正常的"礼尚往来""互帮互助"的理性水平，脱离了农民生产生活的实际水平。所谓的人情往来使农民付出了大量时间、精力和财力，严重影响农民正常的生产生活，还有的农民因为名目繁多的"人情债"，背上了沉重的债务负担。有的婚姻习俗中夹杂着封建迷信思想，直接违背了社会主义精神文明建设的主流价值趋向，脱离了乡风文明发展的正确方向，扭曲了农民的世界观、人生观、价值观，让农村社会主义核心价值观建设的成效大打折扣。推进移风易俗，事关民生疾苦，也是民心所向。大力推动移风易俗，对从源头上刹住农村的歪风邪气，对引导农民树立正确的世界观、人生观、价值观，推动农民自觉践行社会主义核心价值观，涵育文明村风、乡风，加快建设和谐稳定美丽乡村具有重要意义。

（二）移风易俗是巩固拓展脱贫攻坚成果，推动共同富裕的重要保障

党的二十大报告指出，中国式现代化是"全体人民共同富裕的现代化"。2020年，我国脱贫攻坚战取得全面胜利，绝对贫困的历史性消除为实

现共同富裕打下了坚实基础。但我国农村脱贫攻坚的成果仍需持续稳固，千方百计帮助脱贫群众稳定增收，确保不发生规模性返贫，推动脱贫群众与农民农村实现共同富裕，仍是今后一个时期工作的重中之重。当前部分地方农村存在"好面子""比阔气"风气，婚丧嫁娶摆酒席花费动辄几万元、十几万元，彩礼日益高涨，一些农民不惜债台高筑，也要"不丢面子"，出现因婚致贫、因婚返贫现象。同时，农村人情往来负担日益加重，礼金数额快速升高，农村人情异化问题愈演愈烈，农民辛辛苦苦打工一年得到的收入，用于"随份子"的金额达到 1 万元到 2 万元，部分农民"随礼"金额占其全年收入的 40%，个别人拿着低保也要"随份子"，只为了坚决不能"丢面子"。"人情债"成了农民家庭的一大负担，成为农民返贫、致贫的重要隐患点。引导农民抵制高价彩礼，摒弃盲目攀比、铺张浪费陋习，对防止农村人情往来异化，恢复农村正常人际交往，对巩固拓展脱贫攻坚成果，推动实现共同富裕具有重要意义。

（三）移风易俗是焕发乡村文明新气象，保障农民过上美好生活的内在要求

农村是传统文化的发源地，是中华优秀传统文化特别是中华优秀农耕文化长期领先于世界的重要基石。为防止中华优秀传统文化衰落、凋零，传统特色村落、非物质文化遗产消失，要传承好、弘扬好中华优秀农耕文化。这既是新时代重塑乡村风貌、提振农民精气神的宝贵财富，也是顺应农民对美好生活向往、保障农民过上幸福生活的核心要素。在弘扬中华优秀传统文化的过程中，及时破除农村封建迷信、盲目攀比、铺张浪费等陈规陋习，加快移风易俗，推动中华优秀文化遗产与现代文明要素的有机结合，让优秀历史文明在新时代焕发生机、展现魅力，既是时代的要求，也是农业农村现代化的需要。移风易俗，既是对中华优秀传统文化的继承与发扬，也是对封建糟粕的摒弃，对改善农民精神面貌，将农村打造成满足农民美好生活需要的幸福家园具有重要作用。

二　河北省推进移风易俗
弘扬社会主义核心价值观的主要做法

河北省高度重视农村精神文明建设，将推进移风易俗作为培育和践行社会主义核心价值观，推动乡风文明建设的重要内容。通过加强宣传引导、创建文明村镇、开展乡风文明专项行动等多项措施，将农村移风易俗和精神文明建设推向深入，农村的文明程度和农民精神风貌、文化素养得到了大幅提升。

（一）整体部署，以顶层设计培树文明新风尚

河北省将推进移风易俗作为加强乡风文明建设、践行社会主义核心价值观的重要内容，作为实施乡村振兴战略的重要任务，先后出台《河北省婚丧嫁娶革新行动实施方案》《关于进一步推动移风易俗深化文明村镇创建工作的通知》《关于充分发挥民政部门职能作用进一步做好婚姻习俗改革工作的通知》《深化移风易俗　培树文明新风尚倡议书》等系列文件，约束不良社会风气，引导形成文明婚丧嫁娶新风尚。同时，河北各地普遍建立起党委统一领导、政府负责、相关职能部门分工落实的工作机制，综合施策，破除各处农村婚丧嫁娶、生产生活陋习，推动乡风文明建设取得明显成效。

（二）瞄准重点，治理陈规陋习助力塑形铸魂

河北省在推进农村移风易俗的过程中，针对婚丧嫁娶领域的高价彩礼、大操大办、人情攀比、铺张浪费等农村移风易俗突出领域，开展专项整治。要求探索建立管用有效的工作措施和方法，出台具体约束性措施，对封建迷信、相互攀比、奢侈炫富等陈规陋习进行治理，防止出现因婚致贫、因婚返贫现象。提出要建立基层红白理事会组织，规范婚礼仪式和操办模式，限制大操大办和盲目攀比。秦皇岛市出台《秦皇岛市移风易俗八条措施》《秦皇岛市祭祀管理办法》，倡导喜事新办、婚事俭办、丧事简办，提倡传承尊老、孝老、爱老传统。张家口市制定《关于推进殡葬综合改革试点工作的实施意见》，

拿出专项补助资金建设公益性纪念林墓地、公益性纪念堂，建设节地生态安葬园，采取树葬、花坛葬、云祭扫等方式，为子孙后代留下更多土地。

（三）党员带头，以党风政风引领移风易俗

农村工作好不好，关键看党员。如果党员干部红白事大操大办，那么农村风气很可能被带坏。河北省将移风易俗情况作为考核干部、评优奖励等重要内容，明确要求各级党员，尤其是领导干部要在移风易俗中以身作则，在婚丧嫁娶改革中作出表率，自觉抵制高价彩礼、铺张浪费。同时，河北省建立了党员干部操办婚丧事宜报备制度，对党员干部宴席宴请的范围和标准作出详细规定，纪检监察部门根据党内规章对党员干部婚事新办、丧事简办等情况进行监督，对违反规定的党员干部进行处理，推动党员干部作出示范，引导群众自觉抵制不良风气。

（四）典型示范，以点带面带动乡风文明进步

从 2017 年开始，河北省每年打造 1000 个左右移风易俗示范村和 100 个左右示范乡镇，每个设区市确定 100 个移风易俗示范村、10 个移风易俗示范乡镇。2021 年，河北省将雄安新区、保定市莲池区、衡水市冀州区、邯郸市肥乡区、辛集市等确定为全省婚俗改革实验区，要求加快婚姻领域移风易俗，遏制婚俗不正风气，倡导正确婚姻家庭价值趋向，培育和践行社会主义核心价值观。河间市、肥乡区被确定为全国婚俗改革实验区。通过典型试点示范，探索婚丧嫁娶等领域移风易俗的改革新路径，推动积累经验，探索改革路径，解决改革发展难题。河北省提出，要建立正面激励政策，对婚俗改革中作出表率的模范家庭和先进个人，予以精神和物质奖励。鼓励建立农村婚宴服务队，为村民提供婚宴便利，防止大操大办。

三　河北省各地推动移风易俗的典型做法

（一）衡水市阜城县：红白理事会引导婚丧嫁娶新风尚

刘老人村隶属于河北省衡水市阜城县霞口镇，全村有近 500 户村民。过

去该村的婚丧嫁娶、孩子升学、娃儿满月、乔迁新居都讲究大办，攀比之风愈演愈烈。有的人借钱也要大办，有的人为了收回礼金不吃亏，随波逐流大操大办。由于大操大办、跟风随礼，本来的喜事、好事成了村民的负担，村民们苦不堪言。为此，刘老人村党支部召开会议专题研究，提出专项整治婚丧嫁娶要面子、讲排场的陈规陋习，推动移风易俗。村党支部多次召开村"两委"班子会议、村全体党员会议和村民代表大会，成立由村党支部书记、"两委"班子成员和村内德高望重的老人组成的村红白理事会，专门负责村内红白事的操办。同时，制定《刘老人村红白事约定》，对全村红白事的用烟、用酒、用车、烟花爆竹、办事时间、饭菜标准等各方面作出了细致的规定。刘老人村提出坚持新事新办，禁止红白事大操大办的相关规定，如抵制高额彩礼，红白事酒席不超过50元每人，婚礼用车尽量减少，搬迁、升学等不搞大型酒席，不搞大型庆祝活动，红白事不放过多烟花爆竹，红白事结束后，要清理打扫现场卫生等。统计显示，《刘老人村红白事约定》实施以来，每件红白事节约费用超过万元，村民婚丧嫁娶支出负担明显降低。目前，刘老人村的红白理事会经验得到广泛推广，阜城县通过电视台、微信公众号等媒体开设专栏，广泛推广宣传经验，引导村民将红白事规定纳入村规民约。各乡镇纷纷借鉴刘老人村红白理事会的经验，制定红白事章程，引导村民自觉执行，改掉陈规陋习，推动形成了乡村喜事新办、丧事简办的文明新风。同时，阜城县纪委监委制定出台了《阜城县党员干部操办婚丧事宜有关规定》，要求党员干部率先做到婚事新办、丧事简办，破除封建迷信，狠刹婚丧嫁娶大操大办、互相攀比、铺张浪费等不良风气，对违规大操大办婚丧嫁娶的党员干部进行严肃查处，推动全县上下形成良好的社会风尚。

（二）邯郸市肥乡区：疏堵结合多措并举移风易俗

近年来，邯郸市肥乡区坚持疏堵结合、多措并举，倡导新型婚丧嫁娶，治理农村高价彩礼，在推动移风易俗、塑造文明乡风方面取得显著成效。具体做法有以下五个方面。

一是加强组织领导，抓好顶层设计。邯郸市肥乡区委将移风易俗作为实施乡村振兴战略，推动乡风文明建设的重要任务，作为各级党组织的政治任务。成立了以区委主要领导为组长，各乡镇、单位主要负责同志为成员的移风易俗领导小组，在区委宣传部设立了领导小组办公室，负责移风易俗日常工作。出台《关于创新社会治理　推进移风易俗工作实施方案》《肥乡区移风易俗工作督导管理办法》《关于党员干部带头移风易俗严格婚丧事报告备案的通知》等文件，要求各乡镇、各村制定具体落实方案。

二是强化标准约束，抓好移风易俗。肥乡区的275个村按照区委、区政府统一部署，成立了村民事务理事会，并结合本村实际，制定了本村的《红白事操办标准》，对红白事的宴席标准、办事程序、宾客范围、办事时间等作出具体规定，在经村民代表大会通过并在村务公开栏公示后纳入村规民约。要求村民遇到红白事，要向村民事务理事会主动报告，不报告或者违反规定的，以后家中事务一律不予操办。同时，党员干部带头签订"移风易俗、抵制彩礼"承诺书，带动全区9.88万户家庭共签订各类承诺书14.5万余份，基本实现了全区覆盖。

三是疏堵结合，抓好高价彩礼治理。为遏制高价彩礼，肥乡区提出，对违反移风易俗承诺，不遵守规定强行索要高价彩礼的村民，采取不能评为星级文明户、不能享受贫困户奖补政策、取消低保户资格等惩戒措施，同时，对索要高价彩礼的家庭，通过电视台、公众号等对其进行曝光。将移风易俗做得好的家庭，包括选择不要彩礼、婚事新办、丧事简办的家庭优先评为"移风易俗好家庭"，并给了其子女就读幼儿园免收一个月保育费、创业担保贷款额度提高到10万元、孕前孕期免费健康指导、住院"一免四减"等政策优惠，让农民切实感受到移风易俗的好处。

四是抓好配套措施，形成婚恋服务合力。肥乡区通过搭建免费微信婚介平台免费发布征婚信息，开展相亲联谊、心连心鹊桥会等活动，为青年男女提供学习、交流、交友平台，为适龄适婚群体扩大择偶范围。同时，建立义务红娘队380多支，免费提供婚姻介绍服务。同时，举办集体婚礼，倡导零彩礼、无酒宴、无红包等，让婚事新办成为文明时尚。

五是加强督导检查，促进落地落实。肥乡区根据需要成立了由区委办、组织部、区纪委、文明办、民政局组成的移风易俗巡查小组，抽调人大、政协、媒体人员共同开展红白事定期巡查检查，对违规操办的进行曝光，并责成其所在村党支部书记，其所在镇镇长、镇委书记进行书面检讨。肥乡区通过曝光、巡查等措施，有效推动了移风易俗工作的开展。

（三）廊坊市文安县：殡葬改革培树文明新风

殡葬改革是破旧俗、树新风的社会改革，是一项惠民、利民的民生工程。一个时期以来，农村丧事大操大办，丧葬仪式样样齐全，有的农民在丧葬仪式上讲排场，动辄花费十多万元，认为多花钱就是对长辈亲人的孝顺，反之就是不孝顺。近年来，廊坊市文安县大力推进殡葬改革，引导群众革除丧葬陋习，倡导文明办丧、文明祭祀，让移风易俗深入民心。

一是政府引导推动。县委、县政府将殡葬改革纳入党委、政府的重要议事日程。按照《文安县殡葬改革实施方案》，细化各有关部门职责，实行从遗体火化、公益性骨灰堂建设到殡葬市场的全面集中管理，确保殡葬领域综合整治的各项工作落到细处。文安县赵各庄镇推广农村殡葬改革，老人去世后一律火化，禁止使用寿木，骨灰盒价格控制在2000元以下，酒席标准为每桌最高120元，取消歌舞杂耍，不放烟花爆竹。

二是强化党员干部群众全员参与。实行"两包两带三结合"联动机制。"两包"即全县单位包职工（含离退休人员）、职工包家属。"两带"即党员、干部带头执行殡葬改革政策，带动群众执行殡葬改革政策。"三结合"即将全县单位开展殡葬改革工作同评先选优、年终考核相结合，领导干部抓殡葬改革工作成绩同政绩考核相结合，干部职工执行殡葬改革政策同个人入党、评优、提职相结合。这一联动机制以及对违反政策的个人予以处分或问责的举措，有效推进了全县殡葬改革进程。

三是加强宣传教育。全县将殡葬改革工作纳入孝善文化宣传。一方面，通过发放宣传单、组织召开群众大会等形式，宣传先进文明殡葬思想文化、文明节俭办丧事的典型事例；另一方面，充分发挥村民的主观能动性，引导试点村的村民现身说法，用通俗易懂的语言讲述亲身经历的殡葬改革故事，使倡导殡葬文明新风、破除陈规陋习在广大村民中形成共鸣，让文明殡葬文化真正深入村民心中。

四是弘扬孝道文化。在推进殡葬改革基础上，文安县大力倡导孝老、敬老新风，动员各村开展尊老敬老活动，每年重阳节举办老年团拜会，由全村的儿媳代表为70岁以上的老人包"孝心饺子"，组织开展"孝贤儿媳"评选活动，立典范、树榜样，弘扬孝老美德。

五是强化组织保障。文安县成立了以县委书记、县长为组长，相关县领导为副组长，各有关部门为成员单位的殡葬改革工作领导小组，并抽调专人成立了工作专班，确保殡葬综合整治各项工作落到实处。明确各村党支部书记、村委会主任为主要责任人，党委、政府与各村党支部、村委会签订目标责任书。一经发现变换方式搞变通的行为，对所有涉事人员依法依规查处，对当事人及总管、村干部等所有涉事人员依法依规顶格查处。对阻碍干扰殡葬管理人员依法执行公务、聚众闹事、违反治安管理规定的，由公安机关依法进行治安处罚，构成犯罪的依法追究刑事责任。

殡葬移风易俗改革后，文安县的农村丧事严格按照规定简办。丧事宴席标准从300元左右下降到100元左右，烟酒饮料、鼓乐队等全部取消，丧事平均费用从原来的6万元~7万元下降到2万元左右，比原来下降了60%以上。文安县浪费攀比之风有效刹住，移风易俗、文明节俭、厚养薄葬的新风初步形成。

四　河北省移风易俗工作的经验与启示

（一）移风易俗应坚持党员干部带头与群众自治结合

党员干部以身作则，带头摈弃陈规陋习，对于农村移风易俗将起到十分重要的作用。在河北省邯郸市肥乡区的案例中，全区党员干部签订"移风易俗、抵制彩礼"承诺书，党员干部在移风易俗工作开展中都发挥了良好的示范作用。党组织领导下的村干部、群众代表、德高望重的老人组成的红白理事会，在推动农村移风易俗中起到重要作用。通过红白理事会这种村民自发组织起来的，有组织地管理和举办红白事的社会组织，将喜事新办、丧事简办的规则融合在村规民约中，渗透到村民的日常生产生活中，通过村民自发组织这类"软约束"可以有力地弥补行政干预"硬约束"力量的不足，易于让村民接受，有利于引导村民移旧风、易陋俗，推进农村移风易俗工作的开展。

（二）移风易俗应坚持农村基层组织主导与政策引导结合

任何风俗习惯都不是一朝一夕间形成的。移风易俗的实质是消除腐朽的思想文化与落后的生活方式，从传统文化中取其精华去其糟粕，发扬传统优良文化，形成良好的社会风俗。在没有外力的情况下，婚丧嫁娶等方面存在的陈规陋习不会自发消失。发挥政府这个"有形之手"在农村移风易俗工作中的作用，制定结合实际的移风易俗管控政策，是推动农村移风易俗工作的必要之举。在农村移风易俗实践中，通过县区、乡镇成立移风易俗工作小组，与村委会签订移风易俗责任状，依靠行政力量自上而下推进移风易俗工作落实。如河北省邯郸市肥乡区成立了三级书记任组长的区、乡、村三级移风易俗工作领导小组，层层签订责任状；河北省廊坊市文安县成立以县委书记、县长为组长，相关县领导为副组长，各有关部门为成员单位的殡葬改革工作领导小组，并抽调专人成立工作专班。通过农村基层组织主导与制定配套政策，充分发挥其在资源调集、动员村民等方面的优势，是河北省农村移风易俗工作取得成效的重要保障。例如，邯郸市肥乡区出台了六项优惠政策以及五项制约措施，廊坊市文安县出台了《文安县殡葬改革实施方案》。河北各地通过出台一系列移风易俗相关政策，利用政策具有的强制性、指导性、引导性以及约束力，引导村民摒弃陈规陋习，引导村民培育良风善俗，改变村民封建迷信、奢侈浪费、厚葬薄养等不良风俗，引导村民培树文明新风。

（三）移风易俗应坚持农村精神文明与物质文明共抓

仓廪实而知礼节，衣食足而知荣辱。人们的生活方式形成后逐步积淀成生活习惯，而后变为传统沿袭下来，继而成为风俗。由于人们的生活方式要受到物质条件的制约，风俗的形成与沿袭必然依赖于一定的物质条件。在农村开展移风易俗工作，不仅要抓农村精神文明建设，也要抓农村物质文明建设。调研发现，石家庄市深泽县枣营村开展移风易俗工作，不仅通过移风易俗改变村风民风，而且村委会通过发展乡村产业，带领村民种植麻山药、樱桃、苹果等经济作物，打造集民俗、餐饮、采摘于一体的旅游村，提高了村民的收入，增强了农民幸福感，而且让农民更愿意跟着村干部走，改变陈旧的生活方式，接受乡规村约与新的生活方式，形成以良风善俗为特征的文明乡风。衡水市景县开展"文明村镇""十星级文明户""时代新人·景县好人""五好家庭"等系列评选活动，评选移风易俗典型村镇、家庭，对村民进行思想文化教育，通过建设农村精神文明这个着力点，推动各村移风易俗工作有序开展。

五　河北省推进移风易俗践行社会主义核心价值观面临的主要问题

（一）移风易俗工作在地区间成效差异较大

调研中发现，河北省不同地区的移风易俗工作开展的力度、成效存在一定差距。作为试点地区的县、乡镇、村居的移风易俗工作，以典型示范带动周边地区摒弃陈规陋习，践行社会主义核心价值观的成效显著，成为移风易俗先进典型，但部分地区农村红白事大操大办、大搞封建迷信等问题仍然存在，影响河北省移风易俗工作的全局开展效果。

（二）个别地方对移风易俗的重视程度不够

调研中发现，一些地方对移风易俗重要性的认识仍然不够。少数干部群众认为，乡村振兴各项工作中，产业振兴、人居环境建设是"硬任务"，移风易俗工作是"软任务"，认识不到移风易俗在培育和践行社会主义核心价值观中的重要作用。一些地方移风易俗工作没有建立形成长远规划、长效机制，已有的移风易俗成果有待持续巩固。

（三）农民精神文化生活有待进一步丰富

任何风俗的形成都有长期的历史原因，特别是一些陈规陋习根深蒂固，引导群众摒弃这些陈规陋习并非易事。与城市相比，农村公共文化服务供给相对较少，农民文化娱乐活动少，容易让落后的风俗习惯乘虚而入，影响移风易俗工作的开展，影响社会主义核心价值观的培育和践行。

六　河北省推动移风易俗工作的对策建议

（一）强化主体责任，把移风易俗作为实施乡村振兴战略的重要任务

习近平总书记说："一种价值观要真正发挥作用，必须融入社会生活，让人们在实践中感知它、领悟它。"[①] 在推进移风易俗的过程中，各级政府应是推进移风易俗的责任主体。各级党委应把移风易俗工作摆到重要位置，深刻意识到移风易俗是社会主义核心价值观在基层落实落细的重要途径，也是各级党委、政府义不容辞的责任。各级党员干部应加强相关理论政策学习，让党员领导干部充分认识到破除陈规陋习，推动移风易俗在树立新风正气、弘扬社会正能量、培育和践行社会主义核心价值观中的重要作用。应把移风易俗工作纳入乡村振兴的重要任务，针对当前移风易俗工作中存在的主要问题，出台针对性工作方案规划，开展好专项治理工作。要加快出台与落实相关政策，完善各项制度保障，建立有效监督机制，推动农村移风易俗工作常态化开展。

（二）加大宣传引导力度，推动形成移风易俗改革的社会正能量

群众是移风易俗的主体。要利用多种宣传形式，通过理论宣传、新闻宣

---

① 《习近平谈治国理政》，外文出版社，2014，第165页。

传、文艺宣传、网络宣传等途径，扩大移风易俗宣传覆盖面，增强移风易俗宣传效应。应充分利用各种宣传方式，在基层各乡镇、各村全面推广移风易俗，特别是要利用好宣传公示栏、善行义举榜、道德讲堂、村广播、村文化小广场等在基层广泛存在的宣传途径开展移风易俗有关的宣传教育，切实发挥宣传作用。要深入发掘移风易俗典型案例，及时总结移风易俗典型的经验与亮点，通过开展评选文明家庭、感动人物、道德模范、身边好人等活动形式，选出移风易俗的典型代表，并通过广播电视、报刊、宣传栏、网络等进行广泛宣传，切实发挥宣传典型的引领作用，让群众时时刻刻感受到移风易俗就在身边。要组织开展"婚嫁新风进万家"、集体婚礼、植树婚礼、慈善婚礼等主题实践活动，培育、选树、宣传拒绝彩礼、婚事新办典型，充分发挥榜样示范作用，让广大群众在参与中转变观念，在实践中提高认识。

（三）发挥党员带头作用，以党风政风带动乡风文明

党组织的引导与治理能力在推进移风易俗工作中具有战略性、关键性作用。各级农村基层党组织要切实发挥战斗堡垒作用，带领党员干部宣传移风易俗、广泛团结动员群众参与移风易俗活动。应充分发挥党员干部先锋模范作用，在移风易俗工作中要求群众做到的，党员干部首先要做到。严格落实农村党员干部操办婚丧事宜报备制度，集中开展"农村移风易俗主题宣传月"活动，强化督促检查、跟踪问效，建立婚丧嫁娶移风易俗改革的长效机制，以党风政风引领乡村风俗改革，改善农民精神风貌，推动文明乡风建设。对于在推进文明乡风建设方面作出表率的模范家庭和先进个人，相关部门和地方可以在精神和物质方面给予相应奖励。支持村级组织通过互评亮榜等方式宣传正确婚丧观和孝道典型。总结推广"乡村道德银行""文明积分"等奖励模式，对先进典型进行奖励，让德者有得。

（四）发挥农村自治功能，提高群众移风易俗积极性主动性

乡村振兴既要"塑形"，也要"铸魂"。近年来，从中央到地方，综合施策革除农村婚丧嫁娶陈规陋习，取得了明显成效，关键一招就是充分发挥

了群众的积极性、主动性。未来推动移风易俗，还是要充分尊重群众主体作用，发挥好村民代表大会、红白理事会等组织作用，重视婚丧嫁娶标准制定，重视村规民约在推动移风易俗中的作用。要吸收党员干部、普通农户、有经验的老人等共同商讨结婚、彩礼、红白事程序、办事标准、办事时间等，根据实际情况制定改革方案，让方案接地气、群众能接受，避免一刀切。要注意工作的方式方法，既要充分尊重当地风俗，尊重群众感受，也要循循善诱、因势利导，既传承中华优秀传统文化，也要注重改革传统文化中的封建迷信、奢侈浪费、过度攀比等糟粕，让移风易俗在润物细无声中取得实效。

（五）丰富农村业余文化生活，保障移风易俗工作行稳致远

推动移风易俗，提高物质生活水平是基础，丰富业余文化生活是途径。一是要提高农民改善生活质量的能力。通过振兴乡村经济、提高农民创业就业能力，增加农民收入，引领更多的人过上富足的生活，从而激发他们对更高层次文化生活的向往与需求，增强摈弃败俗陋习的主动性和自觉性。二是重视农民的业余文化生活，加大对各乡镇、各村的基础文化设施投入，改善其基础文化设施不完备、简陋的状况，满足农民对业余文化生活的多种需要，把农民的兴趣转移到健康有益的农村文化生活中。三是教育引导广大农民积极参与各类文化活动，远离各类败俗陋习活动，不断营造文化发展的良好氛围，同时健全业余文化生活服务体系，如不断构建农村公共文化服务平台，营造良好的精神文明氛围。

参考文献

贾梦宇：《让文明乡风吹遍希望的田野》，《河北日报》2022 年 9 月 29 日。

《关于印发〈关于进一步推进移风易俗建设文明乡风的指导意见〉的通知》，中华人民共和国农业农村部网站，2019 年 9 月 4 日，http://www.moa.gov.cn/govpublic/zcggs/201910/t20191024_6330587.htm。

马越、王猛：《文安：用"五心"打造殡葬领域"民心工程"》，廊坊传媒网，2021 年 11 月 12 日，http：//www. lfcmw. com/shms/content/2021-11/12/content_ 920779. html。

《河北秦皇岛市出台〈移风易俗八条举措〉》，河北新闻网，2020 年 5 月 26 日，http：//qhd. hebnews. cn/2020-05/26/content_ 7866764. htm。

曹德豹：《肥乡区"七抓七有"打造移风易俗示范样板》，邯郸市人民政府网站，2022 年 3 月 4 日，https：//www. hd. gov. cn/hdyw/bddt/202203/t20220304_ 1543066. html。

河北省网络消费中价值观导向与成效

刘书越 *

摘　要： 随着互联网的迅猛发展，网络消费蓬勃兴起，这既便利了人们的生产生活，活跃了市场，促进了消费，也为社会主义核心价值观的培育和践行带来了积极影响。近年来，河北通过紧盯重点消费领域消费活动、健全机构设置并加大执法力度、持续开展网络消费专项治理行动、坚持"谁制定、谁审查"原则，帮助网络经营者和网络消费者双方树立正确的价值观。同时，由于网络经济实践时间短等原因，有关认识的形成还需要有一个过程，网络消费领域社会主义核心价值观在践行上还存在一些问题。为此，我们必须努力营造网络市场公平交易生态，消除过度垄断，消除假冒伪劣，夯实网络市场诚信经营基石，并加强法治引导，夯实社会主义核心价值观建设的法治后盾和社会基础，深化文明创建和法治教育。

关键词： 河北省网络消费　价值观引导　社会主义核心价值观

近年来，随着互联网的迅猛发展，网络消费蓬勃兴起，网络消费占比不断提高，逐渐在人们的生活中占据越来越重要的地位。人类消费既是经济行为，也是思想观念的重要载体，不同的消费观体现着不同的价值观。要加强社会主义核心价值观教育引导，必须认真研究网络消费与社会主义核心价值观的辩证关系，把握其规律并加以科学引导。本文试就河北省网络消费中的社会主义核心价值观导向加以概括分析，以便总结经验、分析问题、创新路

* 刘书越，河北省社会科学院邓小平理论、"三个代表"重要思想和科学发展观研究所（精神文明建设研究中心）研究员，研究方向：网络文明建设。

径，促进社会主义核心价值观教育不断深化发展，构建其与网络消费、网络文明相适应的网络消费价值观。

一 河北省网络消费发展历程和社会主义核心价值观引导市场概况

网络是 20 世纪晚期显著的科技进步象征和新生事物，自我国加入国际互联网以来，河北省就几乎与之同步发展。网络推动了社会各项事业、生产生活各个领域的革命性变化与发展，其中也包括市场的变化和网络消费的兴起。

（一）河北省网络及网络消费市场发育历程回顾

河北省作为紧邻京津的重要省份和京津冀地区的重要组成部分，经济社会发展在全国来讲处于相对先进的状态，河北互联网及网络消费的发展与此基本适应，可以说也是紧跟全国步伐，发展成效比较显著。

在中国全功能接入互联网前对网络的应用，我们最早可以上溯到 1986 年中国第一封电子邮件的发出。"1986 年 8 月 25 日，瑞士日内瓦时间 4 点 11 分 24 秒（北京时间 11 点 11 分 24 秒），中国科学院高能物理研究所的吴为民在北京 710 所的一台 IBM-PC 机上，通过卫星链接，远程登录到日内瓦 CERN 一台机器 VXCRNA 王淑琴的账户上，向位于日内瓦的 Steinberger 发出了一封电子邮件。1987 年 9 月，在德国卡尔斯鲁厄大学（Karlsruhe University）维纳·措恩（Werner Zorn）教授带领的科研小组的帮助下，王运丰教授和李澄炯博士等在北京计算机应用技术研究所（ICA）建成一个电子邮件节点，并于 9 月 20 日向德国成功发出了一封电子邮件，邮件内容为 'Across the Great Wall we can reach every corner in the world.（越过长城，走向世界）'。随后，中国的计算机网络首先在科研、教育领域发展起来。"[①]

[①] 闵大洪：《一起走过 共同见证 纪念中国接入互联网 20 年 1994 年 中国互联网 "开天辟地"》，人民网，2014 年 4 月 15 日，http：//media. people. com. cn/n/2014/0415/c40606-24898154. html。

接入互联网，无疑是当代中国科技进步的一大重要决策和关键步骤。20世纪80年代，在中国刚刚迈出改革开放步伐之际，著名未来学家阿尔温·托夫勒于1980年出版了《第三次浪潮》（*The Third Wave*）。他在书中预言，社会的形态由于信息技术的发展将发生巨变。1994年4月20日，是中国互联网发展史上"开天辟地"的大日子——这一天中国全功能接入互联网（Internet），成为国际互联网大家庭中的第77名成员。由于全功能接入互联网，中国更紧密地与全世界联系在一起，网络传播的力量对中国社会各个领域都产生了重大而长远的影响，亿万中国人的生产、工作、学习、生活、交往、娱乐的方式发生深刻的变化。其中的一大变化就是电商的发展引起的消费领域的各方面变化。

"春江水暖鸭先知"，商人对生意信息历来是敏感的。电商的发展就是互联网引起的一场综合变革，它大大改变了中国城乡的生产、销售、储存和消费业态。一般认为，中国的电子商务元年是1999年，但是在这之前，中国的电商已经开始萌芽。1996年到1998年是中国电子商务梦的开始。河北的电子商务最早出现于何年，一时还没有定论，但笔者认为，网络的出现就标志着电子商务发展的开始。因为自从网络面世以后，就有人通过网络信息发布、邮件发送等手段传递供求信息，开展经济活动，并很快使曾经的呼机，包括汉显呼机（能够显示汉字的寻呼机）等风光不再，网络成为越来越重要的商业信息发布传播渠道。网络直播则是随着语音视频等智能通信手段，特别是移动互联网的发展兴起的最新业态，极大地革新了产品的生产和销售方式，最终促成了通过网络电商平台、微信朋友圈或特定微信群等途径，以快递输送为主，遍布城乡的网络消费新格局。2016年被称为直播电商元年。如今，直播电商行业已逐渐走出野蛮生长的初级阶段，进入了规范化发展阶段，迸发出昂扬的活力，在助力乡村振兴、助推实体经济方面，直播电商表现亮眼瞩目。

（二）河北省网络消费社会主义核心价值观导向的主要做法

网络并非法外之地，网络消费同样离不开积极的执法管理与价值观教育引导。自从网络消费开始出现并逐渐活跃以来，河北省商务、网信和市场监管等各相关管理部门就给予关注，并随着网络消费的飞速发展而不断出台政策、完善制度，加强社会主义核心价值观的引导作用，确保了社会主义核心价值观在网络消费领域的主导地位。

一是紧盯重点消费领域消费活动。为促进河北网络消费健康发展，河北省有关部门把广大群众网络消费所涵盖的民生用品，如烟酒糖茶、服装鞋帽、手机家电等日常用品作为网络消费发展重点，把"保健"市场、医药医疗、科技创新、金融、教育、平台经济等作为监管执法与教育引导重点，积极查处市场混淆、虚假宣传、商业诋毁、侵犯商业秘密等不符合社会主义核心价值观要求的不正当消费品销售行为。如，为维护老年人合法权益，河北省针对网络消费领域涉老诈骗易发的问题，持续开展了打击整治养老诈骗工作，重点查处了一批涉老"保健品"、养老和康养旅游消费等注水消费推销宣传行为。力求通过监管执法和价值观引导帮助老百姓解决日常的烦心事、闹心事、揪心事，进而通过实际行动展示正确价值观的力量和影响，让广大民众在潜移默化中受到社会主义核心价值观的教育洗礼。

二是健全机构设置并加大执法力度。为了维护网络市场和网络消费的健康发展，加快社会主义核心价值观在网络消费领域落地生根，2022年河北省成立了由省直39个部门参与的省公平竞争政策实施领导小组，统筹协调全省反垄断、反不正当竞争和公平竞争审查等工作。按照省公平竞争政策实施工作要点，省市场监管局、省民政厅、省住建厅等部门建立易发生垄断问题管理清单。省市场监管局会同省商务厅印发《关于在自由贸易试验区强化竞争政策实施的若干措施》。省委党校（行政学院）将公平竞争有关法律政策列为培训内容。省公平竞争政策实施领导小组成员单位按照责任分工，采取发布典型案例、行政指导、行政约谈、提示警示等措施，规范企业竞争行为，探索建立垄断和竞争失序风险识别预警机制，防止垄断和不正当竞争，有序推动河北省公平竞争政策实施落地铺开。为加强和改进网络消费领域的反垄断执法，河北省市场监管部门始终以解决广大干部群众关心、市场主体关切的假冒伪劣、缺斤短两、不正当竞争等易发问题为重点，积极组织"3·15"消费日维权行动，查处严重网络消费欺诈问题，大力开展"促竞争、护民生、保稳定"反不正当竞争执法专项行动。仅2022年全省就查处涉及不正当竞争案件达354件。

三是持续开展网络消费专项治理行动，集中消除各种有悖社会主义核心价值观的网络表达内容和表达形式。政府网络管理部门在网络消费价值观引导上始终发挥着独特而又十分重要的作用。2023年初，为营造春节期间喜庆祥和的网上舆论氛围，中央网信办决定在全国开展为期1个月的"清朗·2023年春节网络环境整治"专项行动。此次专项行动一直持续到2023年2月底，在集中整治各类不良"网红"问题的同时，严肃查处了网络炫富、宣扬暴饮暴食等问题，在避免不良风气反弹回潮方面起到重要作用。包括集中清理了借"天价年夜饭""天价年终奖""瀑布式压岁钱""巨额红包""顶级豪宅""天价彩礼"等话题刻意炫耀奢侈生活的图文视频信息，清理了恶意炒作、隐形炫富、故意攀比等言论，及时排查处置了一些刻意展示春节期间暴饮暴食、大吃大喝画面，宣扬铺张浪费的信息。同时，还集中查处了组织实施网络赌博、网络诈骗等违法犯罪行为，从严整治了借"春运红包补贴""春节集福""有偿转让福卡"等名义实施的网络诈骗，严防借"红包雨""薅羊毛"等活动诱骗用户刷单的行为。对鼓吹、炒作封建迷信陋习的帖文、视频信息进行清理，处置算命、占卜等违规服务。对于借低俗着装、露骨动作等方式，打造各类低俗人设，进行炒作引流的问题进行了整治。对春节期间涉经济民生、食品卫生、安全事故、疫情防控等领域容易造成社会恐慌的虚假信息开展了深入整治，遏制了灰暗情绪的渲染传播，弘扬了社会正能量，促进了社会主义核心价值观在消费领域，乃至全社会各领域的传播发育。

四是坚持"谁制定、谁审查"原则。良好的法治是贯彻落实社会主义核心价值观的基石。全省各级各有关部门落实审查主体责任，高标准开展公平竞争审查。全省相关部门聚焦行政机关、行业协会、教育培训、医疗卫生、工程建筑、公用事业、交通运输、保险等行业领域，组织开展重点领域反垄断专项行动，积极摸排垄断线索，依法查处垄断协议，以及滥用市场支配地位和滥用行政权力排除、限制竞争行为，检查摸排企业 984 家，核查垄断线索 9 条。截至 2022 年底，2022 年全省审查新出台政策措施 7569 件，修改调整 38 件，排查涉及市场主体经济活动的各类政策措施 17716 件，废止修订 522 件。聚焦市场主体反映强烈、问题集中、滥用行政权力排除限制竞争多发的行业，全省共抽查检查 176 个单位 4651 份文件，发现涉嫌违反公平竞争审查标准的有 16 份。河北省用实际行动维护了公平、法治、诚信经营的网络消费环境，夯实了社会主义核心价值观培育引导的社会存在基础，促进了社会主义核心价值观在广大网民群体中的弘扬和培育。

二　河北省网络消费价值观引导的主要成效

观念随着实践发展。近年来，河北省经济社会各项事业的发展进步无不打上了网络的烙印，搭上了信息化、网络化的快车。随着消费、投资和出口三驾马车在我国社会中地位的转换，消费在经济社会发展中的作用日益增强，网络消费更是乘势而上，得到快速的发展，并在活跃数字经济、方便企业和消费者联系、改善广大人民群众消费生活的同时，发挥了缩小城乡发展差距，促进经济发展、乡村振兴，加快观念更新，增强公平、公正、守法、科技意识的多重独特作用。

一是进一步增强了民众的富强意识。互联网技术的进步、网络消费的兴起，为我国经济的发展插上了新的翅膀，也促进了思想意识的进步。许多曾经贫瘠的地方借助网络销售实现了商品空前通畅的流通，人们长期向往的"人尽其才，地尽其利，物尽其用，货畅其流"[1] 的富强中国景象正在一步一步成为现实，尤其体现在"人尽其才""货畅其流"上，一大批网络销售达人成为腰缠万贯、带动一方发财致富的新富人士。同时，各种土特产走出旅游景点摊位、大道路旁零售点，走进了天南海北人家的厅堂餐桌，并开启

---

[1]《孙中山全集》（第一卷），中华书局，1981，第 8 页。

可漂洋过海之路。网络成为跨境电商的开拓者、中国外贸经济的新引擎，为我国经济发展注入了新的强大活力。如，河北涉县地处太行山区，石多土少，早在13世纪，当地先民便凿石垒堰、覆土务农，一代代人接续努力，建成了规模庞大的梯田。涉县梯田层层叠叠、蔚为壮观，被联合国世界粮食计划署专家称作"了不起的人间奇迹"。2014年，涉县旱作石堰梯田系统被认定为"中国重要农业文化遗产"。2022年5月，联合国粮食及农业组织正式认定涉县旱作石堰梯田系统为全球重要农业文化遗产。近年来，涉县在保护性开发梯田的同时，还积极推进基础设施建设，发展特色产业，促进当地乡村经济发展。现如今，涉县40多个梯田沿线村庄通过网络销售梯田出产的小米、花椒、核桃等梯田特产，借助网络发展农家乐等途径，搭上了乡村振兴的"快车"，促进了社会经济的全面进步。富强的观念越来越"走到"百姓的心坎上。[①]

二是促进了社会公平、正义等相关价值观念内化于心、外化于行。网络经济的快速发展、网络消费的迅猛进步，极大地促进了区域协调发展和人民群众生活水平提高，对缩小城乡发展差距、促进城乡协同发展、加快乡村振兴步伐均具有重大意义。网络的普及和网络消费的推广，使万里之外的山野乡村、人迹罕至的海边小镇和北上广深等一线城市的商品、需求聚集到了一个平台，城乡区域商品与需求的差异性、互补性极大地满足了人们生产和消费的需要，使许多地方、众多商品前所未有地享受到了公平的竞争。只要你的产品质量好、能满足顾客需求，虽千里也不为远，消费者只要鼠标轻轻一点，选定、付费就能搞定，不日即可收到产品。既减少了消费者劳顿之苦，也扩大了消费市场范围，地球村的含义似乎都不足以概括其特点。因为，在旧时的乡村也没有这样便利过，也需要等到集市开集，消费者亲自前往集市才有可能完成消费行为。除了消费者自身获得便利之外，经营者更是如此。河北省清河县的电商群体靠着抓住机遇、勇于挑战的精神，硬生生地在一个

---

① 白明山：《太行梯田：昔日"石旮旯"如今"米粮川"》，新华社，2023年1月25日，https：//baijiahao.baidu.com/s？id＝1755984158919446003&wfr＝spider&for＝pc。

毫无羊绒产业基础的地方，发展出一个足以影响世界的"羊绒之都"、电商强县。足见市场意识、科技作用力量之强大！据了解，清河县电子商务已经在全国具有了很高的知名度和影响力。其中清河羊绒经营业户通过淘宝、天猫、京东、唯品会等第三方平台开设的网络店铺达到 3.5 万余个，2021 年销售额超过 125 亿元。清河县连续 5 年在"全国零售网商密度最高的十个县"排行榜上位列第二，连续 7 年荣膺"全国电子商务百佳县"称号。2018 年清河县位列"电商示范百佳县"第二名。如今，河北广大农村很多地方都像清河县一样，依靠着电商这一新型渠道平台，学习技术、发展产业、销售产品、改善生活，从而缩小了城乡发展差距，在经济加速崛起的同时，思想观念也在发生着积极的变化。如廊坊市文安县，就以建设"互联网+"农产品出村进城工程省级试点县为契机，将大力发展电子商务作为助推乡村振兴的有力抓手，依托技能培训学校、创业孵化基地等平台，免费开展短视频剪辑、直播带货实战等农村电商发展课程培训，大力培养电商人才，让广大涉农企业人员、合作社员、个体户、农村创业青年等掌握电商技能，建立健全农产品网络销售服务体系，促进产销衔接，打通特色农产品销售"最后一公里"，拓宽群众增收渠道，让农产品出村进城更为便捷、顺畅、高效，在这里实现了"手机就是新农具，直播就是新农活"的喜人局面。[1]

三是网络文明经营和法治意识提升。思想观念是现实的产物，网络经济和网络消费的快速发展，除了对缩小区域差距，增强人们的公平竞争意识具有推动作用外，也在大浪淘沙、适者生存的网络市场上，锤炼了经营者的文明素质，包括语言、行为的文明，许多网络主播学会了普通话，学会了全国通用的礼貌语言、礼仪举止。网络经济也带来了诚信意识、守法精神，许多人越来越注意合法经营，网络经济发展初期的欺诈行为有所收敛。特别是一些大平台商户慑于平台对客户的保护机制，但凡客户不满意，商户必须通过

---

[1]　《河北文安：农村电商激发乡村振兴新活力》，新华网河北频道，2022 年 12 月 10 日，http：//he.news.cn/xinwen/2022-12/10/c_ 1129196899.htm。

退货、退款、换货等方式妥善解决客户问题。在笔者看来，这甚至都比实体店要来得好，因为实体店可能存在店大欺客现象，出售产品顾客不满意，商家千方百计不予解决，拖延扯皮，不怕顾客投诉。而看不见、摸不着的网络消费市场的一个"差评"，对电商来说都可能攸关生死，导致大量客源流失。这从一个侧面推动了经营者价值观的提升和消费者维权意识的增强。

四是爱国意识提高。网络消费看的是质量、比的是服务，较量的是综合竞争力。近年来，我国网络经济发展很快，实体经济产品质量显著提升，网民爱国意识显著提高。如2022年"双11"活动中，国货正快速崛起，国货品牌的美誉度已经凸显。[①] 从天猫到苏宁易购再到唯品会，从直播带货到银泰百货，国货逆袭占"C位"是一大亮点。2022年10月31日晚上8点，天猫"双11"第一波售卖，开售仅1小时，就有102个品牌成交额过亿元，国货品牌占比过半，成为一大亮点。很多消费者已从爱买国际大牌转向要买国货潮牌。业内人士指出，这说明我国年轻网民的自我消费意识正逐渐觉醒，他们更愿意为自我认同、价值感买单。此外，直播带货日渐成为"顶流"，社交平台的发展壮大，也化解了多年来国货与消费者之间的陌生感，使人们买国货成为网络市场的理性选择，这同时也带来认识的变化，增强了网购者的祖国荣誉感。

三　网络消费领域社会主义核心价值观引导存在的问题短板与出路对策

虽然网络在燕赵大地出现仅仅是近二三十年的事情，但网络消费取得了不小进步，呈现总体积极向上的局面，人们的价值观更是迎来了发展进步的历史性契机。然而，由于网络消费实践还在发展中，且未来发展空间很大，网络消费对价值观的影响面临的问题同样要引起注意，并积极引导解决。尤

---

① 李国：《从爱买国际大牌到要买国货潮牌　"双11"促销国货品牌逆袭占"C位"！》，《工人日报》2022年11月10日。

其是 2023 年，在着力恢复和扩大消费，扎实推动生活服务消费有序恢复的社会大背景下，我们要继续加大消费领域的价值观引领，以与新时代新征程相适应的价值观，助推我国经济社会全面复工复产，重回增长快车道，确保国家经济社会发展和人民对美好生活向往目标早日实现。这都要求我们正视问题，积极引导。

当然，包括河北在内的全国，乃至全世界的网络消费市场还在发展之中，人们的价值理念也没有完全定型，还处于不断变动之中，网络消费领域，无论是销售方还是消费者，都还存在一些问题。一是诚信缺失依然存在。比如网络消费领域以次充好、虚假刷单欺骗顾客、销售假冒伪劣商品屡禁不止。二是过分逐利行为盛行。首先是大数据杀熟顽疾难除，一些网站平台出于利益考量，对特定客户购买的产品类型、消费心理偏好等进行收集分析，引导消费者进行无谓消费。至于个别网红带货，靠性感衣着举止等吸引顾客关注，以增加流量、培养粉丝，进而接受打赏或带货销售的行为更是应严加禁止。三是市场发育不足，网络消费适老性差，数字鸿沟较大。网络消费可以说还是年轻人的主场，许多老人还不习惯、不适应网络消费这一新生事物。四是监管死角依然存在。网络灰色交易具有隐蔽性、匿名化特点，这既是对监管的挑战，也是价值观教育引导的新战场。

因此，为了网络消费的健康发展，为了加强社会主义网络文明建设，更是为了以网络消费、网络文明推动中国式现代化，推进人类文明新形态的不断进步，我们必须坚持在网络世界，包括网络消费领域倡导爱国奉献精神，维护网络市场强劲发展态势，使之成为我们走向繁荣富强的强大动力和历史性科技助推器。我们必须努力营造网络市场公平交易生态，消除过度垄断，消除假冒伪劣，夯实网络市场诚信经营基石，并加强法治引导，夯实社会主义核心价值观建设的法治后盾和社会基础。同时，我们还要拓展群众性精神文明创建活动的深度广度，把文明之花根植于网络空间，创建文明网点、平台，评比网络消费文明经营者、网民，不断提升我国网络市场文明水平。当然，我们还要对网络消费领域的犯罪行为保持高压态势，坚决打击一切网络欺诈等违法犯罪行为，坚决做到发现一起查处一起。

河北老年教育创新发展的实践成效

覃志红*

摘　要：　人口老龄化程度的持续加深将给我国的发展带来持久而深远的影响。老年教育是社会主义核心价值观培育践行的重要领域，它有助于满足老年人精神文化需求，提高老年人的健康素养、信息素养、文化素养、道德修养、政治意识和法律意识，既可以促进老年人持续社会化，进一步化解我国人口老龄化的发展危机，也有助于构筑社会文明新风尚。快速发展的老年教育也需要社会主义核心价值观来引领方向。河北是全国 60 岁以上人口超过 20% 的省份之一，近年来，河北老年教育在组织、内容、形式等方面进行了一些积极的创新实践探索。当前和今后一段时期河北的人口老龄化形势十分严峻，这也对河北的老年教育发展提出新的更高的要求。

关键词：　人口老龄化　河北老年教育　社会主义核心价值观

人口老龄化程度的持续加深将给我国的发展带来持久而深远的影响。人口老龄化成为制约新时代高质量发展的一个重要因素，但其带来新挑战的同时也孕育着新机遇。老年教育是促进社会可持续发展、实施积极老龄化国家战略的重要途径，在应对人口老龄化挑战中的作用与意义日益凸显。老年教育是社会主义核心价值观培育践行的重要领域，它有助于满足老年人精神文化需求，提高老年人的健康素养、信息素养、文化素养、道德修养、政治意

---

* 覃志红，河北省社会科学院邓小平理论、"三个代表"重要思想和科学发展观研究所（精神文明建设研究中心）研究员，研究方向：马克思主义哲学与社会发展理论。

识和法律意识，既可以促进老年人持续社会化，进一步化解我国人口老龄化的发展危机，也有助于构筑社会文明新风尚。快速发展的老年教育也需要社会主义核心价值观来引领方向。以老年教育为核心切入点，可以在更深层次布局积极老龄化发展，将老年教育纳入终身教育体系，不断扩大老年教育供给，提升服务能力，创新老年教育形式，丰富老年教育内容，为积极老龄化提供思想文化、人才与科技的支撑。

据《河北省 2021 年国民经济和社会发展统计公报》数据，2021 年末，河北省 60 岁及以上老年人口 1507 万人，占总人口比重为 20.23%，其中 65 岁及以上人口 1111 万人，占总人口比重为 14.92%。[①] 河北是全国 13 个 60 岁以上人口超过 20% 的省份之一[②]，当前和今后一段时期人口老龄化形势十分严峻，这也对河北的老年教育提出新的更高的要求。

一 河北老年教育发展历程与现状

河北省老年教育起步于 20 世纪 80 年代中期。按照中央有关精神，由河北省各级党委组织部和省委老干部局主管主办的老年大学相继成立。2018 年河北省机构改革，将老年教育管理职能划转至河北省教育厅并成立老年教育处。2021 年，将老年教育处职责划入职业教育与成人教育处，加挂老年教育处牌子，其主要职责是制定老年教育规划以及指导、检查、协调全省老年教育工作。各市参照省级机构改革，将老年教育管理职能均划转至教育行政部门。

据不完全统计，截至 2022 年 10 月，河北省老年教育机构总数达到 24952 个，省市县三级老年大学 176 所，乡镇（街道）老年教育机构 1862 个，村（社区）老年教育机构 22399 个。开放大学体系 14 个，社区教育学

---

① 《河北省 2021 年国民经济和社会发展统计公报》，河北省统计局官网，2022 年 2 月 26 日，http://www.hetj.gov.cn/hetj/app/tjgb/101642400676359.html。

② 《13 省份 "60 岁+" 人口超 20%，山东老年人口数量最多》，新浪财经，2022 年 9 月 3 日，https://finance.sina.com.cn/china/2022-09-03/doc-imqmmtha5794803.shtml。

院 323 个，高校、职业院校 22 个，社会力量 37 个，基本形成省、市、县（市、区）、乡镇（街道）、村（居）委会五级老年教育网络，老年大学、社区教育、老年开放大学、行业企业老年教育、医养结合老年教育、社会力量参与老年教育等六种老年教育渠道并行的老年教育办学和服务体系，全省县级以上城市均建有老年大学，81.77% 的乡镇（街道）建有老年学校，47.57% 的行政村（社区）建有老年教学点。[①]

二 河北老年教育的新发展新特点

河北老年教育总体上形成以政府为主导、以各级老年大学为依托、以基层社区为主阵地，借助开放大学、高等院校、企业和其他各类社会组织多方参与，广泛开展老年教育的多维发展格局，新时期呈现出一些新的发展特点。

（一）系统谋划，资源整合，优化布局

2020 年 6 月，河北省教育厅等 12 部门出台《河北省老年教育三年行动计划（2020-2022 年）》（以下简称《三年行动计划》），该计划提出要发挥省委教育工作领导小组牵头抓总和协调指导作用，加大对老年教育工作的领导力度，进一步明确老干部局、民政厅等相关单位的工作职责和任务分工，形成教育行政部门牵头，组织（老干部）、民政、文旅、卫健、国资等多部门参与，协同推进全省老年教育工作的新局面。石家庄市、承德市、保定市、辛集市等结合工作实际成立社区教育、老年教育工作领导小组，统筹全市老年教育、社区教育工作。

《三年行动计划》提出"六大渠道、八项建设"的老年教育工作思路，不断整合资源，优化老年教育布局，扩大和优化老年教育资源供给。六大渠道办学模式如下所述。

[①] 数据来自河北省教育厅相关部门统计资料。

第一，省市县三级老年大学办学体系。河北省按照国家和省老年教育发展规划要求，县以上城市建有一所老年大学，主要依托组织（老干部）部门创办并负责管理的老干部系统老年大学，学校规模较大，有独立编制和经费保障，主要利用老年大学（学校）、活动中心等场所组织离退休老干部开展线下课堂学习。

第二，城乡社区老年教育办学体系。河北省在县以下主要依托社区教育阵地开展社区老年教育，实行社区教育与老年教育融合发展。社区老年教育在城镇街道和社区主要依托各类文化活动中心、成人学校、社区综合文化服务中心等设立社区学校（教学点），在乡镇依托综合文化站、成人学校、文化活动中心等场所设立社区学校，在行政村（社区）重点依托村文化活动室、党员活动室设立社区教学点。教学场地、设施、师资队伍、经费投入、资源建设等主要由社区教育教学点与地方教育部门（或开放大学）统筹共建和负责。教学内容紧密结合社区治理、乡村振兴和新时代文明实践中心建设、智能技术运用等，以丰富老年教育内容和形式，推进社区老年教育的发展。

第三，老年开放大学建设体系。河北省依托河北广播电视大学设立河北老年开放大学，并指导各市推进老年开放大学建设工作。各地利用电大分校、电大学院（工作站）、社区学院设立老年开放大学。省市县三级开放大学体系的老年开放大学建设由各级教育行政部门统筹指导。承德市、秦皇岛市、唐山市、沧州市、辛集市也已挂牌成立市级老年开放大学。

第四，部门、院校、行业企业老年教育。河北省卫健委利用医养结合机构、全国示范性老年友好型社区设立老年学习点，开展教育活动；文旅部门利用文化馆、群艺馆等文化场所进行老年教育；省老科协、省科技馆共同筹建了河北老年科技大学；大型企业面向离退休职工，通过开办老年学校、创建学习团队等形式开展丰富多彩的学习活动；普通高校、职业院校利用教育资源优势开展老年教育，建设有7所老年教育试点校和15所老年教育推进校。老年教育教学管理、经费投入、资源建设主要由相关主管部门统筹安排。

第五，养教结合老年教育。河北省利用养老、托老机构提供老年教育服务。民政部门利用养老机构、日间照料中心等开展学习教育活动，积极探索养教结合老年教育模式。截至 2021 年底，河北省 40 家四级及以上养老机构全部开展老年教育服务。

第六，社会力量参与老年教育。鼓励推进举办主体、资金筹措渠道的多元化，鼓励和支持各类社会力量通过独资、合资、合作等形式开办或参与老年教育。

近年来，河北省先后出台《河北省积极应对人口老龄化"十四五"规划和 2035 年远景目标》《关于推进老有所为同老有所养相结合的指导意见（试行）》《关于加强新时代老龄工作的若干措施》等，倡导终身学习教育。同时积极推动立法，将老年教育纳入养老服务体系建设。2021 年 5 月，《河北省养老服务条例》以"老年人教育服务"专章的形式列入，提出县级以上人民政府要将老年教育列入教育发展规划，构建终身学习的教育体系。同时，多渠道多举措强化老年教育的机构、阵地、平台、师资、内涵、标准、品牌、理论等方面建设，不断创新探索发展路径，提升老年教育服务供给质量。

（二）协调引导，深入研究，宣传造势

为推进老年教育工作，河北省 2022 年 2 月专门成立了河北省老年教育指导委员会，建成省级层面研究、咨询、指导、推动老年教育的专家组织，围绕老年教育开展基础理论研究以及教学改革和质量评价等方面的应用研究，推动全省老年教育高质量发展。指导委员会的主要任务有六个。一是立足全省老年教育事业发展情况，凝聚、整合、拓展老年教育理论研究资源，开展老年教育基础理论研究和应用研究工作，为老年教育长远健康发展提供政策依据和科学指导；二是研究本省老年教育存在的主要问题，起草老年教育发展中长期规划，对本省老年教育高质量发展提出意见建议；三是研究制定老年教育行业标准和规范，开展老年教育教学质量评价、示范性机构评估和认定等工作，推动全省老年教育标准化、规范化发展；四是研究老年教育

教学体系，指导、推动教学改革与创新，参与相关专业教学标准研制、解读和推广实施工作；五是组织开展老年教育师资培训、理论研讨、信息交流与合作等相关活动；六是指导推进数字化教学资源共建共享等。

同时，为充分挖掘和发挥各地办学优势，2020年由河北老年大学牵头成立了河北省老年大学联盟，11个设区市老年大学为联盟理事单位，加强各级老年大学之间的交流与合作，积极探索老年大学发展的新路径，共同助力河北省老年教育事业，合力提高河北省老年大学的整体质量和水平。

2020年，河北省出台《河北省教育厅关于印发河北省示范性老年教育机构评估标准的通知》，开展示范性老年教育机构认定工作。2021年，首批认定石家庄职业技术学院（石家庄社区老年大学）等40个机构为河北省示范性老年教育机构，同意石家庄市老年大学等6个机构保留河北省示范性老年教育机构称号。第二批认定工作正在推进中。

此外，河北老年教育坚持"以老为本，为老服务"的宗旨，加强老年教育的宣传工作，主要以活动宣传为重点，以典型宣传为示范，以网络、媒体等宣传为主线，构建多方位的立体式宣传平台，营造老年教育的氛围。如，依托老年学习平台，在全省社区教育、老年教育系统开展"百年荣光·百姓百展"建党百年作品展播活动，引导老年人抒发爱党爱国情怀，打造党史学习教育特色课堂。活动期间全省累计上传作品影像、视频资料5316个，浏览量近300万人次。又如，"喜迎二十大　校园展风采"系列展播评选活动，以及以"最美老年大学、最炫老年活动、最美才艺之星"为主题的展播活动，充分展现河北省老年教育机构风貌和老年学员风采。再如，结合河北省各地老年教育、社区教育发展实践和特色，拍摄《燕赵大地展新颜 老年教育谱新篇》宣传片。同时，探索老年游学，组织拍摄保定市、承德市、秦皇岛市、石家庄市老年游学线路推荐片，将老年教育融入乡村振兴战略。2021年8月27日，河北省老年教育工作经验在《全国老龄工作简报》（2021年第16期）宣传报道；河北省"智慧助老"教育培训经验在《人民日报》、"学习强国"平台宣传报道；河北电视台受中央电视台委托，对河北省老年教育工作进行专访，并于2022年2月26日中央电视台新闻频道（CCTV-13）《新闻直播间》栏目以"线上报名'秒杀'老年教育受欢迎"和"多方合力 缓解老年人'求学难'"为题进行报道。2022年6月，国家发展改革委、民政部、国家卫生健康委三部委联合发文公布全国61个积极应对人口老龄化重点联系城市，河北省石家庄市和青县成功入选。

此外，河北省卫健委、河北省内一些医疗机构和医务工作者也借助新媒体，如官微和公众号等积极开展老年健康教育，对于老年慢性病防治、老年健康保健常识、传染病防治知识以及中医防病养生保健知识等进行科普，并积极倡导健康生活方式。

（三）依托优势基础，特色融合提质发展

老年大学仍是我国老年教育的主要方式，各级老年大学是老年教育发展的重要依托。近年来，河北老年大学和各地市老年大学在标准化建设、课程设置、授课形式、合作办学等方面积极探索实践创新，取得了可喜的成果。

石家庄市构建市区老年大学"2+4"阵地体系，通过建分校和输送师资课程，21个县区实现了老年大学全覆盖。唐山市开展社区老年教育实体化和标准化建设，已初步形成了由市社区教育学院、14个县（市）区分院、205个乡镇（街道）社区教育中心和千余所市（村）民学校组成的四级社区教育办学体系。承德市利用教育资源、社区资源、老干部活动中心资源，多部门合力建设60所老年学校。秦皇岛市盘点全市特色文旅资源，提出"研学""游学"项目化的发展思路，重点打造"社区教育实验基地""生态体验基地""游学项目基地"，使老年人学在其中、乐在其中，实现浸润式体验学习。邢台市宁晋县开办中等职业院校老年大学，探索老年教育学习新模式，不断发展各种专业社团，每年参加各类社团活动的老年人达5万人次，极大地丰富了当地老年人的精神文化生活。

石家庄市老年大学秉承"厚德博学，康乐有为"的办学理念，通过政治立校（思想精神引领），质量强校（科学发展、高质量发展），文化兴校（深挖内涵，育人全面进步），提升教育教学质量水平。石家庄市老年大学

现设 8 个系 45 个专业 160 门课程，课程层次分为初级班、中级班、高级班或研修班，还开设"重阳讲坛"等公开课程，由知名专家学者授课。围绕创建全国标准示范老年大学，构建高质量课程体系，完善了教学系统化建设，发挥了教学大纲指导作用，推动了教材标准化建设，组织编写了国画、书法等教材，打造了校本课程。探索院系分级管理，激发特聘系主任积极性，提升教学管理规范化、标准化水平。

石家庄市老年大学提出的老年教育课程体系建设理念，是对老年教育的系统化梳理，是基于老年教育发展阶段的前瞻性设计，也是全面提升老年教育质量、丰富老年群体思想文化水准的积极应对举措。石家庄市老年大学与河北师范大学合作共建"河北师范大学老年教育研究基地""河北师范大学家政学专业实习实践基地"，聘请河北师范大学的老师担任系主任，全面参与课程体系建设，并通过教师培训提升教学的规范化、专业化、信息化水平，凝聚教师为国执教、为民执教的正能量，推进老年教育教学高质量发展。

地方特色文化是老年教育弘扬社会主义核心价值观的宝贵资源，许多老年大学将地方特色文化与老年教育相结合进行课程设置，既提升了老年人的文化素养又传承了中华优秀传统文化。如井陉拉花和霸王鞭分别属于河北省第一批和第五批省级非物质文化遗产名录项目，河北老年大学在其舞蹈戏剧系开设了井陉拉花课程，石家庄市老年大学则在其舞蹈系开设了霸王鞭的教学课程，非常受学员欢迎。

（四）社区共学共建，教育服务惠民生

社区共学共建，既是对实施积极人口老龄化发展国家战略的应对，也是对老年教育发展趋势的顺应。社区共学共建的核心理念之一，是让老年人本身成为老年教育的资源，让生活在社区的老年人，为了生活质量的提高，自觉、自愿在社区学习共同体中互爱互信、相助相伴、共学共乐，更加健康、积极、优雅、有尊严地享受生命。以社区共学共建实现老年教育的社会价值，将其纳入老年教育政策规划，可以助推老年教育高质量发展，以老年教

育普惠民生。未来社区共学共建将成为我国老年人社区养老的新风尚。

保定市乐满家养老服务中心是河北乐满家文化传播有限公司为满足中老年人精神文化生活而搭建的一个公益平台。"共同学习，抱团养老"是乐满家养老服务中心的核心理念。该养老服务中心创立的初衷，缘于曹志华的父亲。其父亲退休后，多次买保健品上当受骗，当作为女儿的曹志华意识到是老人防骗意识差而且过于孤独所致时，萌生出创立公益助老组织的想法，以期为老年人服务，排解他们的孤独。曹志华的想法得到爱人韦子斌的大力支持，于是夫妻二人于 2016 年 7 月 1 日在莲池区假日花园南区社区活动中心正式建起了乐满家养老服务中心。他们自筹资金、坚持公益。乐满家养老服务中心的服务者从夫妻俩到一支志愿者队伍。授课和管理都由志愿者承担并负责。基于老年人自我学习与服务他人的双重需求，通过"自我服务"模式让老年人发挥个人专长，展现个人价值，重塑自我，恢复自信。乐满家养老服务中心成立 6 年多来，先后开设过 30 多门公益课，组织各类公益活动 1300 余场，长期学员近 5000 人，累计服务中老年人 20 余万人次。在获得社区老年人普遍认可的同时，乐满家养老服务中心的影响力不断扩大，2018 年，获得"河北省社区教育实验基地"称号。2017 年 3 月，保定广播电视大学（保定社区教育学院）经过调研，决定对乐满家养老服务中心全方位帮扶，并推广其做法。"保定社区教育学院实践基地"挂牌乐满家养老服务中心，这对乐满家养老服务中心而言，是一个转折点。从这一天起，乐满家养老服务中心摆脱"单打独斗"的局面，走上与学校融合发展的道路。如今，校企合作联盟发展模式已成为河北省社区教育模式之一。

实施普惠性老年教育，是在全面建成小康社会和人口老龄化背景下，发展老年教育的必然要求。老年群体通过自主学习改变生活方式、提高生活质量、促进邻里关系和谐、倡导社会文明风尚。此外，许多老年人通过积极参加公益志愿服务，在助人中自助，在服务中学习，收获了健康与快乐。

河北省沧县就有一支群众自发组建的"大白洋桥星光艺术团"活跃在当地群众中。该艺术团最初是一些老年文艺爱好者在村口小广场利用"全民 K 歌"聚集唱歌自娱自乐，后来参与的人多起来，就在白一、白二、白三3个村委会支持下，组建了筹备小组，拉起了队伍。该艺术团团员有30多名，负责后勤保障的有10余人，团员年龄最小的50岁，最大的75岁。一些热心的村民积极赞助演出器材和服装，艺术团成员平常在一起排练红色歌曲的合唱和歌舞，国庆节、"七一"党的生日、"八一"建军节等重要节日会在广场演出，引来广大村民驻足观看。农闲时打麻将的村民少了，来唱歌看演出的村民多了，极大地丰富了当地农村留守老人们的文化生活，也在一定程度上净化了社会风气，形成了一定的凝聚力。

（五）多元融合，集优质资源合作办学

多元融合、合作办学，整合各类教育资源也成为老年教育发展的一个新态势。如，河北老年大学同河北工业职业技术大学开展合作办学，扩大了老年大学办学场地，改善了办学条件，每年可容纳1.5万老年人学习。再如，石家庄市老年大学深化与河北师范大学、省文史馆，以及驻石高校、市属院校、社会专业机构团体的深层次合作，形成联席会议制度和研究交流机制；加强与中国老年大学协会、全国先进省市老年大学、河北老年大学及河北老年开放大学的联系交流，共享优质教育资源，提升远程教育水平，助推基层老年教育发展。

教育行政部门鼓励院校积极参与老年教育。开展院校老年教育试点工作，确定河北旅游职业学院等7所院校为2022年河北省老年教育试点建设学校，河北大学等15所院校为2022年河北省老年教育试点推进学校，接收有学习需求的老年人入校学习，开展科学规范的老年教育活动。河北老年开放大学试开了智能手机使用、手工花艺、诗词鉴赏、八段锦和简谱钢琴等远程教学班，实现"线上资源+直播导学答疑+微信群辅导"的教育模式。

同时，鼓励支持举办老年大学的高校、职业学校和其他有条件的高校、职业学校、中小学等，结合自身优势，通过联合共建、师资和教学资源开放共享等多种形式参与办学和服务体系建设；转化电大系统部分教师资源，整合各行各业的专家能手、普通教育的教师，建立老年教育专兼职教师资源库；邀请老干部、老学者、老专家、老教师、老艺术家和大中专院校的师生建

立志愿教师资源库；鼓励有条件的高校开设老年教育相关专业；支持有资格的高校开展老年教育方向的研究生教育，加快培养老年教育教学、科研和管理人才；对老年教育教师进行岗位培训，提升老年教育教师队伍的综合素质和教学能力。

（六）搭建平台，数字化助力资源共享

消除数字鸿沟，提高老年人群体对新兴科技的了解和掌握，最大限度地给予老年人群体接触科技社会发展的自主化空间，通过高质量的教育、学习，帮助老年人群体更好地体验科技发展给生活带来的便利，不断提升其信息素养，使其更好地融入新时代社会发展环境，已成为当前老年教育的一项重要工作。

河北省依托"河北终身学习在线"建设老年数字化学习公共服务平台，开发移动学习功能，推出适合老年人使用的教育 App（手机客户端）和微信学习端。本着统一维护、资源共享、数据互通原则，搭建省域范围内省市县三级老年数字化学习平台。通过开发、整合、推介及引进等多种方式，建设优质、开放、兼容、共享的全省通用型老年数字化学习资源库。利用平台开放老年教育数据统计分析、互动分享功能，将全省各级各类老年教育机构纳入信息化管理，开展各项活动，也在一定权限内进行交流，相互促进、共同提高。

疫情也对老年教育信息化、网络化的发展产生了一定的促进作用。许多老年大学借助现代互联网数字化、信息化的手段，进行了课程探索，线上教育成为线下课堂的有益补充。如今，线上、线下教育的融合发展为新时代老年教育高质量发展开辟了新路径。此外，依托数字平台培训各级管理员和线下指导师，研发推送精品课程，开展远程教学，把优质社区教育和老年教育资源向城乡基层延伸，不断满足城乡老年人多样化、个性化的学习需求。

成立于 2021 年 9 月的河北老年开放大学，推进实行实体教学班和网络教学班有效融合、线上自主学习与线下体验学习相结合的老年教育新模式。为推进河北省社区教育、老年教育事业高质量发展提供支持服务。2023 年 3

月 3 日，国家老年大学在国家开放大学挂牌，初步建成全国老年教育公共服务平台，积极整合优质资源，汇聚了 40.7 万门、总计 397.3 万分钟老年教育课程资源，[①] 打造国家级老年教育资源库，为未来向全国老年教育机构推送优质资源提供保障。河北开放大学作为全国"首批"5 所（成都开放大学、广州开放大学、河北开放大学、吉林开放大学、辽宁开放大学）试点办学单位之一，积极参与国家老年大学建设。

三　河北老年教育的实践思考

河北省老年教育尽管取得了一些成果和经验，但与时代要求和先进省份相比，还存在较大的差距，需要在顶层设计、宣传力度、经费投入、标准建设、理论研究等方面逐步加强。

（一）进一步加强顶层设计，加大政策立法扶持力度

从总体上看，地方政府对老年教育重视程度不够，多数地方政府没有把发展老年教育纳入经济社会发展总体规划，没有真正将积极老龄化理念、终身教育理念纳入整体规划，进而贯彻在机构设置、人员编制和经费投入的相关规划中。对鼓励社会力量参与老年教育也缺乏切实具体的相关政策法律支持。

（二）加大宣传力度，加强引导与业务指导

应在全社会加大积极老龄化宣传，老年人不是社会的负担，而是社会的财富。在老年教育中要运用优势视角，善于开发老年人力资源，合理开发老年教育市场资源，借助老年教育打造新的经济增长极。同时，对于老年教育要加强引导，坚持正确的政治方向，坚持社会主义核心价值观，弘扬社会正

---

① 《人民日报 | 国家老年大学正式挂牌成立，如何报名学习？》，搜狐网，2023 年 3 月 4 日，https：//www.sohu.com/a/649425074_121106822。

能量，坚守社会意识形态主阵地，这是老年教育发展必须坚持的政治立场。因此，各级老年教育机构在办学过程中必须注意加强意识形态建设和思想政治引领。同时，一些基层的老年教育机构和老年社区共学群体也亟须相应的专业指导，以助力其更快更好地成长和发展。

（三）增加老年教育的经费投入

河北省老年教育经费并未列入专项经费，这使得从省级到县级，老年教育经费投入都严重不足。特别是一些乡镇（街道）、村（社区），还存在无机构、无人员、无场地、无经费等"四无"现象。基层老年大学的教师大多没有薪酬或只是象征性的补贴，优质教师难以留任，教学水平难以保证，在一定程度上制约了学校正常教学工作的开展，影响了老年大学的健康发展。各级政府应积极探索和落实相关财税政策，鼓励各类社会力量加大投入，鼓励各类教育发展基金会设立老年教育专项发展项目或鼓励和支持行业企业、社会组织和个人设立老年教育发展基金，积极探索多渠道投入机制，不断加大老年教育经费投入。

（四）强化标准建设与监管

目前，各地老年大学在学校建设、机构设立、教师队伍建设、学校运行与管理、学科专业与课程设置、教育督导等重点领域缺乏统一的指导标准，亟须尽快进行统一规范。制定出台省市县三级老年大学、城乡社区老年学校、老年学习点等老年教育机构建设指导标准，老年教育示范校、体验基地评估标准，终身教育学分银行学习成果认定、积累和转换标准等。研究老年教育通用课程教学大纲，逐步推进教材规范化建设。同时，老年教育市场化介入的标准和规则也需进一步细化，只有这样才能强化监管、促进发展。

（五）增强专业力量的组织与支持，加强理论研究

当前，老年教育理论研究远远满足不了现实发展需要，亟须加强。各级

老年教育行政管理部门和各类老年教育机构要组织开展理论研究工作。依托有关高校、科研院所、老年大学，建立老年教育研究基地（机构），定期组织召开老年教育理论研讨会，开展老年教育理论、政策和应用研究，探讨和解决老年教育发展中的实际问题。

（六）积极倡导健康均衡生活方式

加强老年教育的宣传工作，主要以活动宣传为重点、以典型宣传为示范、以网络、媒体等宣传为主线，构建多方位的立体式宣传平台，营造老年教育的氛围。倡导"积极老年观"和终身学习理念，倡导绿色、健康、文明、均衡的生活方式，鼓励并支持健康的老年人积极参与社会活动，投身公益和志愿服务，为推进中国式现代化河北场景建设下老年人的"社会化发展"提供更多知识和技能的支持。

案例创新篇

Case Studies Reports

"五力文化"价值观塑造与成效

——社会主义核心价值观在河钢集团的实践

李炳军*

摘　要： 社会主义核心价值观是当代中国精神的集中体现，是凝聚中国力量的思想道德基础。党的十八大以来，河钢集团坚持以习近平新时代中国特色社会主义思想为指导，贯彻落实党中央《关于培育和践行社会主义核心价值观的意见》，突出经济行为和价值导向相得益彰、经济效益和社会效益有机统一，把培育和践行社会主义核心价值观贯穿于职工教育、素质提升全过程，落实到企业生产经营、文化建设各领域，探索实施以提升"政治引领力、品牌竞争力、队伍战斗力、企业凝聚力、价值创造力"为主要内容的"五力文化"价值观塑造，推动社会主义核心价值观日常化、具体化、形象化、生活化，渗透到企业理念、战略制度、组织、文化等方方面面，使之成为全体职工的情感认同和行动自觉，为推动河钢高质量发展提供了强大的思想引领、精神支撑和文化条件。

---

*　李炳军，河钢集团有限公司党委副书记，研究方向：企业文化。

关键词： 社会主义核心价值观　企业文化　价值理念

"我们要从巩固全党全国各族人民团结奋斗的共同思想基础、巩固党的执政地位的战略高度，持续加强社会主义核心价值体系建设，把培育和弘扬社会主义核心价值观作为凝魂聚气、强基固本的基础工程，作为一项根本任务，切实抓紧抓好。"[①]

河钢集团认真贯彻落实习近平新时代中国特色社会主义思想，探索实施政治引领力、品牌竞争力、队伍战斗力、企业凝聚力、价值创造力"五力文化"价值观塑造，将社会主义核心价值观进一步细化为具有河钢特色的企业文化理念，成为职工可识、可感、可行的精神支柱和行为准则。同时，注重宣传教育、示范引领、实践养成相结合，推动社会主义核心价值观具体化、形象化、日常化、生活化，融入企业精神理念、战略规划、制度设计、组织建设和队伍建设各方面，渗透到企业生产经营和文化建设全过程，在全体职工中形成情感认同、价值风向和行动习惯，有力促进了人的全面发展和企业高质量发展。

一　"五力文化"价值观塑造的实践背景

河钢集团组建于 2008 年，是河北省最大的国有企业。作为世界最大的钢铁材料制造和综合服务商之一，河钢以"建设最具竞争力钢铁企业"为愿景，致力于为各行各业提供最具价值的钢铁材料和工业服务解决方案，已经成为中国第一大家电用钢、第二大汽车用钢供应商，海洋工程、建筑桥梁用钢领军企业。河钢集团在 MPI 中国钢铁企业竞争力排名中获"竞争力极强"最高评级；被党中央表彰为"全国先进基层党组织"，被省委、省政府

---

① 中共中央文献研究室编《习近平关于社会主义文化建设论述摘编》，中央文献出版社，2017，第 107 页。

评为"河北省文明单位"，荣膺"全国五一劳动奖状""全国模范职工之家""全国安康杯竞赛优胜单位"等称号。

党的十八大提出，倡导富强、民主、文明、和谐，倡导自由、平等、公正、法治，倡导爱国、敬业、诚信、友善，积极培育和践行社会主义核心价值观。党的十八大以来，河钢坚持以习近平新时代中国特色社会主义思想为指导，牢记"国之大者"，瞄准培育和践行社会主义核心价值观与企业生产经营、文化建设等各项工作高度契合、全面融入，突出经济行为和价值导向相得益彰、经济效益和社会效益有机统一。探索实施政治引领力、品牌竞争力、队伍战斗力、企业凝聚力和价值创造力"五力文化"价值观塑造，促进社会主义核心价值观在河钢落实落地，铸灵魂、强筋骨、提素质，全力推动企业转型升级、高质量发展，持续提升职工获得感、幸福感、安全感。截至 2022 年底，河钢在全球拥有在岗员工 10 万人，其中海外员工 1.2 万人，年营业收入超过 4000 亿元，总资产超过 5000 亿元，形成了钢铁材料、新兴产业、海外事业与金融服务深度融合、高效协同的格局，正努力发展成为具有世界品牌影响力的跨国工业集团。河钢连续 14 年位列世界企业 500 强，2022 年居第 189 位。

二 "五力文化"价值观塑造的探索实践

习近平总书记强调，"核心价值观是一个民族赖以维系的精神纽带，是一个国家共同的思想道德基础"。① 构建具有强大感召力的社会主义核心价值观，关系社会和谐稳定，关系国家长治久安。

党的十八大以来，河钢坚持以习近平新时代中国特色社会主义思想为指导，贯彻落实党中央《关于培育和践行社会主义核心价值观的意见》，把培育和践行社会主义核心价值观贯穿于职工教育、素质提升全过程，落实到企业生产经营、文化建设各领域，探索实施以提升政治引领力、品牌竞争力、

---

① 习近平：《在文艺工作座谈会上的讲话》，人民出版社，2015，第 22 页。

队伍战斗力、企业凝聚力、价值创造力为主要内容的"五力文化"价值观塑造，推动社会主义核心价值观落细、落小、落实，坚持知行合一、行胜于言，使社会主义核心价值观真正成为职工能够感知、领悟、实践的价值导向、精神追求和行动自觉，为打造河钢"铁军精神"、实现高质量发展，提供了强大的思想引领、精神支撑和文化条件。

（一）筑牢思想高地，提升政治引领力

厚植爱党、爱国、爱社会主义的情感，是培育和践行社会主义核心价值观的重中之重。河钢坚持以习近平新时代中国特色社会主义思想为指导，以提升政治引领力为出发点，增强干部职工的政治认同、思想认同、情感认同，不断用党的创新理论武装头脑，用爱国主义精神涵养情怀，用依法依规诚信守诺为生产经营保驾护航。

1. 以理想信念教育为根本，塑造共同价值追求

习近平总书记强调，"一个国家，一个民族，要同心同德迈向前进，必须有共同的理想信念作支撑"。① 理想信念是立党兴党之基，也是党员干部职工安身立命之本。河钢紧紧抓住树立正确的世界观、人生观、价值观这个总开关，持之以恒开展理想信念教育，用党中央新理念、新思想、新战略武装头脑，用党史、新中国史、改革开放史、社会主义发展史明理增信，引导全员深刻领悟"两个确立"的决定性意义，不断增强"四个意识"、坚定"四个自信"、做到"两个维护"，自觉做习近平新时代中国特色社会主义思想的坚定信仰者和忠实践行者。

突出抓好"关键少数"，理论学习制度化。认真贯彻落实党委会"第一议题"制度和党委理论学习中心组学习制度，把深入学习习近平新时代中国特色社会主义思想作为首要政治任务，每月一主题集中学、原著原文不定期自学、邀请专家辅导学，在学习中补足精神之"钙"，在担当中锤炼党性作风，在日常生活中增强道德修养，引导党员干部把实现人生理想与党和国

---

① 《习近平谈治国理政》（第二卷），外文出版社，2017，第 323 页。

家事业发展紧密结合、无缝对接。2022 年以来，河钢两级党委理论学习中心组开展集中学习和专题研讨 310 次。

坚持辐射"绝大多数"，教育引导常态化。河钢子公司、分公司遍及省内省外、国内国外，直接或间接参股、控股境外公司 70 多家。河钢把教育引导作为培育和践行社会主义核心价值观的基本抓手，坚持"一个都不落下"原则，发挥各级党组织作用，实施"百千万"宣讲工程——百名党员干部、先模人物带头宣讲，组织上千宣讲场次，覆盖数万名党员学习，用好"学习强国""智慧党建云"线上学习平台等宣教渠道，开展党史学习教育和覆盖全员的理想信念教育，引导干部职工坚定对马克思主义的信仰、对中国特色社会主义的信念、对实现中华民族伟大复兴中国梦的信心。2021 年以来，共组织党史学习教育基层宣讲 9400 余场次，党的二十大精神专题宣讲 2500 余场次，受众累计超过 30 万人次。

2. 以爱国主义教育为核心，厚植钢铁报国情怀

习近平总书记强调，"在社会主义核心价值观中，最深层、最根本、最永恒的是爱国主义"。① 河钢贯彻落实《新时代爱国主义教育实施纲要》，坚持思想中的爱国主义与行动上的钢铁报国同频共振，通过组织党员干部红色教育、广大干部职工"四史"教育、团员青年厂史教育等活动，弘扬爱国主义、传承奋斗精神，激扬爱国之情、砥砺强国之志、实践报国之行。

丰富载体形式，组织开展喜闻乐见的爱国主义教育活动。每年国庆节，组织干部职工在总部大楼广场举行升旗仪式，感受强国富民、伟大复兴的荣光，胸怀发展企业、报效国家的壮志，激励动员全体河钢人以新姿态、新作为、新业绩，为加快建设经济强省、美丽河北，为实现中华民族伟大复兴的中国梦作出更大贡献。各子公司、分公司党委分别举办"喜迎国庆节 礼赞新时代"摄影书画作品展、"诵读红色经典 感受信仰力量"红色经典诵读、"唱响时代旋律 歌颂伟大祖国"红歌合唱比赛等庆祝活动，热情讴歌党的丰功伟绩和新中国的辉煌成就，激发干部职工爱党、爱国、爱社会主义

---

① 习近平：《在文艺工作座谈会上的讲话》，人民出版社，2015，第 24 页。

的无限热情，坚定献身企业、做强事业的坚定意志。

用好红色资源，在传承红色基因中厚积爱国情怀。习近平总书记强调，"一切向前走，都不能忘记走过的路，走得再远、走到再光辉的未来，也不能忘记走过的过去，不能忘记为什么出发"。[①] 河钢深化爱国主义教育示范基地的建设，在承钢建成河北省首批 50 家社会主义核心价值观涵育（教育）基地之一，成为开展爱国主义教育的重要阵地。在集团总部和部分子公司、分公司设立厂史展览和产品实物展馆，办成爱国爱厂教育"讲堂"，组织广大干部职工观展，了解企业的奋斗历程和发展巨变，强化承前启后、干好本职、助力发展的自豪感和责任感，高扬踔厉奋发、勇毅前行的拼搏精神。坚持让党员干部在接受红色教育中感悟初心使命、坚定理想信念，充分运用"新中国从这里走来"的西柏坡革命圣地、狼牙山爱国主义教育基地、八路军一二九师司令部旧址等红色教育资源，开展主题党日、现场讲党课等富有体验感的爱国主义教育活动，教育党员干部深刻认识红色政权是怎么来的、新中国是怎么来的、今天的幸福生活是怎么来的，切实将党员干部的爱国热情转变为精益求精工作的实际行动，意气风发、团结奋斗，一往无前、追求卓越。

3. 以法治诚信教育为保障，营造健康经营环境

习近平总书记在党的二十大报告中强调，"坚持依法治国和以德治国相结合，把社会主义核心价值观融入法治建设、融入社会发展、融入日常生活"。[②] 河钢坚持依法依规治企、诚信合规经营，常态化开展法治宣传教育，编制了《河钢集团诚信合规手册》，让法治、诚信、合规文化深入人心、导引行动，为企业经营发展营造健康环境。

加强法治宣传教育，提高依法治企能力。河钢党委深入学习贯彻习近平总书记关于全面依法治国的重要论述，将法治宣传教育作为依法治企的重要措施和践行社会主义核心价值观的重要任务。每年国家宪法日开展系列宣传

---

① 习近平：《在党史学习教育动员大会上的讲话》，人民出版社，2021，第 3 页。
② 习近平：《高举中国特色社会主义伟大旗帜 为全面建设社会主义现代化国家而团结奋斗——在中国共产党第二十次全国代表大会上的报告》，人民出版社，2022，第 44 页。

教育活动，弘扬宪法精神、维护宪法权威，进一步增强广大干部职工自觉学法、知法、懂法、守法、用法的法治观念。结合企业实际，实时跟进学习宣传《民法典》《安全生产法》等法律法规，着力提高依法经营、依法管理能力。坚持开展经营管理人员法治培训、党员干部法律知识年度考试和广大职工日常案例学习，把依法决策、依法管理、依法经营作为考核经营管理人员的重要依据，为企业和谐稳定、良性运行营造良好的法治氛围。

加强诚信合规教育，提升全员诚信意识。在生产经营过程中，高度关注客户需求，通过开展"质量月"活动、客户满意度问卷调查等方式，与上下游客户开展诚信合作，在保供货、保质量、保服务等方面全方位守信践诺、诚信经营。通过发放诚信合规倡议书、在媒体开设专栏、发布公益广告等方式进行多渠道宣传，增强广大干部职工的诚信意识，在单位做诚信员工、在社会做诚信公民，构建"诚实做人、诚信做事"的守信环境。

（二）锚定战略目标，提升品牌竞争力

培育和践行社会主义核心价值观是经济社会发展的客观要求，是推动高质量发展沿着正确道路前进的重要保障。河钢结合企业战略目标和发展定位，把社会主义核心价值观细化、显化为具有河钢特色的文化理念，让职工理解、遵从起来更直观、更具体。形成了以"建设最具竞争力钢铁企业"的共同愿景、"员工是企业不可复制的竞争力"的人本理念、"一切为了满足客户的需求"的营销理念、"为人类文明制造绿色钢铁"的环保理念、"做世界的河钢"的国际化理念为主要内容的企业文化理念体系。河钢以提升品牌竞争力为着力点，贯彻到企业创新发展、绿色发展、高质量发展全过程，全力打造"高端化、绿色化、国际化"的闪亮品牌，为建成富强民主文明和谐美丽的社会主义现代化强国贡献智慧和力量。

1.实施创新驱动技术升级，打造"高端化"品牌

党的二十大报告提出，要"坚持创新在我国现代化建设全局中的核心

地位"，"加快实现高水平科技自立自强"。① 近年来，河钢经历了装备升级、产品升级的发展周期，进入到钢铁向材料转变、制造向服务转变的技术升级新阶段。

河钢站在顺应国家和行业战略需求的高度，坚定不移走创新驱动、技术引领的高质量、内涵式发展道路，在钢铁制造领域主动担当起"国家队"角色。制定了《河钢集团技术升级实施方案（2022年—2025年）》，面向世界科技前沿、面向国民经济主战场、面向国家重大战略规划，把钢铁向材料转变作为钢铁制造提档升级、高质量供给，着力解决高端材料依赖进口"卡脖子"难题的有力手段。加快推进前沿产品研发和核心技术突破，大力培育行业第一、唯一并替代进口产品，构建更加自主、安全、刚性的供应链。"十三五"以来，在钢铁材料领域，河钢实现了替代70多个进口产品，为国产大飞机C919、"神舟"载人飞船、中国探月工程、"中国天眼"射电望远镜等重大科技成果及重大工程提供了大批高端钢铁材料，在钢铁领域实现科技自立自强中彰显了"河钢志气"，展示了"河钢智慧"，贡献了"河钢力量"。

2. 推进生态优先绿色发展，打造"绿色化"品牌

珍爱地球、呵护环境，珍惜资源、循环经济，实施绿色制造、生产绿色产品、实现绿色发展，已经成为钢铁行业持续健康发展的必然选择和时代使命。河钢积极践行习近平生态文明思想，秉持"为人类文明制造绿色钢铁"的环保理念，把绿色发展作为核心要义写入企业发展规划，引导干部职工在价值取向、思维方式和工作标准、生活习惯上向绿色化转变。

贯彻"绿水青山就是金山银山"的理念，带头落实国家"双碳"目标，在业内率先发布低碳绿色发展行动计划，制定"6+2"低碳技术实施路径，打造"绿色制造、绿色产业、绿色产品、绿色采购、绿色物流和绿色矿山"六位一体绿色发展体系。与美国TMS公司签署合作框架协议，打造废钢综

---

① 习近平：《高举中国特色社会主义伟大旗帜 为全面建设社会主义现代化国家而团结奋斗——在中国共产党第二十次全国代表大会上的报告》，人民出版社，2022，第35页。

合利用领域的典范；与必和必拓、北京科技大学签署共同应对气候变化战略合作谅解备忘录；启动建设"全球首例富氢气体直接还原示范工程"，建成投用我国钢铁行业的首个固定式"加氢示范站"。

河钢以实际行动谱写了人、钢铁、环境和谐共生的新篇章，"绿色制造"和"制造绿色"相得益彰，成为钢铁行业绿色转型的样板和典范。被授予"世界最清洁钢厂""全国绿化模范单位"称号，被工业和信息化部推为钢厂与城市协调发展的典型。2022 年，河钢获权签署世界钢铁协会新版《可持续发展宪章》，在世界钢铁协会第七届"Steelie"奖项中荣获"可持续发展卓越奖"。

3. 始终紧跟国家战略步伐，打造"国际化"品牌

河钢紧紧抓住"一带一路"建设等深化对外开放的重大机遇，扩大国际化战略视野，丰富国际化运作内涵，努力做到"全球拥有资源、全球拥有市场、全球拥有客户"，"做世界的河钢"，以更加开放、包容、谦和、双赢的姿态主动投身经济全球化，赢得更加广阔的发展空间和广泛的国际尊重。

河钢坚持与国家战略同向同行，培养和建设全球化团队，按照"利益本地化、用人本地化、文化本地化"原则，以全球化眼光、全球化理念推进全球化战略。真诚参与"一带一路"建设，搭建了矿产资源、钢铁制造、国际贸易三大核心业务平台，先后控股或收购了南非 PMC 公司、瑞士德高国际贸易控股公司、塞尔维亚钢厂、澳大利亚威拉拉铁矿、马其顿中板公司、南非开普敦 DSP 公司等，形成"四钢两矿一平台"海外事业发展格局。坚决贯彻落实习近平总书记视察河钢集团塞尔维亚公司（以下称"河钢塞钢"）时提出的"言必信、行必果"的重要指示精神，把河钢塞钢打造成为中国与中东欧国际产能合作和"一带一路"建设样板工程，坚定成为国家和河北省"走出去"战略的重要力量。全方位对接世界钢铁产业，加入世界钢铁协会、世界汽车用钢联盟，与瑞典国家冶金研究院、昆士兰大学等全球知名科研院所建立紧密合作关系，聚集全球创新要素，构建全球钢铁技术创新平台。上榜"中国企业全球化 50 强"和"'一带一路'十大先锋企业"，被誉为中国国际化程度最高的钢铁企业。

（三）力倡爱岗敬业，提升队伍战斗力

爱岗敬业是职业道德的灵魂，是企业员工的价值规范。河钢把弘扬爱岗敬业精神作为培育和践行社会主义核心价值观的最直接体现，强化"员工是企业不可复制的竞争力"的人本理念，以提升员工综合素养、队伍整体战斗力为切入点，引导职工热爱自己的岗位、敬重自己的职业，在企业平台上锤炼技能、提升本领，成就事业、实现价值，在勇于担当、奋楫争先、创新突破中践行"钢铁报国"的初心使命，彰显"河钢行、河钢人行"的强大自信心和创造力。

1. 加强队伍建设，搭建成长成才平台

产业工人是创造社会财富的中坚力量，是创新驱动发展的骨干力量，是实施制造强国战略的有生力量。河钢把深化队伍建设纳入战略发展规划，畅通"经营管理、专业技术、操作技能"三支人才发展通道，实施以价值创造为导向、以经营业绩为依据的市场化激励机制，营造尊重劳动、尊重知识、尊重人才、尊重创造的浓厚氛围，形成干事有舞台、成长有空间、贡献有激励的生动局面，将人生追梦汇入企业发展和国家强盛的奋进征程。

加快干部队伍年轻化。坚持德才兼备、以德为先的用人导向，出台《加快推进干部队伍年轻化的实施意见》，研究制定"发现掌握一批、挂职锻炼一批、外派培训一批、选拔任用一批"的"四个一批"年轻干部培养计划。每年选取优秀青年骨干挂职轮岗锻炼，实现了子公司、分公司两级领导干部中"75后""80后"占比28%，领导班子结构持续优化，"年轻化、知识化、专业化"整体合力不断增强。

推进专业人才市场化。拓宽选人用人视野和渠道，通过市场寻聘、内部转聘等方式选聘职业经理人，以河钢新材、河钢数字为试点，市场化聘用经营层高级管理人员16人。在技术研发、国际贸易、市场营销、资本金融等专业，市场化引进高端急需人才322人，建立了以市场化选聘、契约化管理为主要形式的干部选用新机制，为国企深度改革注入内在活力。

提升产线员工技能化。以"有理想守信念、懂技术会创新、敢担当讲

奉献"为目标，引领和推动产线员工由"操作型"向"技能型"转变，进而向"技能专家""大国工匠"登高提升。创建 152 个职工创新工作室，其中国家级 5 个、省级 35 个；每年组织岗位练兵、专业技能培训，共 20 万人次受训；分级评聘岗位技能专家，按级别享受相应待遇，让职工学有去处、用有舞台、贡献有收获，让本领和才华充分施展、受到尊重。

2. 浓厚争先氛围，争做最好的自己

河钢坚持把"创最佳的业绩，做最好的自己"作为全体职工的事业追求，聚焦生产经营主战场，瞄准重点难点问题和关键瓶颈环节，让广大职工在创新创效、比武竞技的舞台上，将爱岗敬业的精神力量转化为创造一流业绩的实际行动。

连续举办十届"河钢杯"职工技能大赛，累计开设铁、钢、轧主体工种，以及电、钳、焊、计算机等辅助工种 22 个。以技能大赛为统领，调动了广大职工苦练本领、创新创造的积极性主动性。以技能大赛为土壤，河钢职工在各级各类大赛中脱颖而出，连续 6 年代表中国参加世界模拟炼钢挑战赛，周文涛、唐笑宇、石晓伟、王瑞宾先后夺得第 11 届、12 届、15 届、16 届世界模拟炼钢挑战赛总冠军。近三年，有 35 人获得"全国行业技术能手"称号，78 人被授予"河北省技术能手"称号，河钢培养出 674 名集团金牌工人、技术标兵和技术能手。

围绕企业发展的新形势新要求，以服务中心工作为重点，在全集团 107 个产线单元中深入开展"钢铁先锋"系列主题先锋赛。2022 年以来，结合不同时期确定的战略重心和工作任务，分阶段、有针对性地设计开展了"抗疫一线党旗红，生产经营当先锋""对标一流再破冰，效率效益双提升""创最佳的业绩，做最好的自己""降成本、提售价　技术升级当先锋"等一系列主题先锋赛，充分释放广大党员攻坚克难、创先争优的价值创造力。

3. 弘扬创新精神，求新求变成就事业

创新是引领发展的第一动力。面对钢铁行业的新常态，河钢主动适应市场变化和转型发展的新要求，深植创新制胜理念，引导干部职工将创新精神作为爱岗敬业的有力推手，用每个人的高标准工作推动企业跃上新高度。

河钢聘任全球炼钢领域顶尖人才担任首席科学家，明确集团进入技术升级新发展阶段的历史方位，让广大科技工作者走到技术升级的前列，实现由服务向引领的角色转变。满足技术升级新发展阶段对科技人才的迫切需求，强化创新能力提升，大力实施领军人才、核心人才、潜力人才、苗子人才等"四个层次"人才工程，以壮大人才队伍带动科技创新、管理创新、市场创新。倡导全员敢为人先、勇争一流，打破条条框框，紧跟行业领先的经营理念和商业模式，把干事创业和企业发展紧紧连在一起。广大干部职工用爱岗敬业精神和技术创新成果展示了"河钢实力"。"十三五"以来，河钢集团承担国家科技重大专项课题 22 项、省级重点科技项目 94 项，113 项科研成果获省部级以上科学技术奖，拥有专利 6093 项；共建有 32 个全球研发创新平台，做强 3 个国家认定、5 个省级认定企业技术中心，8 个理化试验室通过 CNAS 认可。

（四）涵养向上向善，提升企业凝聚力

河钢坚持用社会主义核心价值观引领思想、凝聚力量，注重宣传教育、示范引领、实践养成一体化推进，加强社会公德、职业道德、家庭美德、个人品德教育，形成修身律己、崇德向善、礼让宽容、和谐共进的道德风尚。2019 年中宣部授予河钢塞钢管理团队"时代楷模"称号，构筑起了河钢人的精神高地，引领着十万河钢"铁军"以强烈的使命担当和高效的协同合作，团结成为具有强大向心力、凝聚力的"一块坚硬的钢铁"。

1. 牢牢把握正确舆论导向，巩固壮大主流思想

河钢坚持以团结稳定鼓劲、正面宣传为主，发挥"四位一体"宣传平台传播社会主流价值的主渠道、主阵地作用，把社会主义核心价值观贯穿到日常形势宣传、成就宣传、主题宣传、典型宣传、热点引导和舆情管控中，巩固壮大积极、健康、向上的主流思想舆论。

坚持正确导向，内聚合力。充分发挥企业内部 10 张报纸、5 家电视台、13 个网站、70 个微信公众号协调联动作用，大力宣传党和国家、省委、省政府决策部署，全面展示河钢职工奋进新时代的昂扬风貌和河钢高质量发展

新成就，凝聚起全员岗位攻坚、奋发作为的强大正能量。开展以社会主义核心价值观为主题的公益广告宣传活动，利用报纸、电视、户外广告栏、电子显示屏、宣传橱窗等阵地，设立"图说我们的价值观""讲文明树新风"公益广告宣传等专题专栏；在河钢集团微信公众平台开设"家风故事""河钢'雷锋侠'集结活动"等专栏，加强对社会公德、职业道德、家庭美德、个人品德的弘扬和宣传。严格落实意识形态工作责任制，重点针对集团转型升级区位调整关键时期的新变化，及时掌握、有效引导职工思想，构建起高扬主旋律、传播正能量的思想舆论场。

讲好河钢故事，外树形象。把践行社会主义核心价值观与展示品牌形象相结合，围绕技术升级、"两个结构"优化、绿色低碳、智能制造和参与"一带一路"建设等亮点成就，加强与中央、省级以上重点媒体沟通联系，拓展传播维度，讲好"河钢故事"，展示河钢与时代发展同频共振、与国家战略同向同行的先进理念、创新思维和发展成果。每年在省级以上主流媒体刊发河钢重点报道 3000 篇次以上。

2. 大力培育选树先进典型，发挥示范引领效应

河钢充分发挥先进典型有形正能量、鲜活价值观的作用，坚持把典型选树与作用发挥有机结合，广泛培树宣传以"时代楷模"河钢塞钢管理团队为代表的道德模范、最美人物、身边好人、优秀志愿者，弘扬时代精神，引领文明风尚，让崇德向善的旗帜高高飘扬。

河钢牢牢把握社会主义核心价值观的内涵，以精心培育推出"时代楷模"重大典型为契机，持续开展"珍惜荣誉、坚守初心，钢铁报国当先锋"主题实践活动，编辑出版《时代楷模》读本，制作"时代楷模"先进事迹网上展厅和实体展厅，着力形成持久效应，让"时代楷模"精神成为河钢人的精神标识和道德滋养。

河钢积极参与国家、省委、省国资委组织的先进典型选树活动，在广大党员干部职工中培养和选树先进典型。"时代楷模"代表、河钢塞钢执行董事宋嗣海获评中宣部等国家 9 部委联合授予的"最美奋斗者"称号。河钢涌现出全国劳动模范、全国最美职工、全国道德模范郑久强，全国向上向善好青年周文涛、唐笑宇，河北省见义勇为英雄李世杰，省国资委系统"最美河北国企带头人"张彩东等一批先模人物，取得了榜样示范、照亮一片、争做道德模范的良好效应。

3.广泛开展文明实践活动，形成崇德有礼风尚

河钢坚持立德树人、文明育人，将社会主义核心价值观融入实际工作要求，广泛开展职工参与度高的群众性文明创建活动，引导干部职工遵守社会公德、做维护和谐的守法公民，信守职业道德、做爱岗敬业的模范职工，崇尚家庭美德、做和睦友善的文明典范，在为家庭谋幸福、为他人送温暖、为社会做贡献的过程中提升精神境界、传扬文明新风。

文明创建成果丰硕。河钢坚持文明创建与价值引育相结合，建立健全长效管理机制，形成全方位、多层次的文明创建体系，推动文明创建工作不断结出新成果。现拥有1家全国文明单位（唐钢）、3家省级文明单位（集团总部、唐钢、邯钢）和24家省国资委系统文明单位。

思想教育引领导向。河钢开展贯穿全年、覆盖全员的形势任务目标教育，依托"道德讲堂""善行功德榜"等思想教育阵地和载体，持续向职工讲国家政策、讲企业形势、讲发展任务、讲个人责任，引导干部职工以高度的政治责任感和企业使命感为国家发展做贡献，形成崇德向善的价值取向。

培养良好文明习惯。规范"文明上岗、文明操作、文明服务、文明着装、文明用语、文明上网、文明出行"系列文明管理制度，提升职工文明素质，提升企业的整体形象。开展"文明餐桌行动"，引导职工培养良好生活习惯，以点滴行动提升企业文明形象。

（五）彰显国企担当，提升价值创造力

国有企业是我国国民经济的重要支柱，是中国特色社会主义的重要物质基础和政治基础，也是我们党执政兴国的重要支柱和依靠力量。作为中国钢铁工业的"国家队"，河钢以提升企业价值创造力为落脚点，在创造更多经济效益的同时高度重视社会责任，把服务职工、奉献社会、报效国家作为培育和践行社会主义核心价值观的具体行动，不断增强企业自豪感和社会美誉度。

1. 坚持以人为本，与企业共同发展共享成果

"以人民为中心"是习近平新时代中国特色社会主义思想的重要理念之一，也是企业践行社会主义核心价值观的工作导向之一。河钢坚持以人民为中心的发展思想，全心全意依靠职工办企业，保障职工民主权利，共享企业发展成果，不断提高广大干部职工的获得感、幸福感、安全感。

规范化运作民主管理机制。建立健全以职工代表大会为基本形式的民主管理制度，使厂务公开、集体合同、工资集体协商、职工董事、职工监事等制度规范运作，广泛征求职工合理化建议，在集团总部和各子公司、分公司推行董事长联络员、公司领导接待日、工会主席邮箱等民主管理措施，及时了解职工思想动态和热点难点问题，为企业科学决策提供重要依据。

常态化开展"五心工程"。坚持问题导向和实践导向，推进暖心、舒心、润心、匠心、振心"五心工程"，针对离退休老同志、老党员、先模人物和困难职工等重点人群和职工岗位实际，组织开展"冬送温暖""夏送清凉""金秋助学"等帮扶慰问活动，做好贯穿全年的特困帮扶、一日捐、互助保险等常态化举措。在"我为群众办实事"实践活动中，集团层面明确16大项重点工作，各子公司、分公司层面细化225项具体举措，用心、用情、用力为职工把实事办好、把好事办实，让广大职工的获得感成色更足、幸福感更为持续、安全感更有保障。河钢被评为"全国机械冶金建材系统劳动关系和谐企业""河北省 AAA 级劳动关系和谐企业"。

2. 参与脱贫攻坚，为推进乡村振兴贡献力量

打赢脱贫攻坚战、实现共同富裕是全面建成小康社会、实现中华民族伟大复兴中国梦的重要保障。党的十八大以来，党中央始终坚持人民至上，把脱贫攻坚摆在治国理政的突出位置，如期完成了新时代脱贫攻坚任务。河钢党委坚定贯彻党中央决策部署，9 家派出单位、13 个驻村工作队、39 名驻村干部、315 名帮扶责任人，深入保定市涞源县留家庄村、承德市滦平县二道营子村、石家庄市行唐县连家庄村等 13 个贫困村开展驻村帮扶和慰问活动，以助力脱贫攻坚的实际行动彰显国企政治责任和社会担当。

在驻村帮扶工作中，河钢坚持"上下同心、尽锐出战、精准务实、开

拓创新、攻坚克难、不负人民"的脱贫攻坚精神，坚持驻村干部在一线、帮扶单位做后盾，发挥企业人才、信息、资源、技术、资金等优势，助力发展"一县一带""一乡一业""一村一品"。依托产业带动的"造血"式扶贫，为贫困户量身定制"脱贫菜单"，通过推进420KVA村级光伏电站等扶贫产业项目落地，引导贫困户建设绿色农产品加工车间、搞特色养殖等，带领村民走出一条符合当地实际、可持续发展的脱贫之路。同时，带着感情开展结对帮扶，着眼贫困群众的深层需求，从资助困难学生、改善村容村貌、丰富文化设施等方面为村民办实事办好事，推动帮扶工作更加精准、深入，不断提高村民生活幸福指数。

截至2020年底，河钢帮扶的农村建档立卡贫困户1725户5150人全部脱贫出列，脱贫攻坚和驻村帮扶工作取得群众满意度100%的优异成绩。河钢被授予"河北省脱贫攻坚奖先进集体奖"。为了巩固脱贫攻坚成果、助力全面推进乡村振兴，河钢于2021年启动新一轮驻村干部调整交接工作，对集团13个驻村工作队原有的39名驻村干部进行集中调整，建立健全防返贫防致贫长效机制，逐步实现由集中资源支持脱贫攻坚向全面推进乡村振兴平稳过渡。

3. 支持公益事业，为构建和谐社会添砖加瓦

和谐是中国特色社会主义的本质属性，构建社会主义和谐社会是党执政兴国的重要价值取向。河钢坚持将企业社会责任融入构建和谐社会的具体实践，积极参与社会公益，推进企地共荣共建，在与地方共建文明生态村、绿色供暖、市政建设、支持行业发展、环境治理、义务植树、无偿献血、救灾捐助等方面加大投入，实施美丽社区建设、居民休闲健身区建设、文化公园建设、河道治理和绿化美化等工程，让文明创建活动融入经济社会发展。

河钢将开展学雷锋志愿服务活动作为践行社会主义核心价值观的重要载体，组建党员、青年、女工、医护人员、离退休老同志5支常设性志愿服务队，走进一线、走进社区、走进校园，开展"一助一"结对帮扶、公益助学、义务照顾孤寡老人等志愿服务活动，为他人送温暖、为社会做贡献，用实际行动践行新时代雷锋精神，彰显河钢人的无私大爱和暖心善举。近年

来，河钢涌现出"首批全国学雷锋活动示范点"承钢武装保卫部消防大队、全国最佳志愿服务组织"九九方舟"志愿服务队、全国学雷锋志愿服务"最美志愿者"鲍守坤等优秀典型和"爱心车队"、"爱心小院服务队"、"红马甲"无偿献血志愿服务队等有社会影响力的志愿服务项目，成为河钢奉献社会的重要力量和响亮品牌。

三 "五力文化"价值观塑造的几点体会

河钢"五力文化"价值观塑造，以推动社会主义核心价值观落细、落小、落实为目的，以促进企业高质量发展、建设最具竞争力钢铁企业为目标，围绕"培育"和"践行"两个关键词开展。社会主义核心价值观的实践和养成，是企业文化理念与改革发展深度融合的过程，是职工价值观念与行为习惯相辅相成的过程。从河钢的具体实践中，得到了以下几点体会。

一是价值观塑造要坚持以理想信念为核心，厚植爱国主义情怀，砥砺钢铁报国使命。党的二十大报告指出，"推动理想信念教育常态化制度化，持续抓好党史、新中国史、改革开放史、社会主义发展史宣传教育，引导人民知史爱党、知史爱国，不断坚定中国特色社会主义共同理想"。[①] 作为中国钢铁工业的"国家队"，河钢始终胸怀"国之大者"，坚持不懈用习近平新时代中国特色社会主义思想凝心铸魂，将理想信念教育与企业发展实践深度融合，明确"建设最具竞争力钢铁企业"的共同愿景，把建设发展国家的坚定意志和做优做强企业的坚定决心高度契合，使广大干部职工不断焕发出创新攀登、引领行业的拼搏斗志，始终以高昂的热情和更好的成绩，为国家经济发展提供更多"河钢制造""河钢智慧"。河钢的发展成就有力地证明了，抓好理想信念教育，就能够激发出干部职工干事创业、勇争一流的磅礴动力。

---

① 习近平：《高举中国特色社会主义伟大旗帜 为全面建设社会主义现代化国家而团结奋斗——在中国共产党第二十次全国代表大会上的报告》，人民出版社，2022，第44页。

二是价值观塑造要坚持以理念创新为引领，始终与时代发展同频共振，与国家战略同向同行。企业的文化理念和价值导向反映了思维的高度和视野的广度，既要紧跟时代潮流、顺应时代大势，也要符合企业实际、体现企业特点。河钢坚持"理念的领先优于资源的领先"，将"让中国因为钢铁更强大、让世界因为钢铁更美好"作为始终如一的事业追求，锚定战略目标、找准发展路径，以放眼世界的格局和胸怀、先人一步的胆识和魄力，与强者为伍、与时代同行，坚定了理念自信、路径自信和文化自信。结合企业不同发展阶段，河钢在原有企业文化理念基础上，创新性提出"产品的高度决定企业的高度""渠道为王，得客户者得天下""由技术跟跑向创新领跑转变""钢铁向材料、制造向服务转变""做最好的自己，在经历中升华"等一系列契合时代、催人奋进的文化理念，使河钢始终在先进理念的引领下，从容应对挑战，满怀激情前行，不断迈上新的高度。

三是价值观塑造要坚持以促进发展为根本，用敬业奉献的奋斗实践为企业高质量发展蓄势赋能。一种价值观要真正发挥作用，必须融入社会生活，让人们在实践中感知它、领悟它。河钢将价值观塑造的着力点聚焦生产经营"主战场"，把依靠职工、尊重职工融入企业文化建设，将企业改革发展和职工创新创造紧密联系在一起，以成为高端材料、绿色低碳、智能制造等领域先行者和领军者的发展实践为职工搭建实现梦想、成就事业的广阔平台。通过持续开展"钢铁先锋"系列主题先锋赛、"河钢杯"职工技能大赛等，提升职工锤炼本领、岗位成才的综合素质，激发职工奋勇争先、岗位建功的内生动力，让"创最佳的业绩，做最好的自己"成为全员的价值追求和行动自觉，形成了各类人才干事有舞台、成长有空间、贡献有激励，企业高质量发展更有效率、更具活力、更可持续的良性循环，让河钢的品牌形象更加鲜亮、品牌价值更加凸显。

四是价值观塑造要坚持以先进典型为示范，形成朝气蓬勃、向上向善、团结奋斗的群体力量。先进模范典型是鲜活的价值观、有形的正能量，是教育引导职工最直接、最生动的榜样和素材。河钢坚持把培树先进典型作为弘扬社会主义核心价值观的有力抓手，发挥先模群体为企业争光、为社会奉献、为国家添彩的示范效应，用正气歌凝聚正能量，用大情怀促成大事业。以"时代楷模"河钢塞钢管理团队，全国劳动模范郑久强，全国学雷锋志愿服务"最美志愿者"鲍守坤等为代表的河钢先模人物群体，成为推动企业迈上新高度的领军者和排头兵，他们在各自不同的岗位上当先锋、做表率，示范带动着全体河钢人在推动企业实现转型升级、担当社会责任、引领行业发展的历史进程中不断向前。他们的意志品质和精神风貌，是河钢一笔极其珍贵的无形财富，铸就了河钢继往开来、开拓进取，由小到大、由弱到强的精神支柱，让河钢这支"铁军"无论在什么环境下，无论是在哪个发展周期，都是一支敢打硬仗、能打胜仗的团队。

五是价值观塑造要坚持以共创共享为原则，成就职工、关爱职工，实现职工与企业共成长。人心是最大的政治，人心齐泰山移。职工的心是企业的根。当企业把自身发展与职工利益紧密联系起来时，企业发展才是可持续的；当职工把自身价值与企业未来相结合时，企业才有无穷的动力。河钢坚持职工是企业生存发展之本，把善待职工、成就职工作为企业最大的社会责任，树立"开放、包容、创新、自强"的理念，创造"业内最佳工作环境"，让职工成为"本地区最受尊敬的企业职工"，以可信赖、能依托的形象感召力，增强了新时代河钢人的自豪感、荣誉感。十万河钢"铁军"形成了团结奋进的强大合力，始终牢牢把命运掌握在自己手中，在顺境时活力迸发，在逆境中斗志昂扬，锤炼了在严峻挑战中攻坚克难、永不放弃，在重大考验中敢于担当、团结协作，在转型发展中与时俱进、勇攀高峰的"铁军"精神，把许多的"不可能"变成了"可能"，取得了一次又一次突破，成为河钢事业发展的可靠力量和坚实根基。

蔚县志愿服务实践探索与创新

郑 颖　尹 渊*

摘　要： 十年栉风沐雨，十年春华秋实。新时代的十年里，蔚县全面落实党中央、河北省委和张家口市委的决策部署，大力弘扬志愿服务精神，广泛开展志愿服务活动，建立健全志愿服务体系，汇聚了"奉献、互助、友爱、进步"的向上向善力量，精神文明建设不断迈向新的台阶，志愿服务事业不断开创新的局面。我们通过实际调研，不仅对蔚县开展志愿服务活动取得的成效经验进行了系统梳理和全面总结，还对蔚县在开展志愿服务活动中出现的问题进行了深入分析，并指出了进一步推动蔚县志愿服务活动的创新路径。

关键词： 志愿服务活动　志愿服务精神　社会主义核心价值观

志愿服务是社会文明的重要标志，是社会事业的重要组成部分。党的二十大报告明确提出，"统筹推动文明培育、文明实践、文明创建，推进城乡精神文明建设融合发展，在全社会弘扬劳动精神、奋斗精神、奉献精神、创造精神、勤俭节约精神，培育时代新风新貌"①，"完善志愿服务制度和工作

---

*　郑颖，河北省张家口市蔚县县委宣传部副部长，研究方向：志愿服务；尹渊，河北省社会科学院邓小平理论、"三个代表"重要思想和科学发展观研究所（精神文明建设研究中心）实习研究员，研究方向：思想政治教育。

① 习近平：《高举中国特色社会主义伟大旗帜 为全面建设社会主义现代化国家而团结奋斗——在中国共产党第二十次全国代表大会上的报告》，人民出版社，2022，第44~45页。

体系"①，为新时代新征程推动志愿服务事业走深走实，指明了前进方向，提供了科学指导。以深入学习贯彻党的二十大精神为有利契机，对近年来蔚县志愿服务实践探索与创新中产生的一批好点子、好做法、好经验等进行总结，对于乘势而上、再接再厉做好志愿服务工作具有重要的意义，有助于在一言一行中传递真情和温暖，在一举一动中做好示范和教育，把社会主义核心价值观培育好、践行好，有助于为新征程凝聚拼搏奋进的精神力量，营造崇德向善的良好氛围，把中国特色社会主义伟大事业继续向前推进。

一　实践探索

"志愿服务是群众奉献爱心的重要渠道，要进一步健全应急志愿服务、志愿服务激励嘉许、保险保障等制度，为志愿服务搭建更多平台，让奉献、友爱、互助、进步的志愿精神发扬光大。"② 近年来，河北蔚县把志愿服务活动作为培育和践行社会主义核心价值观的重要途径，按照"系统谋划、突出重点、强化执行、注重实效"的工作要求，高度重视、统筹规划，打造品牌、形成特色，融入日常、服务群众，在社会上营造了"人人为我、我为人人"的志愿服务氛围，奏响了崇德向善、见贤思齐的主旋律，高标准、高质量的推动志愿服务在基层社会治理中发挥巨大作用。

（一）重视系统谋划，扎实推进志愿服务活动

"志愿服务，是指任何人志愿贡献个人的时间和精力，在不谋取任何物质报酬的情况下，为改善社会服务、促进社会进步而提供的服务。"③ 志愿服务活动在组织动员方面具有一定的自主性、社会性和自发性，在活动内容

---

① 习近平：《高举中国特色社会主义伟大旗帜 为全面建设社会主义现代化国家而团结奋斗——在中国共产党第二十次全国代表大会上的报告》，人民出版社，2022，第 45 页。

② 国务院研究室编写组：《十三届全国人大四次会议〈政府工作报告〉辅导读本（2021）》，人民出版社、中国言实出版社，2021，第 357 页。

③ 罗公利、丁东铭：《论志愿服务在我国社会风险管理中的作用》，《山东社会科学》2012 年第 6 期。

方面具有一定的自愿性、无偿性和公益性，如果仅仅依靠一种自下而上的方式来开展志愿服务活动的话，实际上既不利于志愿服务资源的优化整合，又不利于志愿服务效能的巩固提升。因此，必须依靠一定的行政力量推动，构建起上下贯通、高效运转的志愿服务体制。

河北蔚县既重视志愿服务的行政化推动，又强调志愿服务的社会化动员，集聚党群组织、职能部门、大型企业、公益组织、民间团体资源优势，发挥政府统筹规划和引导作用，吸引各类社会力量参与志愿服务事业，实现了力量捆绑、资源共享、协调推进，推动志愿服务活动扎实推进、稳步向前。特别是在近几年的疫情防控工作中，蔚县县委、县政府严密部署，明确县、乡、村三级书记打头阵，县委、县政府主要领导带头示范，32 名县级领导干部下沉包联乡镇，带领基层党员群众战斗在前沿一线。颁布《关于广大党员在疫情防控中开展"蔚萝红"行动的方案》，以党员为主体，吸收青年志愿者、退役军人、退休老干部、妇女群体、非公经济和社会组织等各界力量参与，积极开展"红色先锋引领""青春快递投送""退役永葆本色""夕阳暖心宣传""巾帼爱心照料""两新倾情助力"六大专项行动，拓宽了志愿服务渠道。政府职能部门、群团组织和社会团体发挥各自优势，按照谋划部署积极开展志愿服务活动，"蔚小代"党员志愿服务平台、"巾帼红"志愿服务队、"五老"志愿者服务队、"热心姐"志愿服务队、"兵哥哥"志愿者服务队等各类志愿服务组织纷纷成立，让志愿服务在上下贯通、高效运转中融入百姓日常生活。疫情防控开展以来，全县 1.5 万余名党员投身一线，5000 余名县直部门干部严格落实管控责任，3000 余名乡镇、村（社区）干部和驻村工作队员坚守阵地；3300 余名已脱贫群众积极投身疫情防控，全县共计 10 余万名群众主动参与到防控中，通过系统谋划，扎实推进志愿服务活动，达到了在疫情防控中暖民心、聚人心、强信心的效果。

（二）坚持问题导向，推动项目化运行和管理

推动志愿服务项目化运行和管理是为了实实在在的解决社会中出现的痛点，疏通社会中存在的堵点，破解社会中遗留的难点，回应社会中关切的焦

点，让人民和政府职能部门协同改善发展中的经济、政治、文化、社会、生态等情况，使人民群众对社会发展进步发挥出积极作用和充分贡献。这既要弘扬好志愿服务精神，推动志愿服务参与整个社会治理过程，又要确保志愿服务发挥真正的效能。因此，必须坚持以问题为导向，以政府为主导，以社会广泛参与为原则，以解决群众需求、改善群众生活、促进社会发展为目标。

河北蔚县针对个性化帮扶需求，面向残疾人这一群体，为残疾人群体提供康复、安置、生活等服务活动。蔚县实施"助残服务工程"，通过无障碍改造、适配辅具等措施，便捷 870 名残障人士生活出行；打造"残疾人温馨家园" 2 所，市级"自强健身示范点" 2 个，完善康复阵地建设；通过个体创业扶持、公益岗位推荐、企业安置就业等形式，解决 3559 名残疾人创业就业；联合深圳市智美佳电器有限公司，为 22 个乡镇残联、561 个村（社区）残协、蔚县特殊教育学校和 25 名残疾人免费安装净水机 600 多台。面向老年群体，为老年人提供健康服务、文化服务等，确保老年人的生活质量。县委组织部整合"蔚小代"党员志愿服务平台、"蔚萝红"六大专项行动志愿服务资源，依托 689 个"蔚小代"到户"爱心驿站"，为孤寡老人和出行不便群众代购生活物资、代办紧急事项；乡镇自主建设 9 个助老餐厅和50 余间"孝心浴室"，为困难老人、留守老人和空巢老人提供集中用餐及日常洗浴点对点服务，成立 54 支近 400 人的"爱心照料服务队"，组织党员志愿者与孤寡老人结成对子，提供日间照料服务；县民政局聘用社工专业机构为 1422 名失能老人开展"六助"服务；团县委、志愿者协会发动青年志愿者 600 余人每月开展"寸草心爱老敬老"活动，累计服务孤寡老人 2000余人次；古堡振兴七支队伍常态化深入山区、社区，开展文化下乡、金融助力、爱心捐赠等慰问活动，定期组织党政干部、党员志愿者走访 65 名军烈属、443 名生活困难老党员，送去慰问金和慰问品；"桃花红""涌泉女"组织妇女志愿者明确专人为 113 名余孤寡老人长期提供卫生清扫、健康监测、免费送餐等服务。着眼"幼"这一群体，为儿童提供生活照顾、课外教育等活动。以苏蔚实验学校为依托，成立蔚县益海儿童关爱中心，实行寄宿制、全封闭管理，小班化教学，入住留守儿童 69 名；依托县儿童福利院，对 41 名残疾孤儿进行家庭寄养；利用蔚县特殊教育学校，为 108 名聋哑儿童提供特教服务，让他们感受家的温暖、为他们注入爱的力量；团县委在益海助学中心设立"返家乡"大学生志愿服务中心，利用寒暑假，安排蔚县籍在校大学生为入住孤儿开展作业辅导、游戏互动、生活陪伴等志愿服务；开展"红领巾心向党""大手拉小手"等主题实践活动，建设"红领巾菜园"、"亲子活动室"及"小平实验室"等学习实践基地，设置青少年传播蔚县红色文化讲解岗，丰富孩子们课堂外的教学内容。

根据不同群体的需求，提供有针对性的志愿服务项目，提高了志愿服务的运行效率和管理水平，也提高了社会治理效能。

（三）激活文明阵地，打通志愿服务"神经末梢"

2018 年中共中央办公厅印发《关于建设新时代文明实践中心试点工作的指导意见》，明确指出在县、镇、村分层次建设新时代文明实践中心、实践所、实践站，整合现有基层公共服务阵地资源，建立理论宣讲、教育服务、文化服务、科技科普、健身体育等服务平台。新时代文明实践中心（所、站）是新时代开展志愿服务活动的主要载体，为开展形式多样、内容丰富的志愿服务活动创造了有利契机，有助于解决服务群众的"最后一公里"问题，真正做到了"群众在哪里，志愿服务就延伸到哪里"。

河北蔚县作为新时代文明实践中心建设省级试点县，全面贯彻落实中央、省、市关于新时代文明实践工作的部署要求，按照"重点打造、以点带面、梯次推进、全面铺开"的工作思路，不断优化新时代文明实践中心平台功能。搭建线上服务平台，志愿者和群众通过线上操作，真正实现"群众点单、中心派单、志愿者接单、群众评单"。为方便推广使用，在"冀云蔚县"App 中嵌入了平台端口，而且还开发了微信小程序，实现掌上平台一点通。同时，开通蔚县新时代文明实践微信公众号和抖音视频号，将全县文明实践的活动成果进行广泛宣传。截至 2022 年，微信公众号累计上传文明实践相关内容 69 条，抖音视频号共上传原创文明课堂系列视频 14

条，新时代文明实践中心平台上传活动 700 余场。确保线下服务稳质提效。充分发挥新时代文明实践中心指挥调度中枢作用，实现"实践中心—实践所—实践站"上下联动、左右联通。发挥新时代文明实践中心的引领作用，按照月月有计划、周周有活动的整体要求，围绕时间节点、服务内容、群众需求等，制定出符合各自实际的活动计划，并提前告知群众，深入有序开展志愿服务活动。新时代文明实践中心成立以来，全县共开展各类文明实践志愿服务活动 900 余场，参与群众 10 余万人次，广泛组织开展丰富多彩的群众性主题活动，深受广大群众好评。

（四）加强队伍建设，提升志愿服务水平效能

志愿服务者是志愿服务活动开展的主体，在志愿服务活动中发挥主导作用，直接影响志愿服务活动的内容、形式、运行、管理等，直接决定了志愿服务水平效能的高低。要发挥好志愿服务活动便民、惠民、利民的积极作用，必须坚持以群众为中心，打造政治觉悟高、专业素养好、服务能力强、居民群众满意的志愿服务队伍，不断提高志愿服务水平和成效。

河北蔚县不断加强志愿服务队伍建设，凝聚合力，优化队伍结构。围绕"13556"组织体系，多渠道多途径壮大蔚县志愿服务队伍建设，将该县 6.5 万已注册志愿者集中统一，成立蔚县志愿服务总队，县直部门成立了理论宣讲、文化服务、科普服务等 11 支志愿服务分队，乡镇成立了 22 支志愿服务支队，村、社区成立了 561 个志愿服务大队。同时，吸纳蔚县古堡振兴七支队伍，整合蔚县志愿者协会、老吾老服务协会等 10 余个社会公益组织 4800 余人，在信访局群众服务中心设立分中心，初步形成了以蔚县新时代文明实践中心为统领，"10+1+N"支分队、22 个支队和数百支大队参与的志愿服务队伍架构。积极探索志愿服务新模式，线上开发"蔚县新时代文明实践中心"软件平台、"蔚县新时代文明实践中心"微信小程序；在"京西第一州蔚县""冀云蔚县"嵌入平台端口，设立文明实践板块，实现"群众点单、中心派单、志愿者接单、群众评单"掌上平台一点通；开通蔚县新时代文明实践中心微信公众号、抖音视频号，广泛宣传文明实践活动成果。同

时，融合信访局下设的群众工作站和群众服务室实现资源共享，将群众服务中心乡镇终端机进行技术升级，嵌入文明实践模块，利用终端机的覆盖率和专人操作，把文明实践延伸到群众家门口，打造全县"大文明实践"特色品牌，吸纳更多的社会力量融入志愿服务队伍，实现了群众按需点单、中心派单、志愿者接单、群众评单的运行机制，提高了志愿服务队伍的效率和水平。

二　显著效果与问题

河北蔚县通过大力弘扬志愿服务精神，广泛开展志愿服务活动，在社会上营造了奉献、友爱、互助、进步的浓厚氛围，使广大党员干部群众在志愿服务事业中普遍接受了一次社会主义核心价值观教育，形成了以政府为主导、社会广泛参与的志愿服务事业新格局，有力地推动了志愿服务事业的高质量发展。在当前，虽然蔚县志愿服务活动的开展已经取得了一定的成效，但同样也存在一些问题，如志愿服务相关政策有待完善、志愿服务队伍管理有待优化、志愿服务队伍建设有待加强、社会志愿服务意识有待提高等，这些问题都需要我们正视。

（一）基层社会治理能力和水平提高

河北蔚县统筹资源配置，强化组织保障，创建"三个中心"，拓展了社会群众参与社会治理的渠道，提高了基层党员干部社会治理的能力和水平。一是建设群众工作中心。着眼调处群众矛盾纠纷，建设县级群众工作中心和22个乡镇群众工作站、561个村级群众工作室，构建县、乡、村三级信访纠纷调处服务阵地。开通9个微信群、1个QQ聊访群及"5266"（我俩聊聊）信访热线，研发"智能信访"疏导系统终端机、"智慧信访掌上云平台系统"手机App、自助诉讼服务多功能终端机，实行24小时在线受理，畅通群众线上调解渠道。工作中心自成立以来，线上线下咨询接待群众25000多人次，化解矛盾纠纷1300多件，消化积案、难案3007件，化解息诉率达

99%。二是建设群众服务中心。围绕解决群众吃穿住行、养老就医、子女教育等民生问题，在实施"蔚萝益家人"工程解决民生微事的基础上，拓展成立蔚县群众服务中心，吸收行政审批、住建、人社、城管、教体等24个单位入驻，整合相关单位服务职能实施集中办公，打造集民生服务、举报投诉、帮扶救助、调解处理于一体的综合性服务平台，累计办结群众的操心事、烦心事、揪心事1563件，办结率达99.7%，真正实现了群众服务中心服务群众的目标。三是建设群众互助中心。以"老、少、弱、残"等为重点关注服务群体，由县委组织部牵头，成立群众互助中心，整合县民政局互助幸福院、儿童福利院，县教体局蔚县益海助学和儿童关爱"双中心"，县残联"残疾人温馨家园"等政府性公益机构；凝聚县老干部工作室"五老"志愿者服务队，县退役军人事务局"退役军人就业创业服务队"，县妇联女干部、女企业家"关爱联盟"等党群志愿服务力量；发挥县慈善总会、县志愿者协会、县老吾老服务协会、国威大药房连锁有限公司等"两新"组织助力作用，形成关爱帮扶社会弱势群体的工作合力。

（二）党群干群关系实现有效改善

蔚县县委、县政府组织党员干部及时征集、回应、解决群众身边的问题，以党史学习教育"我为群众办实事实践活动"为契机，开展"百姓说事，干部解题"活动，全面实施"蔚萝益家人"党员干部志愿服务工程，在回应、解决群众关心的问题中密切了党群干群关系。建立县乡村三级联动工作机制，县级层面成立民生微事领导工作小组，下设领导小组办公室，吸纳财政、信访、民政等13个县直部门为成员单位，统筹开展民生微事征集汇总、任务交办、协调处理、督导督办等各项工作。同时，在22个乡镇、561个村和社区相应成立领导机构和办公室，明确专人负责，公布微事征集员信息，让基层党组织在解决民生微事中发挥主导作用。构建"线上+线下"微事收集渠道，通过设置征集窗口、公布征集电话等途径，拓宽群众线上诉求表达渠道；调动党员志愿者、网格员、驻村队员等各方力量，面对面了解群众实际诉求，结合"蔚萝红"六大专项行动的开展，组织1191名机关党员干部进小区，担任楼门长，兼任网格员，征集群众微小心愿，点对点服务小区居民；组织 2800 余名乡村干部、770 余名驻村工作队员走访联系群众 5.3 万人次，深入开展矛盾纠纷调解等工作。为加大对民生微事解决成效的督导检查力度，进行挂账督办，对乡镇和有关部门及时解决的事项进行动态销号和备案管理，并做到定期通报，强化督导检查，及时公开公示，接受群众监督。自活动启动以来，累计召开联席会议 5 次，下发交办清单 35 件，并全部办结。同时，强化结果运用，把开展"蔚萝益家人"工程解决民生微事工作列为年度乡科级领导班子和领导干部考核重要内容，将微事办结率、群众满意度与单位年度考核成绩直接挂钩，受到了广大群众的普遍欢迎和社会各界的广泛好评，党群干群关系得到了极大改善。

（三）群众积极向上的精气神有提振

人民幸福是国家富强和民族振兴的出发点和落脚点，也是我们党执政兴国的根本价值坐标。蔚县通过构建"红色关爱"体系，抓住弱势群体最关心、最直接、最现实的利益问题，一件事情接着一件事情办，在幼有所育、病有所医、老有所养、弱有所扶上不断取得新进展，让弱势群体生活更有保障、更加充实、更可持续，提升了广大人民群众的幸福感。群众利益无小事，重视和解决民生问题是凝聚党心民心的基础。蔚县把密切联系群众作为党员干部的自觉遵循，组织党员干部在扶贫济弱中献爱心、做表率、投真情，拉近了党心和民心的距离，赢得群众对党的支持和赞誉，进而激发出全县人民群众"跟党走"和"跟党干"的强烈愿望和激情。坚持把关爱弱势群体作为检验党员干部作风建设的"试金石"，不断激发党员干部的担当意识和奉献精神，实现了在服务民生、保障民生、推动民生中提升党员干部能力、砥砺党员干部品质、锤炼党员干部作风的目标，先后涌现出"播撒人间大爱、关爱留守儿童"的"爱心妈妈"桃花红协会党支部书记鞠影哲、长期为孤儿免费供应生日蛋糕的非公党员宾爵蛋糕经理张强、长期从事青少年心理志愿辅导的党员教师龙艳红等一批投身爱心事业的典型，党员干部在志愿服务活动中践行新使命，强化责任担当，持续擦亮我们党"人民至上"

的价值底色，使广大群众增强了对党的信心、对中国特色社会主义事业的信心。

（四）存在的问题

与西方发达国家相比，我们国家的志愿服务事业才刚刚起步，从客观上来讲，志愿服务在开展过程中难免存在一些问题尚未解决或尚未发现，而随着我们国家踏上社会主义现代化建设的新征程，志愿服务事业又不可避免地面临新形式、新目标和新任务，这就要求我们必须正视志愿服务事业发展过程中出现的各类问题，就蔚县而言，主要问题主要是以下几点。

1. 志愿服务相关政策有待完善

《河北省志愿服务条例》是河北省依法开展志愿服务的根本依据和重要保障，对蔚县志愿服务事业的发展具备指导意义和实践价值，但是，各地有各地的特点，如果仅仅以《河北省志愿服务条例》为指导的话，无法适应当地发展情况，那么势必阻碍志愿服务事业的进步。当前，蔚县的志愿服务事业中缺乏与《河北省志愿服务条例》相配套的政策支持，因此无法充分给予志愿服务活动必要的资源、环境、措施等支持，对志愿者的物质奖励和精神奖励也没有落到实处，严重阻碍了当地志愿服务水平和效果的巩固提高。

2. 志愿服务队伍管理有待优化

当前，蔚县志愿服务活动的开展仍是以"运动式""行政式"推动为主，各种志愿服务活动集中在各种重要时间节点或纪念日中，比如"五一"劳动节、"五四"青年节、"十一"国庆节等，严重阻碍了志愿服务活动自主性、社会性的发挥，不利于志愿服务活动常态化、长效性进行。这实际上反映了政府部门、社会组织、非公组织、民间组织等在志愿服务活动中职能边界模糊，需要厘清各个志愿服务活动主体的地位和作用，优化志愿服务工作队伍的管理。

3. 志愿服务队伍建设有待加强

志愿服务活动的开展与社会发展联系密切。当前，随着社会主义市场经济高速发展，社会需求复杂多样，对志愿服务人员的能力和水平提出了更高的要求。然而，蔚县志愿服务工作队伍中的志愿服务人员整体年龄偏大，且多以退休人员为主，队伍的专业化水平、信息化能力不高，无法适应社会高速发展的客观情况，使志愿服务效果大打折扣。

4. 社会志愿服务意识有待提高

从整体来看，虽然近年来"奉献、友爱、互助、进步"的志愿服务氛围在全社会日渐浓厚，但是仍有不少人对志愿服务活动的认识存在偏差，有的把志愿者当作随意使用的"工具人"，有的通过志愿服务活动谋取个人私利等。因此，必须要大力弘扬志愿服务精神，将志愿服务精神融入人们的精神血脉。

三　推进志愿服务的创新路径

面对当前社会转型中志愿服务活动出现的主要问题，需要进一步探索推进志愿服务活动的创新路径。只有通过加大志愿服务支持力度，优化志愿服务活动流程，加强志愿服务队伍培养，发扬冬奥志愿者服务精神，才能真正发挥志愿服务活动应有的价值和功能。

（一）加大志愿服务支持力度

《河北省志愿服务条例》为全省志愿服务活动的开展确定了一个统一的标准，蔚县开展志愿服务活动除依据《河北省志愿服务条例》中明确提出的相关规定之外，还需要制定相关的配套政策，来使这一条例具备地方的可操作性。

一是结合地方实际，推动条例具体化。结合蔚县志愿服务活动开展的实际情况，接下来对条例仍需补充完善的主要有四点。其一，在注册管理方面，搭建志愿服务大数据平台，对志愿服务人员信息进行详细登记，准确记录志愿服务人员服务时长，掌握志愿服务开展的情况，为打通志愿服务"神经末梢"提供必要的数据支撑，同时根据服务时长提供不同程度奖励，确保志愿服务的效能。其二，在培训和考核方面，根据服务对象的个体化需求，丰富培训内容，提高志愿服务人员的水平和能力，同时完善考核机制，将考核结果的评定从培训的结果延伸至志愿服务的效果。其三，在奖励方面，不应仅仅重视对志愿服务人员给予必要的物质奖励，更应同时关注精神奖励，如颁发志愿服务表彰证书、志愿服务荣誉奖章等，并将表彰、荣誉等与就业、就医、入学、购房等优惠政策挂钩。其四，在法律责任方面，对于一些应急救援类的志愿服务，要确保志愿服务人员依法实施救援，如蔚县蓝天救援队在户外遇险救援、水下打捞救援、日常公益性避险等活动中，需要明确责任主体。

二是加强制度建设，确保支持长效化。以蔚县陈家洼乡为例，陈家洼乡建立完善《陈家洼乡下元皂村新时代文明实践站志愿者招募制度》《陈家洼乡下元皂村新时代文明实践站志愿者管理制度》《陈家洼乡下元皂村新时代文明实践站志愿者培训制度》《陈家洼乡下元皂村新时代文明实践站志愿者服务记录制度》等各类管理制度，确保了志愿服务队伍责任清晰、管理有效，从长远来看，还应继续通过加强制度建设，为志愿服务活动的开展提供长期支持。比如探索将志愿服务所需资金纳入乡政府日常工作财政预算的方式，又比如建立志愿服务资金管理的专业机构，再比如探索吸纳社会资金的模式等。

三是完善志愿保障，实现服务常态化。志愿服务活动中如何保障好志愿服务人员的权利，是当前应当关注的重点问题。一方面，可以通过规章制度进一步明确志愿服务人员的具体义务，可以通过规章制度明确志愿服务的法律边界；另一方面，可以通过规章制度进一步保证志愿服务人员的权利，比如为志愿服务人员提供保险服务，避免志愿服务人员或志愿服务组织在遇到风险和损失时终止服务活动。

（二）优化志愿服务活动流程

我们国家当前志愿服务活动多以行政力量推动为主，如果政府部门、社会组织、非公组织、民间组织等职能边界模糊，必然导致志愿服务活动流程运转繁重，因此需要明确职能边界。政府在志愿服务活动中发挥主导作用，如何科学发挥这一作用，就成为未来优化志愿服务活动流程的重中之重了。

一是政府在志愿服务活动中的主导作用体现在宣传方面。学习先进典型，是取得志愿服务成效的便捷之路，通过选树先进典型，推动优质志愿服务活动由点及面展开，对于提升志愿服务水平，推动志愿服务事业发展具有积极作用。政府可以通过"擂台赛"的方式，向全县展示志愿服务活动中的好点子、好做法、好经验，通过传统媒介和新媒介相结合的方式，将优质的志愿服务活动在全县推广普及，不断开创志愿服务新局面。

二是政府在志愿服务活动中的主导作用体现在培育方面。结合当前蔚县志愿服务组织发展情况，加强志愿服务组织培育。对于为当地鳏寡孤独和一些弱势群体服务的民间组织雨花斋，以保护、传承、创新性转化和创造性发展中华优秀传统文化为己任的传统文化协会，以提供灾害救援、户外遇险救援、水下打捞救援等服务的蓝天救援队，以关爱蔚县社会鳏寡孤独老人为主的老吾老服务协会，以及党员志愿服务平台"蔚小代"等蔚县特有的志愿服务品牌，政府要坚持精而实，不求大而多，通过组织定期培训，在政策引领、资金支持、信息共享等方面提供支持，不断优化志愿服务活动，突出各志愿服务品牌优势。

三是政府在志愿服务活动中的主导作用体现在沟通方面。政府要积极畅通志愿服务人员、志愿服务组织沟通联系的渠道，在共同联系中发挥主导作用，确保志愿服务人员和志愿服务组织的志愿服务信息反馈及时、高效，并根据信息反馈的结果制定对推动志愿服务活动具有正面导向作用的政策，志愿服务人员和志愿服务组织根据政府的提议，才能不断改进志愿服务工作内容、优化志愿服务工作流程、巩固志愿服务工作成果、提高志愿服务工作效果。

（三）加强志愿服务队伍培养

随着我国志愿服务事业的蓬勃发展，志愿服务人员已成为推动社会治理、涵养社会正气的一股不可或缺的力量。加强志愿服务队伍的培养符合社会主义现代化建设的客观需要，有助于解决当前志愿服务无法满足人民群众日益增长的现实需求的问题。

一是加大培训力度。志愿服务是服务人的实践活动，要坚持以人为本这一根本原则，对志愿服务人员开展长期培训，因此培训的内容不仅要关注志愿服务活动开展本身，还要为志愿服务人员提供就业、医疗、生活等方面的有实质性意义的技能培训。

二是关注心理健康。志愿服务过程中难免遇到误解，给志愿服务人员的心理带来极大压力，因此必须帮助志愿服务人员树立正确的志愿服务信仰，可以设置专业的心理辅导中心，通过心理疏解及时缓解志愿服务人员的精神压力，确保志愿服务工作良性开展。

三是优化队伍结构。志愿服务工作队伍中的志愿服务人员年龄偏大，不利于志愿服务工作队伍服务技能和水平的提升，这与年龄较大的志愿服务人员对新事物接受掌握能力下降有关，因此要吸纳新鲜的年轻血液进入志愿服务工作队伍，为青年群体志愿服务活动搭建平台，优化志愿服务工作年龄结构。比如2012年上海成立的"上海青年公益联盟"，作为青年公益青年公益组织的枢纽，为青年群体融入志愿服务活动提供了信息共享、指导交流等支持。此外，还应进一步优化志愿服务工作业务结构，推动志愿服务人员广泛参与与专业发展相结合的志愿服务活动。

（四）发扬冬奥志愿者服务精神

在北京冬奥会、冬残奥会总结表彰大会上，习近平总书记再次强调："要在全社会广泛弘扬奉献、友爱、互助、进步的志愿精神，更好发挥志愿服务的积极作用，促进社会文明进步。"[①] 冬奥志愿服务精神是冬奥会、冬残奥会遗留下来的宝贵精神财富，可以以此为契机大力弘扬冬奥志愿服务精神，打造冬奥志愿服务精神宣传矩阵，使弘扬志愿服务精神形成浩大声势、全面覆盖，进一步提升社会对志愿服务的认同程度，提高社会对志愿服务的参与度。

---

① 习近平：《在北京东奥会、冬残奥会总结表彰大会上的讲话》，人民出版社，2022，第13页。

一是发挥主流媒体主渠道作用。在蔚县电视台、县广播电台、"京西第一州蔚县"微信平台等县内主流媒体，通过推出动态消息、评论文章、回访报道等形式，先后播放弘扬冬奥志愿服务精神的重头新闻稿件，开设专题专栏，全面展示志愿服务活动中涌现出的榜样人物、先进事迹、典型案例，在全社会广泛营造弘扬志愿服务精神的浓厚氛围。

二是发挥新兴媒体方便快捷的优势。发挥抖音、快手、微信、微博等网络新兴媒体传播速度快、宣传范围广的优势，在央视频、新华网、"学习强国"等网媒，制作弘扬志愿服务精神的新媒体产品。以"京西第一州蔚县"微信平台为龙头，利用抖音视频号，制作主题动漫、网络H5、话题互动、微视频等宣传产品，使志愿服务精神的影响力广泛拓展、显著提升。

三是开展融入日常、时效持久的社会宣传。利用艺术小品、户外大屏、楼宇电视、过街天桥、公交站亭、灯杆道旗、景观小品、主题文化墙等多种形式，开展志愿服务公益广告宣传。推动志愿服务精神进机关、进校园、进企业、进农村、进社区、进家庭，让志愿服务精神在每一个人心中"落地生根"。

打造助推乡村振兴的靓丽名片

李　娜*

摘　要： 党的二十大报告提出"全面推进乡村振兴"，强调"坚持农业农村优先发展，坚持城乡融合发展，畅通城乡要素流动"。① 河北省围绕实现乡村产业振兴、人才振兴、文化振兴、生态振兴、组织振兴，各地因地制宜，涌现了许多乡村振兴发展新模式，一批有思路、带动效应强的案例经验，为全国各地实施乡村振兴战略提供了"河北经验"。同福集团发挥企业资源禀赋，实现城乡资源配置合理化，为河北省加快推进乡村振兴战略提供了强劲动力。

关键词： 乡村振兴　塔元庄同福乡村振兴示范园　河北经验

民族要复兴，乡村必振兴。同福集团围绕健康中国、乡村振兴的国家战略，先后在石家庄市栾城区和正定县建成了同福大健康食品城、同福现代农业城、塔元庄同福乡村振兴示范园等多个省级重点项目，顺应中国乡村振兴大势，以产业为本，以文化为魂，围绕农业供给侧结构性改革，依托品牌、产业、产品、市场等多方面优势，坚持一二三产业融合发展之路，再造乡村产业结构，重塑城乡关系，为乡村振兴助力。

同福集团1993年成立于河北省会石家庄市，经过近30年的发展，已成

---

* 李娜，河北省社会科学院邓小平理论、"三个代表"重要思想和科学发展观研究所（精神文明建设研究中心）副所长，研究方向：精神文明建设。

① 习近平：《高举中国特色社会主义伟大旗帜 为全面建设社会主义现代化国家而团结奋斗——在中国共产党第二十次全国代表大会上的报告》，人民出版社，2022，第31页。

为一家集乡村振兴和现代农业、健康食品、连锁餐饮、文旅康养四大产业于一体的现代化企业集团。作为农业产业化国家重点龙头企业，同福集团秉持生态、共享、自然、健康的理念，已经打造出一条从田间到餐桌全程可控的食品安全产业链。党的十九大以来，习近平总书记多次提及乡村振兴战略，从不同层面对推动这一重要战略的落实提出具体要求，并将之列入决胜全面建成小康社会需要坚定实施的七大战略之一。塔元庄同福乡村振兴示范园项目在此大背景下应运而生。2019 年底，一个偶然的机会，同福集团"遇到"塔元庄村，一方拥有强大研发技术实力以及健康食品、文旅康养等产业，一方有良好的农业、产业、村容、村风等资源，双方一拍即合。2020 年初，同福集团与塔元庄村合资成立河北塔元庄同福农业科技有限责任公司，按照平台化建设、品牌化运营思路，打造塔元庄同福乡村振兴示范园，一条"田园生金"的乡村振兴新路径就此打通。塔元庄同福乡村振兴示范园项目的建设响应了习近平总书记的重要指示精神，全方位促进了塔元庄村农业产业化、养老市场化、旅游规范化，将塔元庄村打造成为全国乡村振兴的标杆与典范。塔元庄同福乡村振兴示范园已成为石家庄市乡村振兴的一个样板、一张名片，正向山东、安徽、河南、江苏等多个省份推广复制。

一　找准乡村振兴突破口

（一）解放思想、凝聚共识，塔元庄村在小康路上寻找腾飞新途

塔元庄村位于正定县城西部 1.5 千米、滹沱河北岸，全村共 500 余户 2030 人，耕地 760 亩，河滩地 3000 亩。长期以来，塔元庄村始终按照习近平总书记在正定工作时提出的"半城郊型"经济发展路子，坚持以"强村富民"为目标，发展壮大村集体经济，提高村民生活水平。实现小康不是终点，而是乡村振兴的新起点。面对村级产业规模不大、标准不高，产业链短、效益较差，缺乏专业管理人才、发展后劲不足等问题，如何突破瓶颈、

实现更高水平发展，塔元庄村一直在思考和摸索。经过深入考察和研究，村"两委"班子逐步形成共识，绝不能再搞"单打独斗"，必须引入市场机制、借助外力、强强联合、借势发展，把小村庄变成大平台，把弱产业变成强支撑，下好乡村发展"先手棋"，当好乡村振兴"排头兵"。

（二）情怀感召、优势互补，同福集团在回乡路上觅得发展新良机

同福集团作为石家庄市本土企业，致力于加快农业市场化发展，为"土产品"挂上"金招牌"。2008年，同福集团在安徽省芜湖市繁昌县经济开发区创业后，产业形态不断完善，经济效益迅猛发展，逐步形成了现代农业、健康食品、连锁餐饮、文旅康养四大支撑产业，带动了周边农村发展，并初步形成了农业产业化"六位一体"模式。怀揣着植根"三农"、服务"三农"的不变情怀，2018年同福集团启动了回乡投资计划，通过政府搭桥、多方对接，多次深入塔元庄村考察，深刻领悟习近平总书记的殷切嘱托，全面了解该村资源禀赋和发展需求，深切感受到双方情怀一致、思路相通，坚定了与塔元庄村优势互补、共谋发展的意愿和决心。

（三）强强联合、共建共享，村企合作在振兴路上创造共赢新模式

2019年1月，塔元庄村与同福集团达成村企合作的共识，成立河北塔元庄同福农业科技有限责任公司，同福集团货币资金出资占股70%，塔元庄村利用村里集体建设用地及闲置、低效资产使用权出资占股30%，共同建设塔元庄同福乡村振兴示范园。河北塔元庄同福农业科技有限责任公司以农民为主体，盘活村庄低效闲置资源，同福集团结合塔元庄村红色IP、政策、区位等优势，发挥现代企业管理、人才、产业、技术、品牌、市场等优势，实现了真正意义上的"村企融合"。产业布局的合理优化，拉开了村子的发展框架，也为塔元庄村的乡村振兴之路打开了新的视野。短短几个月时间，塔元庄村就换了模样：村委会对面的闲置工厂建成了乡村振兴展览馆，还新上了中央厨房自动化生产线；村里的智能温室换了"芯"，被改造成了智慧农场……塔元庄同福乡村振兴示范园开园8个月，实现销售收入3000

多万元。初步形成了村组织提供服务、示范园做大做强、村民参与获益的良性循环，为推动乡村振兴提供了可借鉴经验。

二　塔元庄同福乡村振兴示范园的实践探索

2013 年 7 月，习近平总书记在视察正定县塔元庄村时作出"农业做成产业化、养老做成市场化、旅游做成规范化"重要指示。围绕做好乡村振兴这篇大文章，塔元庄村携手同福集团开展村企合作，打造出"以企带村、以村促企、优势互补、互惠共赢"的乡村振兴新模式。

（一）探索了一种模式——六位一体

同福集团立足于自身优势，紧紧结合现在农村发展实际及塔元庄村现状，着眼于创造具有广泛示范带动作用的样板，创造性地围绕领导机制、运营机制、工作重点三个方面，提出组织建设、合作联盟（运营机制）、生态文明、乡村文旅（旅游规范化）、田园康养（养老市场化）、同福产业（农业产业化）"六位一体"发展格局，共同推进、综合发力。

组织建设为保障。组织振兴是乡村振兴的关键。做好乡村振兴必须有一个坚强的领导班子，推动模式创新也必须有一个坚强的领导班子。合资公司成立了党支部，党支部由塔元庄村部分党员和同福集团党员共同组成；与村党支部一起共同培训、共同学习、共同研究、共同推进。坚持党建引领乡村振兴，工作始终在党组织领导下开展。

合作联盟（运营机制）为支撑。同福集团始终坚持让专业的人、专业的机构做专业的事，整合多方资源，通过打造科研联盟、生产联盟、农社服务以及商业联盟的模式，搭建平台、制定标准，让合作伙伴在平台上共同发展，通过优势互补，迅速做大做强。目前已搭建了塔元庄乡村振兴研究所、农民讲习所、农业科研中心、良种培育推广中心、种植养殖合作平台、研学教育平台等六大平台机构。组建了优秀的顾问团队，并建成了省市级优质讲师库，入库讲师数目达到 50 余人。

生态文明为基础。生态振兴是乡村振兴的重要一环。一方面在种植、养殖上推行绿色、生态的生产方式，养猪场、养鸡场实现零排放、零污染，从源头上杜绝污染。另一方面解决农村的垃圾问题，把生产及生活垃圾做无害化处理，将其转化成有机肥就地消化，以生态文明助力乡村振兴。

乡村文旅（旅游规范化）为纽带。正定是一座千年古城，是一座具有千年文化底蕴的旅游城市，又紧邻省会石家庄，塔元庄村也是党的一个红色教育基地，借此地利以农业为基础，以"旅游+"为主线，围绕四季采摘、儿童娱乐、研学教育等打造文旅项目，给人们提供一个休闲、观光、度假的场所。

田园康养（养老市场化）为抓手。当前河北已步入老龄化社会，正定60岁以上的老人占20%。正定有10万老年人，但养老院仅有22家4000余张床位，远远不能满足需求。同福集团秉承"六养合一"理念，除了为老年人打造一所宜居的房子和环境之外，还从宜食、宜医、宜动、宜教、宜娱这五大方面入手，为更多人群提供高品质的养老服务。

同福产业（农业产业化）为核心。产业振兴是乡村振兴的重中之重。同福集团近30年打造的产业优势是推动塔元庄同福乡村振兴示范园发展的"火车头"，是保证这一模式成功的根脉和底气。同时，同福集团围绕主导产业，也不断吸引更多产业介入乡村振兴，如研学、教育、娱乐等，实现产业兴旺、助推乡村振兴。

（二）搭建了一个载体——塔元庄同福乡村振兴示范园

塔元庄同福乡村振兴示范园项目规划十大版块，建成区目前已累计投入4.2亿元，占地1500余亩。项目按照同福"六位一体"模式，遵循"四可六不要"原则，主要建设健康食品产业园区、塔元庄同福模式展馆园区、大型田园康养园区、智慧农场及四季采摘园区、餐饮会议中心及啤酒广场园区、研学教育及农民培训学校园区、特色民宿酒店及婚庆广场园区、儿童娱乐园区、现代大型智慧农业园区和大型文化演艺园区等十大园区。

1. 健康食品产业园区

中央厨房可日供应 5000 份学生营养餐，10 万个馒头及净菜。同福健康系列产品通过各渠道大批量市场销售，为大众提供生态、绿色、健康的食材。

2. 塔元庄同福模式展馆园区

展馆占地面积 8000 平方米，划分为六个部分，分别通过实物展陈、视频演绎、虚拟漫游及场景打造等虚实结合的现代展览形式，系统展示了塔元庄村集体与同福集团在伟大时代契机下，以乡村振兴为目标，通过塔元庄同福模式打造的中国乡村振兴样板。

3. 大型田园康养园区

打造了将现代农业产业、健康食品产业和智慧康养产业融为一体，综合健康饮食、智能居所、医疗导入、身体检测、合理运动、情绪疏导、健康护理和娱乐休闲于一体的全智能化康养社区。塔元庄同福模式秉承"同福生活、六养合一"理念，打造田园康养和智慧康养典范。

4. 智慧农场及四季采摘园区

生态采摘园流转土地 1000 余亩，全部采用生物有机菌肥改良土壤，种植生态、绿色、营养、健康的水果蔬菜，充分利用田园景观，在自然生态美的基础上，运用园艺核心技术及种植核心技术，培育出独具特色的采摘产品。通过良种选取、土壤改良、标准化种植管理，结合温室种植技术种植出高品质的果蔬产品。通过尖端农业技术及温室种植技术实现"南果北种"，引进大众喜爱的新奇果蔬品种，打造"季季有新品，四季可采摘"的特色采摘园。

5. 餐饮会议中心及啤酒广场园区

该园区总占地面积 10000 平方米，配有游客服务中心、贵宾接待室、座谈会议室、大中小会议室及同时能容纳 1000 人、500 人、300 人、100 人、50 人的报告厅、会议室和餐厅。

6. 研学教育及农民培训学校园区

打造京津冀首个"研学教育主题乐园"，对学生进行爱国教育、国防教育、素质教育、劳动教育及拓展训练，实现年接待学生 30 万人次；成立乡村振兴培训基地，开展新时代乡村振兴专题培训和高素质农民培训。

7. 特色民宿酒店及婚庆广场园区

结合滹沱河自然景观与当地农村生活及民俗文化打造特色民宿，为市民提供了极具乡村风情的休闲体验。

8. 儿童娱乐园区

儿童娱乐园区采用室内外结合的方式建设，汇集国内前沿的娱乐项目、新颖的娱乐设备，打造主题突出的娱乐园区。吸引大批量儿童及家庭进入园区游玩，实现共娱、共乐、共享。

9. 现代大型智慧农业园区

现代大型智慧农业园区是集现代化、机械化、智能化、数字化、自动化为一体的农业园区，此园区将现代信息技术成果充分融入农业，集成应用大数据分析、云计算、物联网技术、无线通信技术，让传统农业具有"智慧"，让农业实现智能管理。智慧农业园区建设既是促进乡村振兴的重要措施，也是推进实现农业现代化的重要措施。

10. 大型文化演艺园区

以社会主义核心价值观为引领，加强村风民俗和乡村道德建设，让当地非物质文化遗产及群众喜闻乐见的文艺表演融入进来，让老百姓参与进来。传承发展农村优秀传统文化，健全农村公共文化服务体系，培育文明乡风、良好家风、淳朴民风，促进农耕文明和现代文明有机结合，实现乡村文化的传承与振兴。

（三）打出乡村振兴组合拳

推进乡村振兴，必须坚持因地制宜、强化系统思维。塔元庄村携手同福集团立足实际、靶向施策，打出了一套规划先行、资源整合、产业优先、人才支撑的"组合拳"。

坚持规划先行，推进村企一体化发展。实施乡村振兴战略是一项长期性、系统性工程，必须坚持规划引领、依规建设。河北塔元庄同福农业科技有限责任公司聘请山东智创天乡农业旅游开发公司、河北德胜农林科技集团有限公司、宝佳丰（北京）国际建筑景观规划设计有限公司等专业团队围绕生产、生态、生活空间优化，在产业发展、公共服务、土地利用、生态保护等方面，编制专项规划方案，明确了空间布局、主要任务和建设重点。结合乡情村情，聚焦塔元庄同福乡村振兴示范园项目进行了可行性研究，编制了《塔元庄同福乡村振兴示范园旅游总体规划》《正定塔元庄同福文旅特色小镇概念规划》等，规划建设"十大园区"，引领乡村振兴有序有效推进。

坚持资源整合，夯实村企共建基础。发挥塔元庄村区位、交通、基础设施和特色文化等优势，同福集团产业、人才、技术、管理、品牌、市场等优势，盘活村集体低效利用资产。投资4亿元，将闲置的库房、厂房，改建为模式展馆、会展中心、智慧农场、演艺广场、研学基地、同福乐园、乡村振兴大数据中心和乡村振兴研究院，形成了村企合作新资源，搭建了村企共建新平台，增强了示范园自我发展能力。

坚持产业优先，推进三产融合发展。河北塔元庄同福农业科技有限责任公司以"十大园区"为抓手，创新多业态融合发展，实现产业链条有效延伸、相互支撑。以现代大型智慧农业园区、智慧农场及四季采摘园区为重点，打造基础农业；以健康食品产业园区为重点，加快建设标准化中央厨房；以塔元庄同福模式展馆园区、儿童娱乐园区、特色民宿酒店及婚庆广场园区等为重点，全面推进旅游服务业发展。十大园区让不同产业、不同行业都在乡村振兴中找到定位，游客来到这里可以参观高科技现代农业，采购中央厨房特色美食，体会乡村、农乐旅游。2021年，十大园区累计接待游客180余万人次，实现营业收入3000多万元。

坚持人才支撑，构建乡村振兴人才高地。人才是支撑乡村振兴的"第一资源"。河北塔元庄同福农业科技有限责任公司成立乡村振兴研究院，聘请博士5人、博士生导师7人、专家学者50余位担任顾问，共同推进乡村振兴事业发展。建立柔性人才通道，引进数字、农业、健康、机械等专业的5名博士后来村工作，编制相关规划和发展战略，以专业化视野助力村企合作。坚持"感情回引、政策回引、项目回引"，吸引50多名本土大学生返乡就业，多人享受人才绿卡政策，激励各类人才在乡村发展中施展才华，有效解决了"农村空心化、人才留不住"等问题。加强农村专业人才队伍建设，充分发挥高素质农民培训基地和研学平台作用，举办各类农业专业培训班30余期，累计培训高素质农民及本土专家达4500余人次。

（四）塔元庄同福模式践行乡村振兴战略

基层组织因地制宜，为实现乡村振兴精准破题。塔元庄村"两委"班子团结稳定，一任接着一任干，长期以来，以强村富民为目标，充分发挥了基层党组织的战斗堡垒作用。塔元庄村"两委"还与同福集团共同选派代表组建支部领导班子，实行联合党建，双方深度融合，既最大限度激发了支部创造活力，又能统一思想和行动，使塔元庄村社会主义新农村建设与塔元庄同福乡村振兴示范园项目建设有机结合，深入互动。

打造优势产业，为夯实乡村振兴提供经济基础。塔元庄村借力同福集团平台，以合作联盟的形式，构建全产业链，在完善现代农业种植、休闲旅游、研学教育、农民培训等项目的同时，精心谋划打造大型田园康养园区、大型文化演艺园区等项目，激发科研、文化、旅游、康养、健康食品生产、粮食加工等业态活力。生产条件不断改善、配套功能日趋健全、村民生活水平大幅提升。2020年塔元庄村集体收入2800万元，同比增加1000万元，安置300多人直接就业，村民人均可支配收入3万元，增幅达30%。以塔元庄村为圆心，受益村庄不断增多，原有产业借势发展、提档升级，新兴的采摘、田园观光、餐饮、电商、民宿等10余个关联行业飞速发展，旅游景点串点连线，大大丰富了旅游内容、增加了客流量，2021年接待京津冀及国内各地游客近180万人次。

村企合作、优势互补，为加快推进塔元庄村乡村振兴提供动力。村企合作、资源整合、优势互补、共建共享推进乡村振兴，是一个可观摩、可实用、可持续、可复制的发展新模式。坚持规划先行，挖掘农村特色资源，盘活农村闲置资产，发挥农民主体作用。同福集团发挥自身产业、人才、技术、管理、品牌、市场优势，塔元庄村发挥人文环境、近郊区位交通、良好基础设施和地域特色文化优势，双方形成了新资源、新平台，携手合作，促进一二三产业多业态融合，带动研学、旅游和现代农业等产业快速壮大，企业、村集体和村民多方受益。引入旅游、研学、儿童娱乐、康养、健康食品生产、现代农业等产业业态，突破了农村一元产业格局。

打破城乡壁垒，为乡村振兴产业发展开辟了新天地。产业活力和创造力竞相迸发。"绿水青山就是金山银山"是同福集团快速发展始终遵循的生态理念，在建设之初，同福集团就明确以生态循环为一切发展的基础。因此，在园区各业态建设发展的同时，同步建设了有机肥生产厂，把植物秸秆、动物粪便、厨余垃圾进行统一的分类处理和加工，生产生态有机肥，返用于土壤改良，形成完善的生态闭环，保障生态宜居环境的建设。利用有机肥生产、土壤改良、生态种植、生态养殖等现代高新技术高效利用资源，实现真正的生态循环。有效改善和保护农业生态环境，保障农业生态持续、稳定、健康发展，打造健康生活目的地。为200万市民提供生态、绿色、健康食材的同时，传播健康生活新理念。

搭建平台，多业态全方位为乡村振兴激活发展动能。单单靠一家企业去拉动乡村振兴，其力量无疑是薄弱的，塔元庄同福乡村振兴示范园项目创建了独有的塔元庄同福乡村振兴模式，以合作联盟作为发展的支撑，搭建合作平台。秉持"让专业的人做专业的事"的理念，与河北农业大学、河北省农林科学院、石家庄市农林科学研究院、农业开发银行等高校和机构以及各行各业的领军团队合作，吸纳更多、更专业的单位和优秀人才共同为实现乡村振兴这项伟大的壮举而努力奋斗。

三　河北省乡村振兴面临的主要问题及短板

（一）城乡区域发展不平衡

现阶段，区域之间、城乡之间发展不平衡不充分是我国的基本国情，同时也是实施乡村振兴战略面临的最大短板。主要体现在城乡居民之间的收入差距仍然较大。根据河北省统计局公布的数据，2021 年，河北省城镇居民人均可支配收入 39791 元，同比增长 6.7%；农村居民人均可支配收入 18179 元，同比增长 10.4%。农村居民人均可支配收入增速高于城镇居民人均可支配收入增速 3.7 个百分点，城乡居民人均可支配收入比为 2.19，较 2020 年缩小 0.07。虽呈现不断缩小态势，但仍处较高水平。

（二）产业发展缺少整体谋划

基于城乡统筹、城乡一体化等发展思路，为实现乡村振兴，不同职能部门牵头编制了一系列旨在促进产业发展的规划，但缺少整体谋划。一是部分部门没有很好地分析新产业新业态与传统产业发展相结合的正确路径，不能很好地把握产业趋势，对市场、技术、资金等的把控与调动能力不足。二是各部门之间的衔接不充分，主要在于诸多规划之间缺乏衔接机制、相关政策保障不到位，以及由此导致的规划"落地难"等问题。

（三）特色产业发掘培育缺少市场精准认证

部分乡村特色产业的规模化、产业化、商品化程度不高，受生产条件影响，连片大规模培育的基础条件还受到较大约束，完整的产业化链条还没有形成。大量产业的竞争优势和品牌优势尚未形成，有影响力的品牌较少；本地具备较大成长价值的比如特色养殖、深加工等未进行有效的产业化改造，产业布局较零散；部分区域盲目性发展较为严重，农产品标准化程度低，产品质量认证滞后，产业链条短、附加值不高。受产业规模、产业竞争力等影响，目前还缺少能够支撑长效增收的特色效益产业，农户生产的农产品销售渠道不够稳定。

（四）社会资本引入不足，产业资源集聚度不高

农业作为最为传统的产业，投入大、生产周期长，受影响的风险因素多、投资回报相对较低。尤其是涉农中小微企业，受本身经营规模和市场定位影响，抗风险能力不强。大部分中小微企业的资产集中投入在生产资料

上，难以提供高价值的抵押物，再加之部分企业的财务管理不规范，导致社会资本的投资热情不高。目前产业发展资金来源主要以财政投入和整合涉农项目资金投入为主，社会资本、工商和金融资本"下乡"难，产业发展因缺乏资金，支持动力不足、产业资源集聚度不高。

（五）产业补链强链能力弱，服务带动能力有限

在农业方面，农业生产主要采取一家一户分散经营的方式，集约化程度不高，难以形成规模化效益，农产品的附加值不高，农业总产值增速较慢，农民收入增加相对迟缓。在工业方面，生产规模总量偏小，且与第一产业和第三产业的契合度不高，农业产业链很难经由农产品深加工得到拓展。相对来说，农村地区产业补链强链能力弱，产品附加值不高，服务带动农户能力有限。

（六）乡村振兴专业人才缺失

人才缺失是推进乡村振兴的最大制约因素。近年来，乡镇（街道）、村（社区）的人才队伍短缺问题有了一定的改观，但乡村两级人才结构不合理、人才数量不足的问题仍然没有解决，与实现乡村全面振兴、提高基层治理现代化水平、更好满足人民群众对美好生活的需要仍不相适应。大量青壮年劳动力进城务工，乡村人口的年龄结构出现失衡，农村青壮年劳动力向城镇迁移流动比例提高，农村普遍存在"老龄化""空心化"现象。基层干部队伍中，大部分村支"两委"的村干部平均年龄偏大、学历偏低，年轻后备干部缺失，专业人才引进困难，已经成为乡村振兴的一块"短板"。

四 彰显乡村振兴新成效的启示与路径探索

"栽下梧桐树，引来金凤凰。"塔元庄村与同福集团的村企合作实现了乡村发展的蝶变，塔元庄村迈上了新时代全面推进乡村振兴的快车道。实践证明，塔元庄同福模式，是践行习近平总书记关于"三农"工作重要论述

的新成果，顺应了时代要求、符合发展实际，走出一条城乡融合的乡村振兴新路径，也为我们带来了有益的启示与探索。

（一）推进乡村振兴，要以基层党建为保障

乡村振兴离不开一个坚强有力的基层党组织，离不开一支善谋思变、担当作为的基层干部队伍。把加强基层党组织的建设贯穿乡村振兴始终，建立完善党组织书记抓乡村振兴工作体系，充分发挥党组织书记的领头作用，让党组织成为实现乡村振兴的战斗堡垒。正是因为塔元庄村"两委"坚强有力、团结稳定，20多年"换届不换人"，始终保持了良好的发展势头；正是因为村"两委"解放思想、大胆实践，实行村企合作，打开了乡村发展新局面。推进乡村振兴，必须坚持党建引领，加强基层党组织建设，增强领导乡村发展的能力和水平，为乡村振兴提供坚实保障。

（二）推进乡村振兴，规划至关重要

规划要结合当地资源，包括地形、水、热量、土壤、交通、文化资源、历史沿革、风俗习惯等，推进旅游景点、特色产业、"拳头"产品建设，在此基础上做到高起点、高标准。乡村发展的资源要素主要有生态资源、土地资源、特色产业、闲置农房、民俗文化、社会环境、交通要素、水资源等。不同类型的乡村资源在发展要素的带动下会产生不同类型的发展模式，在规划建设中，不能盲目跟风，要思考如何充分转化提升特色资源要素的价值，实现绿色、特色发展。按照"示范引领、区域一体"的原则，突出跨村联合、连片提升，创新体制机制，开展平台共建、资源共享、产业共兴、品牌共塑，打造区域共赢的发展路径，变"单打独斗"为"集约共建"、变"各自为政"为"优势互补"，推动"一村富"走向"村村富"，"一处美"变成"一片美"。

（三）推进乡村振兴，产业兴旺是重点

产业兴旺是实现农民增收、农业发展和农村繁荣的基础。持续抓好产业

转型升级和富民增收，大力发展生态循环农业、休闲农业，通过土地流转实现"农民变股民"。依托绿水青山加快推进现代农业园区建设，着力实现"产品变礼品、园区变景区"，实现经济效益、社会效益双丰收。聚焦延链补链强链，创新多业态融合发展，以现代大型智慧农业园区、智慧农场及四季采摘园区为重点，打造基础农业；以健康食品产业园区为重点，建设标准化中央厨房；以塔元庄同福模式展馆园区、儿童娱乐园区、特色民宿酒店及婚庆广场园区等为重点，全面推进旅游服务业发展，让不同产业、不同行业都在乡村振兴中找到定位。在规划中要注重三产融合，围绕主导产业、优势产业，突出拓展延伸产业链，促进农旅结合、"互联网+"、一二三产业融合，构建链式联动的产业经济，充分激发各类资源要素的价值转化。

（四）推进乡村振兴，要以多方共赢为目标

乡村振兴，必须建立有效的合作机制和利益分配机制，形成可持续发展的良好格局。塔元庄同福模式，全面调动起农村、企业、农民参与的积极性，产生了"1+1+1＞3"的效果。利用产业、人才、技术、管理、品牌、市场等优势，广泛与国有企业、大专院校、金融机构、专业运营机构等合作，建立合作联盟，在乡村振兴大舞台上共同发力。合作企业及科研机构通过参与乡村振兴，品牌知名度和影响力也得到显著提高。

（五）推进乡村振兴，坚持让农民唱主角

采取"企业+村集体""企业+基地""企业+合作社""企业+共享农场""企业+种植大户"等多种形式，建立与农民的有效联结机制，让农民积极、充分地参与到乡村振兴中来，共享乡村振兴带来的红利。通过各种联结机制，有效带动规模种植、规模养殖、运输业、服务业、旅游业等十几个相关行业发展，引入研学、儿童娱乐、智慧农业等新产业、新业态，促进了农村主导产业快速发展。

（六）推进乡村振兴，人才建设是动力

培养造就和开发乡村土专家、乡村工匠、文化能人、非遗传人、新型农民，发挥主体作用；鼓励和引导科技人才、技能人才、经营管理人才下乡投资、创业，激发创新活力；培育新乡贤和乡村领路人，建强基层组织。乡村振兴要完善提升乡村治理"自治""法治""德治""智治"的综合治理模式，强保障、优服务、善治理，构建幸福乡村的微治理体系，建立精准有效的人才政策体系是政府推动乡村振兴的直接动力源。

文明新风润心田

——以邯郸市新时代文明实践中心为例

袁秀 李彦力 刘润*

摘 要： 新时代文明实践中心是宣传思想工作守正创新、开创新局的一个重大举措，是做好新时代基层宣传思想工作的重要载体和平台。河北省邯郸市在推进新时代文明实践中心建设进程中，深入学习领会党中央战略部署，结合区域发展特征，组织动员各方面资源，不断深化拓展新时代文明实践中心建设，形成了颇具借鉴意义的"五个聚焦"及"1533"工作机制。我们通过实际调研，梳理总结邯郸市新时代文明实践中心的主要做法与成效经验，剖析新时代背景下其面临的新挑战与新任务，提出新时代文明实践中心进一步发展的几点思考，力求更好发挥其引领群众、凝聚群众、服务群众的积极作用，推进新时代文明实践向纵深发展。

关键词： 邯郸市 文明实践 文明新风 新时代文明实践中心

习近平总书记强调，要"推进新时代文明实践中心建设，不断提升人民思想觉悟、道德水准、文明素养和全社会文明程度"。[1] 2018 年河北省开展新时代文明实践中心试点工作以来，全省各地以习近平新时代中国特色社

---

* 袁秀，河北省社会科学院邓小平理论、"三个代表"重要思想和科学发展观研究所（精神文明建设研究中心）研究员，研究方向：马克思主义中国化；李彦力，河北省邯郸市市委宣传部常务副部长、文明办主任，研究方向：精神文明建设；刘润，河北交通职业技术学院汽车工程系讲师，研究方向：思想政治教育。

① 习近平：《论党的宣传思想工作》，中央文献出版社，2020，第 341 页。

会主义思想为指导，认真贯彻落实党中央和省委部署要求，以高度的政治责任感和饱满的精神状态，聚焦群众需求、有效调配资源、完善工作网络，着力破解"做什么、谁来做、怎么做"的问题，推动建设新时代文明实践中心工作取得重要进展，形成了一些可持续、可复制、可操作的经验做法。在新时代文明实践中心建设中，邯郸市坚持向实避虚、守正创新，通过深化"五个聚焦"，全力推动新时代文明实践中心（所、站）建设，为牢牢占领思想文化阵地打下了坚实基础。

一　邯郸市新时代文明实践中心的主要做法

2022年以来，河北省进一步推动新时代文明实践中心建设工作规范化、制度化。"截至7月底，全省已有167个县（市、区）、2089个乡镇（街道）、38802个村（社区），按照有场所、有队伍、有活动、有项目、有机制的'五有'标准建成中心、所、站。其中，县级新时代文明实践中心全覆盖目标任务已提前完成。"[①] 邯郸市通过深化"五个聚焦"，实现全市18个新时代文明实践中心、251个新时代文明实践所、5747个新时代文明实践站高质量全覆盖。这些中心、所、站的建设和文明实践活动的开展，在坚定群众信仰信念、提升群众精神风貌、培育社会文明风尚等方面发挥了重要作用，赢得了广大群众的认可，切实打通了宣传群众、教育群众、引领群众、服务群众的"最后一公里"。

（一）聚焦"提档升级"，打造全域覆盖、功能完善的实践场所

邯郸市紧密围绕基层工作实际，将新时代文明实践中心（所、站）建设与基层党组织建设相结合，先后印发《邯郸市建设新时代文明实践中心试点工作指导组的组成、职责及运行方式》《邯郸市深化新时代文明实践中心建设的安排意见》等规范性文件，抓实组织领导、经费统筹、督导机制

[①] 《河北省实现县级新时代文明实践中心全覆盖》，河北新闻网，2022年8月16日，http：//css. hebei. gov. cn/2022-08/16/content_ 8853370. htm。

"三项保障"，压实各级党组织在建设使用新时代文明实践中心（所、站）中的工作责任，让党管宣传、党管意识形态在基层落到实处。一是量化建设标准。按照党中央提出的有场所、有队伍、有活动、有项目、有机制的"五有"建设要求，出台建设标准，细化 15 个建设项目、36 个建设内容、95 条建设标准，推进新时代文明实践中心建设工作规范化。全市 93% 的新时代文明实践中心、所、站面积分别达到 1000 平方米、500 平方米、200 平方米。二是做实资源统筹。整合各级党群服务中心、宣传文化中心、妇女之家等 10 类 5828 个基层公共服务资源，变"各自为战"为"集团作战"，实现阵地共建、资源共享。全市 696 个市级及以上文明单位、177 个市级及以上文明校园与当地新时代文明实践所、站结对帮扶，推动本系统在基层各类阵地资源中向文明实践阵地倾斜。三是延伸实践阵地。在全市各级文明单位、中小学校、6 所属地高校、旅游景区景点和国有工矿企业，以及 83 个社会工作服务站、4624 个志愿服务站、242 个未成年人保护站、176 个养老服务机构、16 个社会救助经办机构，全部挂牌成为新时代文明实践站点，进一步织密文明实践阵地网络。

如邯山区将新时代文明实践中心建设作为"一把手"工程，纳入全年重点工作。成立了以区委书记为组长的领导小组，形成区、乡街、村（社区）三级齐抓文明实践的工作格局。完善联席会议、挂点联席、区直单位结对共建等制度，64 个区直单位结对帮扶 17 个乡街，实现优质资源下沉共享。按照"五有"标准，建强三级阵地，截至 2022 年 6 月，全区已建成 1 个区级新时代文明实践中心、17 个乡街级新时代文明实践所、196 个村（社区）级文明实践站，初步形成了文明实践网络矩阵，覆盖率达到 98.98%。同时，该区还对区域内的其他公共服务资源进行统筹使用，在广场、书店等 230 个公共服务场所设立学雷锋志愿服务站、在 163 个健康小屋及群众平时喜欢聚集的街巷、游园广场等设立文明实践点，不断扩大文明实践服务圈。

（二）聚焦"壮大力量"，建设数量充足、活力充沛的志愿队伍

一是建设志愿服务体系。20 个县级文明实践志愿服务总队按照"8+N"

模式，设置理论政策宣讲、文化文艺服务、助学支教、医疗建设、科学普及、法律服务、卫生环保、帮扶帮困8类常备队伍和"N"支特色队伍，下设志愿服务分队，安排5~8人集中办公；新时代文明实践所、站成立文明实践志愿服务支队和大队，截至2022年8月，全市建立新时代文明实践志愿服务队伍4624支，形成了以县级志愿服务总队为中心，横向覆盖各行业系统、纵向贯通县乡村的志愿服务组织体系。二是延伸壮大基层队伍。号召基层干部、文化能人、技术能手等自发设立5000余个"中心户"；以中心户为点，辐射组建文明实践"互助组"7000余个，引导开展地方戏曲比赛、乡村体育比赛、文艺展演等活动，培养广大群众的共同兴趣爱好，激发参与热情；充分发挥互助组孵化乘数效应，建立就业、养老、教育等"服务队"1万余个，打造群众身边"不走的"志愿服务队伍，壮大文明实践力量。三是强化政策保障。每年利用视频直播形式，对全市140万志愿者进行志愿服务"云"培训，推进新时代文明实践扎根基层；探索实行嘉许激励，推出"爱心存折"项目，落实星级评定、积分兑换、免费保险、优惠公共服务等礼遇关爱具体措施，为志愿者提供必要的保险、交通等保障，保障志愿服务可持续进行。

如"邯郸市涉县新时代文明实践中心整合盘活基层各类公共服务资源，整合博物馆、青少年宫、科普活动室等基层公共服务资源5828处，为群众提供多层次广覆盖的服务阵地。整合理论、教育、文化、科技、体育五大服务平台，把党的政策送到百姓手中，把科技文化送到百姓家门口。整合志愿服务力量，创新"志愿服务+广电网络"模式，利用96888服务热线和广电服务网点，做到了群众在哪里，文明实践就延伸到哪里。构建市县乡村四级志愿服务体系，组建文明实践志愿队伍4000余支、吸纳志愿者130万人，让新时代文明实践中心逐渐成为群众信赖的温暖之家"。[①]

（三）聚焦"精准服务"，开展常态长效、群众欢迎的实践活动

一是"1533"文明实践活动实现常态化、全覆盖。近年来，邯郸市在

---

① 《河北省邯郸市涉县新时代文明实践中心》，中国文明网，2022年6月27日，http://www.wenming.cn/wmsjzx/dfcz/hb/202206/t20220627_6413893.shtml。

建好用好新时代文明实践中心中探索形成了"1533"工作机制，即通过"设立1个实践日、深化5项活动、建好3支队伍、融合3大平台"系统化实践路径，构建"标准化+个性化"的供求机制，编织横向到边、纵向到底的文明实践网络。截至2022年8月，"共开展文明实践日集中活动3000余场，惠及群众500余万人。各县（市、区）建立群众点单、中心派单、志愿者接单、群众评单'四单'运行机制，精准解决群众'急难愁盼'"。①二是"惠民实践团"联动宣讲贴近群众。以理论宣讲为引领，创新"1+N"模式，依托新时代文明实践中心（所、站），开展"惠民实践团"联动宣讲活动。让理论"名嘴"讲政策、文艺"名家"讲文化、典型"名人"讲事迹、百姓"草根"讲故事、国教"骨干"讲党史，通过"五大宣讲"让文明实践"飞入寻常百姓家"；让"三下乡"服务、"四进社区"服务、便民志愿服务"三大服务"贴近群众服务群众。三是"四单"运行机制服务民生。坚持走好群众路线，建立群众点单、中心派单、志愿者接单、群众评单的"四单"运行机制，精准有效服务群众。18个县（市、区）全部建立智能化网络服务平台。2018年以来，全市通过摸排，共解决群众"急难愁盼"问题2.3万余个。

2022年以来，邯郸通过"惠民实践团"联动宣讲，推动党的创新理论"飞入寻常百姓家"。"惠民实践团"荣获中宣部2022年度基层理论宣讲先进集体。此外，邯郸市还把宣讲与志愿服务相融合，联动32个市直部门、300余个县（市、区）直部门，深入基层开展惠民服务。建立"三下乡"专题宣讲小分队，为群众送文化、送技术、送健康。联动开展"微爱接力"等便民志愿服务，解决好群众的烦心事、操心事、揪心事。通过灵活多样的线下宣讲，生动活泼的线上宣讲，线上线下相结合，邯郸打造了"微视频云宣讲""云上直播+互动""手握真理向未来"等线上宣讲品牌，通过交流互动，增强宣讲实效。

---

① 《为建设现代化区域中心城市凝心聚力》，《河北日报》2022年12月13日。

（四）聚焦"品牌打造"，培育为民办实事、解难题的服务项目

一是打造县域特色品牌。全市各地因地制宜，设计方案模式，针对群众个性化差异化需要，培育理论宣讲、教育帮扶、文艺演出、技能培训等特色品牌项目383个，形成"一县一特色、一镇一品牌"的发展态势。肥乡区"文明实践大集"项目、广平县"云上携手，与爱同行"项目、丛台区"微心愿"项目、永年区"云直播"项目成为当地接地气、有活力、受欢迎的品牌，以基层创造力激发文明实践生命力。二是做大做强市级品牌。"惠民实践团"联动宣讲，采取"宣讲+帮扶服务"方式，解决群众实际问题7000余件；"微爱实践"志愿帮扶，推出"进万家 访民情 解民忧"活动，号召30万人次参与"微爱接力""微爱圆梦"等志愿服务活动；"欢乐城乡"文化惠民，组织文艺活动、创编文艺作品，推进惠民活动向基层纵深延伸；"三下乡"常在乡，盘活整合科技、文化、卫生等专业文明实践队伍以及项目优势资源向基层倾斜；"健康小屋"护健康，把遍布城乡的3393个"健康小屋"打造成服务群众健康的文明实践基地。

如邯山区立足邯山特色，打造了邯山区文明实践三大服务品牌。其一，打好文明实践"红色物业+"服务牌。构建"红色物业+市场运作+志愿服务"三位一体模式，在93个小区初步建立了"红色物业+积分超市""红色物业+社区养老"等服务项目，满足居民群众多样化、多层次居住生活需求。建立完善"红色物业家"专属App，将党建宣传、智慧社区、志愿服务、便民惠民等融合在一起，实现老旧小区物业服务有效提档升级，居民幸福感不断增强，受益群众达到10万人以上，实现了服务精准对接、治理精准落地。该区已成立135个红色物业服务站，进驻全区426个老旧小区，实现老旧小区红色物业服务全覆盖。[①] 其二，打好文明实践"志愿者银行"服务牌。该区积极创新社区志愿者服务新模式，以渚河路街道为试点，搭建以党建为统领、志愿者为主体、辖区商户资源为支撑、互惠互利为反哺机制的

---

① 参见《打造文明实践的"邯山模式"》，《邯郸日报》2022年6月24日。

"志愿者银行"新平台。通过把志愿者信息、爱心企业资源和居民需求"存"进"志愿者银行",有针对性地开展志愿服务,建立健全了社区志愿服务活动"付出、积累、回报"机制,让广大志愿者得到应有的尊重和回报,吸引更多人加入志愿者队伍。其三,打好文明实践"五单闭环"服务牌。积极探索"群众点单、中心派单、志愿者接单、中心复单、群众评单"五单运行邯山模式,将新时代文明实践中心与民呼回应中心深度融合。在线下,通过"小板凳连心桥"、敲门问建议等,将征求的群众心愿进行梳理汇总,并安排志愿服务团队集中办理;在线上,通过邯山人民网、微信公众号等服务平台,以及全区各乡街、村居网上工作平台,将线上线下志愿服务相融合,实现"民有所呼、我有所应,民有所需、我有所为"。截至 2022 年,"邯山区民呼回应中心累计接待群众 57000 余人次,收集问题 13469 件,办结 13210 件,办结事项回复率、回访率 100%,群众满意率 97.6%"。①

(五)聚焦"落地见效",健全责任明确、高效联动的推进机制

建立完善常态长效的工作机制是持续推进新时代文明实践中心建设的重要保障,是推动实践活动规范化、标准化、制度化的重要支撑。一是建立协调联动机制。健全完善联席会议制度,全市 20 个市新时代文明实践中心建设工作指导组成员单位下沉优质资源、加强结对共建。建立挂点联系制度,实行"一个领导、一个专班、一套方案、一本台账、一抓到底"的挂点联系机制,20 个市级领导包联各县(市、区),加强直接指导、推动落实见效。各县(市、区)四大班子成员联系所辖乡镇(街道),组织现场办公、解决实际问题。二是建立平台融合机制。充分发挥"两中心一平台"空间相邻、线上相融、资源相通的独特优势,相互借力、相互促进,构建文明实践融通共建新路径。在新时代文明实践中心打造"学习强国"学习课堂,

---

① 《邯郸市邯山区:民呼回应中心让大事小情"一呼就灵"》,中国新闻网河北,2022 年 11 月 30 日,http://www.heb.chinanews.com.cn/shfz/20221130429455.shtml。

开展观影、答题、知识竞赛等学习活动。在"学习强国"邯郸学习平台和磁县、峰峰矿区、武安市等县级融媒体中心开设"文明实践"专栏，展示实践成果，进一步提升文明实践活动的影响力。三是完善资金保障机制。加大资金投入，把钱用在刀刃上，做到小钱办大事。市财政设立 300 万元专项经费，筹措 600 万元建设资金，对工作扎实、社会影响力大、群众反响好的新时代文明实践中心（所、站）给予重点支持。县级财政安排 6000 余万元工作经费，加大阵地建设投入力度，保障新时代文明实践中心（所、站）日常运行经费，保障各项活动正常有序开展。四是强化督导机制。推进常态化督导，保持文明实践的热度，不断提升活动质量。采用重点督查与推磨互查相结合、"云"上抽测和实地抽查相结合的方式，按照每月 20% 的进度，常态化开展督导检查，定期组织各地推磨互查、验收评分，排名通报，对于排名靠后的地区予以约谈，令其说明情况、限期整改，有效补齐短板，提升整体水平。

二　新时代文明实践中心建设面临的挑战

充满"泥土味儿"的理论宣讲、传递温情的志愿服务、多姿多彩的文化活动……在邯郸大地上，新时代文明实践工作开展得既有温度又有热度，给力又走心。随着全方位推进新时代文明实践中心建设走深走实，邯郸市新时代文明实践中心也面临新的挑战。

（一）新时代文明实践中心（所、站）社会耦合能力有待进一步发掘

调研发现，邯郸市及河北省多地已建成的新时代文明实践中心（所、站）基本依靠行政化手段完成框架搭建，依托政府调动体制内各项资源，并在短期内能够迅速开展志愿服务及其他事务，且对社会组织产生较强的号召力。然而，随着新时代文明实践中心（所、站）工作的进一步深入，工作内容的进一步丰富，此种模式必将面临新的挑战，即主体结构较为单一、

运行对政府的依赖程度较高、多元化耦合能力需要进一步提升。如从上到下建立的新时代文明实践中心、所、站结构，其主要工作内容多来源于上级部门的指导及指派，长此以往新时代文明实践中心、所、站主要工作在一定程度上将是"指定动作"多于"自选动作"，新时代文明实践中心、所、站的统筹规划自主性不足，社会多元力量有待发掘及整合。虽然河北各地在文明实践活动开展上有一些创新举措，但这些创新属于点片式的创新，是局限于某一个地方或某类特定活动开展方面的创新，缺乏将"点片式创新"成果整合起来的"集成式创新"，未形成新时代文明实践中心、所、站建设的总体性创新格局。特别是需要进一步引导互联网企业和各类社会力量、市场主体参与新时代文明实践中心、所、站工作，实现优质资源共建、共享和共用，促进智慧社区建设，开发居家养老、托育、卫生健康、文体活动、家政服务、购物消费、交通出行等智慧化社区服务应用。

（二）深度融合当地红色资源、历史文化资源力度需要进一步加大

红色资源是我们党艰辛而辉煌奋斗历程的见证，是最宝贵的精神财富。浙江省东阳市依托横店影视资源，将《长津湖》等红色主旋律电影"搬进"文明实践阵地，并结合精彩宣讲，让群众在红色电影中汲取前行力量。山东省平度市新时代文明实践中心通过把党史馆、博物馆、纪念馆、革命旧址等红色资源整合升级为文明实践基地，绘制"红色地图"、丰富"红色线路"、开通"红色公交"，引导人们在沉浸式体验中传承红色基因。邯郸全市现有国家级烈士纪念设施 2 处、省级烈士纪念设施 5 处、市级烈士纪念设施 4 处、县级及以下烈士纪念设施 22 处、零散烈士纪念设施 168 处、散葬烈士墓 1667 座。当前，新时代文明实践中心建设工作要以红色资源所在地为阵地，辐射周边村庄，推动红色文化资源向基层下沉，激励人们铭记党的光辉历程、传承光荣革命传统，让红色基因代代相传。此外，融合当地历史文化资源有限，文明实践活动特色品牌较少，依托当地资源优势和特色文化而形成的活动品牌亟待挖掘。

（三）志愿服务专业化、受众分层化及服务精准性、灵活性有待提升

调研发现，当前新时代文明实践中心（所、站）都拥有庞大的志愿者群体，提高了公共事务效能，也促进了社会公益活动的广泛开展。但不可否认，一些志愿者缺乏社会工作需要具备的岗位知识和技能，职业化水平较低，在志愿服务当中难以提供多样化、系统化的服务。新时代文明实践中心（所、站）的志愿服务多聚焦老年人、未成年人、残疾人、基层务工人员以及其他弱势群体，相较而言，针对社区居民的服务项目较少。在志愿项目设计上，除晚会式、广场式的活动方式之外，"微公益""公益随手做"等更加灵活便捷的志愿服务覆盖面不广。在偏远的农村或山区，志愿服务受多种因素影响，覆盖面及服务数量上更倾向于"菜单式"服务，百姓"点单"、志愿者"接单"，志愿服务可利用重要节日、农村集市，开展"流动式"上门服务。在城市社区应该更加注重将文明实践资源供给与市民群众多元需求精准匹配。比如安徽省天长市外出务工人员众多，新时代文明实践中心开展"服务温暖民心"主题志愿服务活动，以空巢老人、留守儿童和残障人员等为重点服务对象。全市有 3500 多名志愿者与困难家庭人员结成"一助一"或"多助一"对子，给老人买菜送药、给孩子办阅读课外班、教老人使用智能手机等，精准周到的贴心帮扶让困难群众感受到党的温暖。对标对表，邯郸市志愿服务虽已取得一定成效，但还有进一步提升的空间。

三　新时代文明实践中心发展的几点思考

习近平总书记强调，要"推进新时代文明实践中心建设，不断提升人民思想觉悟、道德水准、文明素养和全社会文明程度"。① 建设新时代文明实践中心，应该注重以下几个方面。

---

① 习近平：《论党的宣传思想工作》，中央文献出版社，2020，第 341 页。

一是加强党的领导，强化新时代文明实践中心建设的政治引领。深刻认识到新时代文明实践中心建设是宣传思想文化工作守正创新、开创新局、盘活基层、打牢基础的重要改革举措，切实增强做好新时代文明实践中心建设工作的责任感、使命感和紧迫感，始终坚持把新时代文明实践中心建设作为当前一项重大政治任务、一项重要民心工程来抓，充分发挥党委、政府主体作用，加强组织领导和总体谋划，有效整合各方力量，层层压实工作责任，推动形成全社会广泛参与、各方面共同支持的生动局面，扎实有效推进新时代文明实践中心建设各项工作任务，真正打通宣传群众、教育群众、关心群众、服务群众的"最后一公里"。坚持突出学习宣传习近平新时代中国特色社会主义思想这条主线，推动了党的创新理论"飞入寻常百姓家"。全省各地紧贴群众思想实际和生产生活实际，紧扣群众所思所想所盼，广泛开展丰富多彩的宣传教育和文明实践，寓教于乐地宣传新思想，使广大基层群众更加坚定听党话、跟党走的信心决心。在宣讲内容上，精准对接基层群众生产生活的实际；在宣讲阵地上，从线下到线上，从固定讲堂到田间地头，从官网到"两微一抖"，因时因势进行宣讲；在宣讲主体上，进一步夯实已经组建的21支"名牌"和"草根"专题宣讲队伍，让专家学者、理论骨干、青年讲师等"名嘴"，文艺名家、道德模范、最美邯郸人等"名人"，来自学校、医院、社区及各行业基层一线的"草根"宣讲员，将党的创新理论送到田间地头、街道社区和农家院落。创新理论宣传形式，转换理论宣讲话语体系，用"乡音"传"党音"，推动党的创新理论"飞入寻常百姓家"。坚持党建引领和文明实践融合发展。要以提升组织力为重点，健全基层组织，优化组织设置，理顺隶属关系，扩大基层党的组织覆盖和工作覆盖，全面增强党的基层阵地资源整合能力，融合基层党建阵地、平台、队伍等资源，推动文明实践工作与地方经济发展、基层治理、文明创建、巩固党执政基础整体推进。促进资金使用集约化、硬件设施共享化、运行管理一体化、功能作用综合化，把蕴藏在广大基层干部群众中建设美好生活的创造力充分激发出来。充分发挥基层党组织战斗堡垒作用和党员先锋模范作用，把基层党组织的政治优势、组织优势转化为治理效能。以文明实践活动为载体，各地依托新时代文明实践中心深入宣传党的最新理论方针政策，广泛凝聚民心共识。

二是坚持人民立场，突出新时代文明实践活动的效果导向。建设新时代文明实践中心，必须坚持以人民为中心这个根本立场，必须坚持为了人民、依靠人民，才能推动新时代文明实践工作行稳致远。首先，精准结合地方实际，确保文明实践活动开展更接地气。应充分发挥邯郸文源深、文脉广的优势，彰显新时代文明实践中心以文化人、成风化俗的价值功能，助推河北省乡村文化振兴。打造地域文化特色。邯郸地域文化独特、民族风情多样、乡村景观丰富、人文气息厚重，在实施乡村振兴战略中利用好这些特色优势，保护好村镇建筑风貌和村落格局，深挖村镇特色文化符号、盘活地域文化资源，促进文化与旅游产业发展相结合，有条件的县市可打造"一村一历史故事、一镇一文化品牌"工程。弘扬红色精神，传承红色文化基因。通过举办红色故事会、传唱红色歌曲、组织红色亲子游、开展红色教育研学等活动，深化人们对红色文化的价值共鸣；依托革命纪念馆、烈士陵园、名人故居等革命传统教育基地，激发群众的奋斗精神。其次，精准对接群众实际需求，确保文明实践活动开展更具活力。始终把解决群众实际问题作为工作导向，在解决实际问题中解决思想问题。进一步通过搭建便民服务站点，建立拓展与基层群众的联系渠道。最后，精准解决群众实际困难，确保文明实践活动开展更有温度。聚焦"理论学习有盲点"群体的实际困难，借助农村宣传思想工作的传统优势，将"线上"优质资源实现"线下"传播，有效延伸理论学习的触角。聚焦农村空巢老人等重点人群的实际困难，深入开展学习帮教、生产帮忙、困难帮扶等各类关爱服务，着力解决群众操心事、烦心事、揪心事，让文明实践活动为群众幸福加码，增强群众政治认同、思想认同、理论认同和情感认同。

三是加强顶层设计，建立健全新时代文明实践中心建设的体制机制。首先，完善统筹协调机制，坚持破解资源闲置分散这个瓶颈，推动县域阵地资源的有效整合。推动各地搭建"理论宣讲、教育服务、文化服务、科技与科普服务、健康推进与体育服务"五大平台，有效整合县域资源，实现基层阵地资源的融通互通，提升使用效率。新时代文明实践中心（所、站）

要结合活动需求和实践，进一步助力完善社区与社会组织、社会工作者、社区志愿者、社会慈善资源的联动机制。指导社区与社会组织之间加强协调沟通，提高活动协同性，促进形成聚合效应。其次，健全多元资金投入文明实践的保障机制。加大县级财政对新时代文明实践中心的支持力度，将文明实践工作经费列入县级年度财政预算，足额保障站点建设、活动经费和人员经费。建立多元资金筹集机制，积极发动商会、企业、外出乡贤和爱心人士的力量，拓宽资金保障渠道。最后，严格文明实践的考核监督机制。各地要严格落实新时代文明实践的监督考核，采取县级验收、市级互评、省级抽查的形式，对市县两级文明实践开展评估评价工作。评估评价情况将作为对市县意识形态工作的考核依据，作为意识形态工作责任制落实情况巡视巡察的评价依据，作为文明创建的重要内容，以此引导各地积极稳妥、富有成效地开展文明实践活动。

走在共同富裕的大路上

——藁城宫灯文化引领乡村振兴的实践探索

杨春娟*

摘　要： 河北省石家庄市藁城区梅花镇屯头村是藁城宫灯的发源地，多年
来以党建引领为抓手，将宫灯文化与产业发展有机结合，深入挖
掘宫灯文化内涵，积极培育重点龙头企业，倡导技术创新，不断
做大做强宫灯产业，努力打造特色乡村的靓丽文化名片，实现了
富民强村的新跨越。藁城宫灯不仅成为村民发家致富的"聚财
灯"，也成为引领乡村特色产业发展的"引路灯"。藁城区屯头
村以宫灯文化引领乡村振兴的实践探索、主要做法及推进路径，
对于以特色文化特别是文化产业助力乡村振兴，打造产业兴旺、
生活富裕的宜居宜业美丽乡村，具有一定的借鉴意义。

关键词： 藁城宫灯　乡村振兴　共同富裕

乡村振兴既要塑形，也要铸魂。文化是乡村振兴的灵魂，以文化引领乡
村特色产业发展，带领村民走上共同富裕之路，建设宜居宜业美丽乡村，成
为当前全面推进乡村振兴的重要任务和不断实现人民群众美好生活愿景的迫
切需要。河北省石家庄市藁城区梅花镇屯头村是藁城宫灯的发源地，多年来
以党建引领为抓手，将宫灯文化与产业发展有机结合，深入挖掘宫灯文化内
涵，积极培育重点龙头企业，倡导技术创新，不断做大做强宫灯产业，努力

* 杨春娟，河北省社会科学院邓小平理论、"三个代表"重要思想和科学发展观研究所（精神
文明建设研究中心）副研究员，研究方向：思想政治教育和乡村治理。

打造特色乡村的靓丽文化名片，实现了富民强村的新跨越。以小宫灯实现大发展，藁城宫灯不仅成为村民发家致富的"聚财灯"，也成为引领乡村特色产业发展的"引路灯"。藁城区屯头村以宫灯文化引领乡村振兴的实践探索、主要做法及推进路径，对于以特色文化特别是文化产业助力乡村振兴，打造产业兴旺、生活富裕的宜居宜业美丽乡村，具有一定的借鉴意义。

一　藁城宫灯引领乡村振兴的实践探索

宫灯，又称宫廷花灯，在中国有上千年的历史，是中国传统文化的一个靓丽符号。作为灯具与工艺美术品的完美结合，宫灯既有使用价值，又能表现出美妙的东方艺术和动人的民族风格，故而在世界上独树一帜且享有盛名。藁城宫灯产于藁城区梅花镇屯头村，该村位于藁城区南部，距京港澳高速栾城出口8.5千米，距石家庄市区22千米、藁城市区10千米，距石家庄机场37千米，交通便利，区位优势明显。中国宫灯看藁城，藁城宫灯出屯头。屯头村因制作宫灯而闻名全国，素有"天下宫灯第一村"的美誉，作为全国最大的宫灯生产专业村，全村从事宫灯及相关产业的农户达1800多户，占全村总户数的80%以上，宫灯年产销售1亿对以上，产值20亿元，产品远销海内外。藁城宫灯具有浓郁的地方文化特色，不仅是石家庄市藁城区著名的特色传统手工艺品，也是河北省有名的省级非物质文化遗产，先后被授权为"2010年上海世博会特许商品""2014年南京青奥会特许商品""2022年北京冬奥会特许商品"等荣誉，并入选"石家庄十大特产"名单。屯头村也被河北省旅游局定为河北省旅游产品生产基地、河北省文化产业示范基地。上述成就和荣誉的取得，离不开屯头人多年来对宫灯文化内涵的深入挖掘。他们将传统文化元素融入宫灯产业，并不断创新发展，推动传统宫灯的现代化转型，闯出一条特色鲜明、可持续发展的乡村振兴新路。"天下宫灯出屯头，藁城宫灯亮起来，打着灯笼找财富，宫灯点亮致富路"是藁城宫灯引领乡村振兴不断探索和实践的生动写照。藁城宫灯作为享誉四方的地方文化名片，承载着传承非遗工艺、推进文化复兴的光荣使命，承载着振兴区域经济、实现共同富裕的美好梦想，必将成为当地百姓的幸福灯、圆梦灯。

（一）藁城宫灯历史悠久，影响深远

藁城宫灯作为藁城的民间工艺，起源于东汉、勃兴于明清，具有悠久的历史。相传，最早的宫灯作坊可追溯到东汉建立之初，作为皇后的藁城人郭圣通，入宫后将家乡（藁城东南部一带）的手艺人组织起来，建立各种手工作坊，所制产品专供宫内及军营使用，其中灯笼作坊就在屯头村。藁城宫灯是由古人用的纱罩灯演变而来，其雕刻之精美、造型之华贵冠绝一个时代。明代藁城屯头村李师傅手工制作的纱灯，以美观明亮、耐风耐用为特色，遐迩闻名，州府县署、豪门富户多有悬挂。至清朝雍正年间，屯头村制作的灯笼以"富丽华贵"享誉江北，并作为贡品为皇宫使用，博得"江北宫灯独一处"的赞誉，后来人们把"贡"字换作"宫"字，发展成为如今的"宫灯"。藁城宫灯由此得名。此后，藁城宫灯制灯工艺广泛流传并传承至今，成为灯海奇葩。

1949 年中华人民共和国成立，藁城宫灯传人李洛硕，为抒发自己的喜悦之情，赶做了一对"庆解放"宫灯，亲手挂在屯头村公所门上，使匿迹半个世纪的民间工艺精品又重见天日。新中国成立后的宫灯制作以传统手工艺为主，屯头村仅有十几户从事宫灯生产，生产宫灯数量较少。改革开放之初，藁城宫灯的生产开始恢复，李洛硕率先办起了藁城第一家宫灯厂——藁城市美术宫灯厂，年轻的业务员开始跑市场、供销社、百货大楼、工厂等，把宫灯逐渐推广至全国各地，从此藁城宫灯进入了市场发展的新时代。藁城宫灯以其精湛的制作工艺和精美的外观造型闻名于世，既有较强的使用价值，又有极高的艺术鉴赏价值，是富有浓厚民族特色的传统手工艺品。常见的品种有红纱灯、白帽方灯、纱圆灯、罗汉灯、走马灯、二龙戏珠等，其中以红纱灯最为出名。1991 年，藁城宫灯老艺人李洛硕制作的宫灯悬挂于北京新华门上。自此以后，藁城宫灯声名远播，享誉全国。

（二）传承宫灯文化，助推宫灯产业快速发展

藁城宫灯的传统制作技艺十分复杂，包括挖竹篾、洗竹竿、钻座眼、裁灯衣等56道工序，全部靠手工作业，生产效率低下且产品造型不规则、不美观，很难适应快速增长的市场需求。为进一步壮大宫灯产业，更好地将宫灯文化传承下去，从20世纪90年代开始，屯头村民逐步打破了以往秘不外传的保守思想，开始将现代工艺嫁接到传统宫灯制作中。他们在保持传统宫灯外形及特色的基础上，经研制开发与技术创新，大力改进生产工艺，将宫灯的各道工序进行合理划分、逐一分包，形成了系列化、规模化生产，宫灯生产实现了由纯手工向半机械化的转变，生产效率大大提高，产量也随之上升，宫灯产业步入发展的黄金期。

2005年，屯头村委会召集宫灯老艺人、生产大户、销售能人成立了藁城宫灯行业协会，制定行业质量标准，规范市场经营秩序，实施品牌发展战略，将分散经营、各自为战的家庭式作坊生产逐步转变为统一管理、整体运作的企业化经营，并研发适销对路的新产品，培育了家家红宫灯厂、会强宫灯厂、中华宫灯厂等一批龙头骨干企业，引领宫灯文化产业走上了健康发展轨道。截至2022年，藁城宫灯已形成了以宫灯加工为主，灯座、灯丝、灯罩专业化生产、销售一条龙的产业，辐射周边8个乡镇几十个村庄，从业人员达到7万余人；屯头村拥有宫灯生产企业1100余家，年产销售各类宫灯1亿对以上，产值20亿元，占全国总产量的80%，产品行销全国各地，远销俄罗斯、朝鲜、韩国、日本等十余个国家和地区。每逢佳节和节日庆典，到处可见藁城宫灯，北京奥运会、远东暨南太平洋残运会、上海世博会、南京青奥会、北京冬奥会等大型活动使用的均是藁城宫灯。在国外，每年春节期间，英国伦敦唐人街、美国旧金山唐人街、澳大利亚悉尼唐人街都会悬挂大红灯笼，法国市政府大门口、香榭丽舍大街、塞纳河两岸甚至高高的埃菲尔铁塔，也都挂上了大红灯笼和中国结。藁城宫灯已成为藁城百姓的"致富灯""幸福灯"。

（三）"支部+电商"，实现党建富民强村新跨越

近年来，藁城区顺应"互联网＋"发展趋势，以基层党支部为引领，以农村电子商务为突破口，大力开展"支部+电商"党建富民工程，通过组织外出学习和举办电商培训班，激发百姓网络创业热情，促进农民致富增收，探索乡村产业振兴的新路径。屯头村是宫灯生产专业村，该村党支部充分发挥战斗堡垒和引领发展作用，带领群众抢抓"互联网＋"发展机遇，主动顺应网络时代发展潮流，紧密结合"一带一路"倡议，通过建设发展载体、提供配套服务等有力措施，积极推动宫灯相关产业传统销售模式与电商融合，拓展宫灯、彩旗等婚庆产品的销售渠道，健全宫灯文化生态圈，形成了一条特色鲜明、可持续发展的党建富民产业链，实现了"支部+电商"、电商连商户、党建富民强村的新跨越。现在全村拥有在工商注册的电商卖家 1000 余家，涵盖了淘宝、天猫、拼多多、阿里巴巴、亚马逊、易趣网等国内外主要电商平台和销售网站，从业人员超过 2000人，仅电商渠道年产值就超 6 亿元，顺利实现了传统宫灯的转型发展。"支部+电商"既节约了传统线下渠道的销售成本，又扩大了业务范围，还提升了藁城宫灯的知名度。从 2016 年开始，屯头村连续 5 年被阿里研究院评为淘宝村。随着电商物流的不断发展，近年来屯头村宫灯线上销售量已占全部销售量的 40％左右。藁城宫灯正是借助"互联网＋"，俏销国内外市场。

二　藁城宫灯引领乡村振兴的主要做法

近年来，藁城区屯头村按照"以宫灯文化为特色、以宫灯产业为依托、以特色旅游为驱动、以文化产业带动旅游产业发展为目标"的工作思路，致力于打造屯头特色旅游小镇，以促进村民致富增收，辐射带动周边各村旅游服务业快速发展，在引领村民实现共同富裕的道路上不断推进乡村振兴。

（一）政府帮扶，党建引领

近年来，藁城区屯头村所在的梅花镇政府高度重视宫灯产业的传承和发展，不断强化政策支持，切实加大保护力度，助推宫灯产业大发展。该镇把宫灯生产作为全镇的主导特色产业予以重点发展，由镇政府牵头成立宫灯产业发展领导小组，配备专业人员，制定具体支持措施，并与村委会、宫灯生产经营企业，共同研究解决宫灯产业发展规划、质量标准、市场开拓、媒体宣传和设施配套等一系列问题。该镇还对屯头村内水、电、路等基础设施建设进行了全面提升，为宫灯产业发展奠定了坚实基础。特别是宫灯产业的日益壮大和"互联网+"的迅猛发展，给宫灯产业带来电商等新的营销方式和发展理念。藁城区政府借此机会抢抓时代发展的"e潮流"，开展"支部+电商"一村一品党建富民工程，通过培训、宣传、技能指导、抓点示范，培养了电商专业人才和"带头网络创业、带民增收致富"型电商，电商把藁城宫灯的销路延伸到全国乃至世界各地。屯头村党支部还把推进"支部+电商"党建富民行动作为建设美丽乡村、打造富民产业的有力抓手，着力打造电商特色小镇，努力创建党建强村、电商富民新模式。为了提高藁城宫灯产业品牌影响力、规范宫灯交易模式、增加村集体收入、实现共同富裕，屯头村在藁城区组织部的帮扶下修建了一座三村联建的高标准宫灯交易大厅，为村民提供货物展示、直播卖货、仓储物流等服务，预计每年增收15万元以上。为进一步壮大宫灯产业，屯头村正计划建设宫灯产业园，并大力发展电商，推动宫灯产业迈进新发展阶段。

（二）更新观念，在传承中创新发展

发展宫灯产业，文化是魂，创新是本。近年来，屯头村在发展宫灯文化上，敢于打破传统思想，积极创新生产经营理念，不断延伸拓展产业链条，使宫灯产业焕发出无限生机与活力。为进一步提升宫灯文化产品附加值，梅花镇政府组织宫灯加工企业积极开展市场调查，不断研发新品种，做到宫灯

产业与市场对接、与文化对接。屯头村在宫灯的传承中不断创新，每年都会设计新造型和新图案，创作了"中国梦"纸雕宫灯、"社会主义核心价值观"纸雕宫灯和北京冬奥会吉祥物"冰墩墩"、北京冬残奥会吉祥物"雪容融"等体现时代特征的新产品，进一步提高了宫灯的知名度和销量，对外传播悠久的藁城宫灯文化。如今，宫灯品种已由过去的单一品种发展到现在的红纱灯、走马灯、木雕宫灯、大型电动彩灯、工艺纸雕宫灯、羊皮灯、塑纸灯、日韩灯等18个系列200多个品种；宫灯规格小至20厘米大到12米多；宫灯造型也由过去单一的椭圆形改为南瓜形、圆球形等多种形状，并增添了云字排锻和穗头加以装饰，使宫灯变得更加美观大方。此外，商家还可以定制金属、红木等不同材质的高端礼品宫灯。新产品的研发，既给消费者提供了更大的选择空间，也拓宽了当地百姓致富的门路。

在开发宫灯的基础上，屯头人千方百计挖掘宫灯特有的喜庆文化元素，进一步开发了国旗、彩旗、绶带、舞蹈扇、婚庆用品、窗花、剪纸、对联、中国结等系列衍生产品，满足消费者多元化需求，拓展市场空间。目前，宫灯衍生产业的相关生产企业发展到100多家，屯头村已成为全国最大的国旗生产基地。同时，宫灯产品的多样化也推动相关行业，如运输、布匹批发、钢丝厂、灯杆厂、纸箱厂等的发展，使老品牌焕发出新活力。

（三）重视研发和产权保护，发挥宫灯精英作用

2006年，藁城宫灯被评为河北省省级非物质文化遗产，成为河北省开展对外交流的纪念品。为传承非遗文化、做大做强宫灯产业，屯头人不断研发新产品、增添产品的文化内涵，这是藁城宫灯发展壮大的不竭动力。由藁城宫灯研制开发中心研创的"工艺纸雕宫灯"是藁城宫灯的代表作，该宫灯将蔚县剪纸与宫灯造型相结合，由高档卡纸敷彩、蔚县剪纸图案、镂空雕刻、分装、挂穗组合而成，同时借鉴了中国传统建筑的卯撬原理，能够拆装组合，方便运输，将宫灯由单一的节庆悬挂品变成馈赠礼品，扩展了宫灯的适用范围。该产品共获得国家9项专利，被授权为北京奥运会、上海世博会、南京青奥会、北京冬奥会等特许商品，使藁城宫灯声名远扬。

成立藁城宫灯行业协会，发挥宫灯老艺人、生产大户、销售能人的积极作用，加大新产品研发力度，打好宫灯发展"组合拳"。如藁城宫灯传人李洛硕、张廷柱研制宫灯并带领村民以制作宫灯致富，使屯头村成为宫灯生产专业村；藁城宫灯传人、河北省非物质文化遗产项目传承人、藁城宫灯研制开发中心有限公司董事长张凤军，将宫灯做成文化产业，并提供宫灯生产技术、培训传承人及经营业务等服务；工艺纸雕宫灯创始人史有全，独创工艺纸雕宫灯，为藁城宫灯的创新与发展作出贡献；藁城宫灯销售大王白会平，千方百计推销宫灯，大大提升了藁城宫灯的知名度；宫灯广告大王李双牛定点为全国众多酒类、饮料、食品、乳品等厂家制作广告灯。通过创新与发展，小小的宫灯从文化遗产变为当地支柱产业的核心。

（四）促进文旅融合，倾力打造"藁城宫灯小镇"

藁城宫灯曾获中国乡村文化旅游节暨全国民间文艺山花奖（民间彩灯大赛）银奖、第七届中国（芜湖）国际旅游商品博览交易会金奖、首届河北省文创旅游商品创意设计大赛最具商业价值奖等，屯头村也被河北省旅游局定为河北省旅游产品生产基地、河北文化产业示范基地。为传承弘扬宫灯文化，藁城区屯头村在美丽乡村建设中，以宫灯文化和产业为基础，高标准规划和建设藁城宫灯小镇，大力发展旅游业，实现宫灯产业提档升级，带动当地村民增收致富。在藁城城区和屯头村内建有两座宫灯博物馆，吸引了众多游客前来观光体验。

坐落于藁城城区的藁城宫灯博物馆，由藁城宫灯研制开发中心承建，是国内唯一一家以宫灯文化为主题的博物馆，占地6000多平方米，收藏着历年制作的系列宫灯近千个品种。成立于2004年的藁城宫灯研制开发中心有限公司将藁城宫灯作为一项文化产业与观光旅游融成一体，形成了一个集科研、生产、销售、外贸、展览为一体的宫灯产业生产集团。该公司依托藁城宫灯博物馆，打造"宫灯文化游"线路，让游客在这里参观宫灯生产车间，亲手制作宫灯，感受宫灯文化。2015年，由当地政府和乡贤共同出资500

万元建设的中国最大的传统宫灯博物馆——中国藁城屯头宫灯博物馆竣工，博物馆展厅面积达 1200 平方米，陈列着 300 余种宫灯，内部展厅以时间为次序，分为四个不同主题，对宫灯的历史文化、产业发展及制作过程进行了展览。在这里，参观者可以感受藁城宫灯的悠久历史和文化，零距离体验宫灯制作过程。中国藁城屯头宫灯博物馆的建成，标志着藁城文化产业的发展再上新台阶。

目前，屯头村正在谋划建设藁城宫灯小镇，总规划约 3 平方千米，小镇涵盖"吃、住、行、游、购、娱"六大旅游要素，建成目标为"藁城南部地区旅游娱乐中心"。该小镇力争建成一个融生产观光、非遗文化保护、工业旅游开发于一体的特色小镇，进一步扩大藁城宫灯产业和宫灯文化辐射范围，为乡村特色产业发展注入全新活力。

三 藁城宫灯引领乡村振兴取得的成效

近年来，屯头村坚持党建引领乡村振兴工作，以求真务实的作风、开拓进取的精神，创新思路、大胆探索、先行先试，以宫灯文化打造了党建引领乡村振兴的"屯头样板"，取得了显著成效。

一是为宫灯产业发展提升村庄人居环境。屯头村致力于营造干净整洁、清洁优美的人居环境，坚持属地负责制，村干部为"一线总指挥"，是第一责任人，村"两委"班子为直接负责人，实行镇包村干部包村、"两委"干部包片包街道、巷长包街巷制度，做到层层有人包，项项有人管，全力推进村容村貌提升，打造清洁、卫生、美丽的新屯头。2021 年，结合美丽乡村创建工作，屯头村大力整治人居环境，共清理老旧宅基地 10 余处，用于新建门市，增加村集体收入，预计增收 20 余万元；清理杂物、乱堆乱放 70 余处；清理占道经营 10 余家、私搭乱建 27 处；清理小广告 500 余条，美化墙体 1000 余平方米，书写标语 20 条；共打通断头路 39 条，硬化村内小街、小巷 7 万余平方米。屯头村对人居环境的整治和提升，既美化了村容村貌，方便了宫灯外运也吸引了更多外商和游客考察参观，助推了宫灯产业发展。

二是带动村民致富，提升文明素质。屯头村作为中国宫灯第一村和淘宝村，生产的宫灯年产值 20 亿元，其中电商交易超 6 亿元。宫灯销售的火爆，让当地村民的口袋"鼓"起来，家家户户盖上了楼房，路两边不是宫灯生产基地，就是经营宫灯配件的商店；村内轿车、货车也随之增多；村里几乎没有人外出打工。不仅如此，藁城宫灯产业也辐射带动周边 8 个乡镇 4 个县的多个村庄，带动 7 万余人就业，并对新疆库尔勒、河北平山的扶贫项目进行帮扶，引领村民和贫困群众走上共同富裕之路。同时，随着电商的兴起和对外交流的增多，屯头人自觉提升文明素质，在接待顾客、游客咨询中普遍使用文明用语。

三是实现宫灯产业大发展。为做大做强宫灯产业，屯头人在改革开放之初，就敢闯敢干跑市场。从 1986 年屯头第一批青年业务员参加广州文化用品交易会，到 20 世纪 90 年代以后到石家庄、义乌、哈尔滨、合肥、山东等地蹲点跑市场，再到"支部+电商"一村一品党建富民建设工程的开展，藁城宫灯年产销量占到全国总产销量的 80%，并俏销国内外市场。屯头人注重研发创新，成立宫灯行业协会引导研发适销对路新产品；积极开展技术创新，宫灯生产制作实现机械化；不断研发宫灯新品种，宫灯生产实现多样化；宫灯销售的网络化，扩大了业务范围，提高了藁城宫灯知名度；努力打造"宫灯特色小镇"，开拓了宫灯产业发展新路径。上述措施助推宫灯产业不断做大做强，以小宫灯实现大发展。

四　藁城宫灯引领乡村振兴的未来远景

打造屯头特色乡村，坚持创造性转化、创新性发展，发展宫灯文化产业，必须做到"三个坚持"。

一是坚持与文化产业对接，破解观念瓶颈。组织宫灯加工企业，积极学习借鉴广东、浙江等宫灯产业发展较快地区的先进经验，切实打破以往单一产品生产的传统观念，在宫灯生产中注入更多的文化内涵，使宫灯不仅具有实用性和观赏性，更加具有艺术性和收藏性，进一步提高宫灯的附加值。同时，对现有资源进行整合，并引进高素质管理人才和研发人才，强化现代经营管理模式，大力研发具有高附加值的自主知识产权品牌，不断做大做强宫灯文化产业。

二是坚持与村庄改造对接，破解土地瓶颈。梅花镇政府秉承"依托优势行业、做强特色产业、拓展功能定位、综合推动发展"建设理念，在宫灯小镇建设项目和推进方面，确立了"以乡镇搭建平台、宫灯特色产业作主体、引导社会资本广泛参与"的工作思路，借鉴蔚县剪纸一条街和西湖李家等地成功经验，聘请知名规划设计单位，高水平编制宫灯产业发展规划，依托屯头村整体改造，按照总体规划、分步实施的原则，规划建设集宫灯展示、宫灯制作体验以及宫灯生产、销售等功能于一体的宫灯文化一条街、宫灯产业园区、宫灯批发市场等，千方百计破解土地瓶颈，努力打造"中国宫灯第一村"。

三是坚持与旅游产业对接，破解营销瓶颈。在屯头村谋划建设的藁城宫灯小镇，总体布局为"三区一镇"模式，"三区"包括屯头村庄主体区约1.6平方千米、宫灯文化产业园区约0.7平方千米和农业生态旅游区约0.7平方千米。小镇整体以民俗、民宿及宫灯制作体验为主，融合宫灯制作体验、旅游商品销售、三宫（宫灯、宫酒、宫面）文化展示、商务洽谈等定位，兼具宫灯生产制作、成品仓储、物流运输等功能。小镇规划从2018年起步，到2022年，梅花镇政府已就小镇规划的空间布局、产业发展、控制性详规研究完毕，委托的专业测量团队对宫灯小镇起步区进行了详细测绘，宫灯小镇的控制性详细规划正在修订中，即将进入审批程序，国土部门正在组卷报批宫灯小镇用地指标。宫灯小镇建成后，将通过"互联网+""金融+""旅游+""新媒体+""大数据+""双创+""物流+"七大创新元素的叠加融合，彻底颠覆传统产业的商业模式、经营主体、投资营销以及信息对接，进一步提升宫灯产业的知名度。通过未来宫灯小镇的辐射效应与群聚效应使主导产业形成完整的产业链条，凸显品牌效应并形成产业集群。

　　小宫灯发挥了大作用，火红喜庆的宫灯不仅照亮了当地百姓的致富路，还成为地方特色产业发展的"引路灯"。也正是因为党的好政策，当地村民有了新奔头；因为宫灯产业，当地百姓富了起来。屯头村将继续在区委、区政府的大力支持下，结万众一心、聚万众之力，谋万方相助、求万物之聚，将宫灯产业的发展推向一个新的高度，推动宫灯产业实现跨越式发展，并以乡村特色产业引领村民继续走在共同富裕的大路上。

纪录片中的文明乐章

——以《大好河山》《大河之北Ⅱ》《情满天山》为例

包来军*

摘　要：　2022 年，河北省重点推出了三部纪录片：《大好河山》《大河之北Ⅱ》《情满天山》，是讲好河北当代故事的典范，艺术化地弘扬了社会主义核心价值观。纪录片内容的社会主义核心价值观内涵是：以中华优秀传统文化彰显了文明的价值观；以中华民族大一统传播了民族和谐、友善的价值观；以强我中华的壮美山川讴歌了爱国、自由的价值观。纪录片的艺术特色有：鸟瞰镜头下全景式视角的大气磅礴和绚丽色彩；细节特写的细腻真实与神秘；古今交织，故事讲述的人文情怀、烟火气与地域文化色彩。

关键词：　社会主义核心价值观　纪录片　大好河山　大河之北

纪录片是一种用影视艺术讲好当代中华优秀文化，讲好民族团结和对外交流故事的有效传播方式，地域文化纪录片是其中的代表。

2022 年，河北省重点推出了三部纪录片：《大好河山》《大河之北Ⅱ》《情满天山》。这三部纪录片是讲好当代河北故事的典范，艺术化地弘扬了社会主义核心价值观，传播了河北人文地理和民族团结的形象，张扬了燕赵文化。前两部河北人文历史纪录片成功地践行了习近平总书记"要把历史文化遗产保护放在第一位，同时要合理利用，使其在提供公共文化服务、满足人民精神文化生活需求方面充分发挥作用"① 的观点。观众的热烈反响也

---

*　包来军，河北省社会科学院语言文学研究所副研究员，博士，主要研究方向：纪录片评论。
①　《习近平谈治国理政》（第四卷），外文出版社，2022，第 313 页。

证明了纪录片是提高公众文化素养、文物保护认知和民族团结意识的行之有效的方式。

《大好河山》记录了河北张家口的历史文化、社会生活与冬奥风采。该片由河北广播电视台摄制，是一部冬奥会背景下具有世界视野和中国高度的影像佳作。该片总编导为刘正其，执行总编导为王玉倩；总撰稿为许伟中、刘正其、王翦枫；导演组有张雪燕、张才、董建根、王静婵、赵梅娇、高媛；艺术指导为河北省广播电视协会纪录片委员会。该片共 7 集，即《文明沐曦光》《长城是故乡》《茶道万里香》《寻踪太子城》《回望射雕处》《古堡中国年》《百年看京张》。

《大河之北Ⅱ》是以介绍河北"世界文化遗产"为主要内容的纪录片，作为《大河之北》系列纪录片的第二季，该片以带有全球化色彩的鸟瞰与特写视角呈现了燕赵文化的源远流长、深厚内涵和丰富历史，展现了燕赵优秀传统文化的大气磅礴、慷慨豪壮和美学意境。该片总导演为朱新；执行总导演、总撰稿为张晓雯；执行总导演、制片人为刘振江；导演组有冬清、刘亚楠、辛七天、杨之行。该片共 6 集，即《长城》《避暑山庄》《外八庙》《清东陵》《清西陵》《大运河》。

《情满天山》作为河北省对口援疆系列微纪录片，记录了当代中华民族大家庭统一和谐的影像故事，记录了一个个和谐、文明、爱国的主旋律现实故事。该片是践行习近平总书记有关做好新疆工作的指示的代表佳作。该片总导演为王建平，导演组有张霄亚、杜洁思、李仁杰。该片共 9 集，即《丁医生的一天》《天山上的诗和远方》《薪火相传"托"起明大》《最美的时光遇见你》《依合迪拜尔的夏天》《巴图的一天》《穆耶塞尔的眼睛》《阿依仙古丽的微笑》《医路盛开团结花》。

一 纪录片内容的社会主义核心价值观内涵

纪录片以丰富的内容承载了社会主义核心价值观内涵。纪录片的主题、思想、人物及故事选择都紧密围绕社会主义核心价值观的主旋律而展开。

（一）以中华优秀传统文化彰显了文明的价值观

文明的重要内容之一是中华优秀传统文化，特别是其中所蕴含的"天人合一"思想和中国古典建筑艺术。河北的世界文化遗产和古代建筑可称为其中的代表，其标志是长城。纪录片着重彰显了张家口和河北作为中华文明源头之一和中外交流关口的重要地位和时代价值，其文明的精神和内涵传承延续至今。

《大好河山》对长城、古堡、草原等自然景观的呈现，蕴含了当代生态环保和谐理念，是"天人合一"理念的时代化体现。整部纪录片在一开篇就通过冬奥国家跳台滑雪中心"雪如意"明确点出"以天地和谐为魂"的核心象征含义。"雪如意"就是张家口冬奥"天人合一"的文明标志，蕴含了体育拼搏精神的古典、祥瑞和全世界人民的如意之约。《长城是故乡》呈现了张家口作为军事要地的重要性，表现了长城的建筑成就，内外长城就是历代长城的博物馆，长城是这个边塞之地的象征，沿着山势起伏而建的长城，保证了人民的安居乐业。《茶道万里香》呈现了宣府镇（今宣化）古城城墙、钟楼、鼓楼建筑的风采。大境门、西境门、来远堡等也是农耕与游牧文明交流的见证。《寻踪太子城》讲述了冬奥会场馆建设在规划设计理念中是如何体现"天人合一"的，太子城遗址中轴线正对北斗星，其延长线恰恰指向了今天的北京城；通过铜坐龙、鸱吻的文物考古，揭秘了这座金代唯一一座皇家行宫建筑的高贵、秩序之美并契合了古代《营造法式》的高超建筑艺术。《回望射雕处》中介绍的张世卿墓葬穹窿顶星象图表现了观天象以治社稷，崇礼冬奥会场馆"雪如意"设计和长城灯光珠联璧合、交相辉映，该片以今人演示了辽契丹人用北宋点茶法饮茶的情景，展现了茶文化的恒久魅力。

《大河之北Ⅱ》以宏大的视角，呈现了河北这个中国地形地貌最完备地区的最精华所在，其蕴含的核心思想就是"天人合一"。《长城》讲述了历代长城依山势而建的原则，点出了其中浸润着的建造者和守边将士的心血和意志，长城象征了中国人融入山脉的民族英魂。金山岭长城集中体现了长城的雄险奇长，砖包墙的建筑技术使其成为明长城最精华的一段。《清西陵》中写道："山是气之源，环山抱水则藏风聚气。气在天，化为日月星辰；气在地，形成山川河流、花草走兽。"这句话蕴含着朴素的生态自然观念。清西陵水土优厚成为"宝地"。清西陵数十万棵松木如温暖的摇篮，呵护着这座人类瑰宝的生机；建筑融入自然的"天人合一"是其生机勃勃的奥秘所在。解说词感慨道："建筑与艺术，穿越时空，打动人心。"建筑是凝固的历史，是鲜活的传统文化，是中国人的文明瑰宝之一。《避暑山庄》展现了这座中国古典建筑和园林艺术集大成者的雅致清明，山庄湖区体现了自然与人文之美的融合，园中有园荟萃了亭榭楼阁的古典之美。

（二）以中华民族大一统传播了和谐、友善的价值观

中华优秀传统文化的核心内容之一是多民族在和谐友善中融合为中华民族大一统家庭。和谐、友善是华夏民族融合"以和为贵"的守望相助、和睦共生的具体表现。纪录片着重呈现了中华文化融合的建筑经典和当代故事，凸显了中华文化融合的社会生活和人物，传播了民族融合的理念。

《大好河山》中《回望射雕处》讲述了张家口在历史上处于游牧与农耕文化交流的最前沿，辽金元在此实现了各民族最深层次的文化认同，为这片土地赋予了民族团结之根、民族和睦之魂。民族团结、民族融合是当地从古至今的主旋律和必然趋势。纪录片以壁画和地图相结合的方式，呈现了宣化下八里辽墓壁画《备茶图》，契丹人和汉族人共同备茶是中华文化融合的典型见证。茶文化跨越了民族，成为中华民族大一统融合的一个象征。纪录片点明了辽是中外文化自由交流之地。纪录片对中都城文物的特写，特别是六六幻方、蒙古马头琴的音乐，勾起了悠久的历史回响。三娘子这位促进蒙汉民族和睦的巾帼成为百姓心中的真正的英雄。《长城是故乡》由专家学者点出了长城对于维持农耕和游牧民族交流秩序的更长期和更重要的作用，不再只片面强调其军事价值。《文明沐曦光》通过对"玉猪龙"的解读，说明了早在5000年前的红山文化中，中华民族多元一体的格局就开始形成。该纪录片还将"玉猪龙"的形象比喻为后世中华龙图腾文化的"胚胎"，中国龙

文化就是中华民族融合的图腾。

《大河之北Ⅱ》着重通过多角度呈现建筑瑰宝，挖掘了中华民族大一统基因和民族团结的历史与文化。《避暑山庄》彰显了清朝多民族团结的象征和价值。木兰秋狝、热河行宫都成为连通东北、蒙古、蒙回各部及中原进行民族和文化交流的典范。山庄正门丽正门的门额采用满藏汉维蒙五种文字书写，象征了民族团结融合的中华民族之路。乾隆帝在此接见了万里东归的土尔扈特部首领渥巴锡，使其感受到了中华文化之美，以及和合、融合的政治理念。《外八庙》讲述了中国最为宏伟集中的寺庙群，这一寺庙群促进了中华民族的大融合。溥仁寺的修建拉开了清廷在承德大规模兴建寺庙的帷幕，从汉式到藏式，色彩愈发艳丽，寺庙群落恢宏盛大。会盟建寺造就了民族和合的建筑史诗，象征了多民族的安居乐业。乾隆帝为六世班禅进京修建了须弥福寿之庙。纪录片呈现了普宁寺、普陀宗乘之庙、须弥福寿之庙等的民族历史、佛教文化与庄严建筑。普宁寺的曼陀罗、千手千眼观音像等都成为建筑艺术的无上经典。"一低头，刹那千年；再回首，沧海桑田。"在日光与天眼的融合中，艺术承载了信仰。普度殿中的绿度母像及其壁画、金质金龙藻井，是佛教文化艺术的无上瑰宝。边疆各民族文化构成了外八庙建筑主体之一，如体现"天圆地方"中国古代宇宙观的藏传佛教建筑旭光阁，有"小布达拉宫"之称的普陀宗乘之庙的明黄暗绿的琉璃瓦覆顶、大白台和大红台、万法归一主殿、五塔门、汉式琉璃牌坊等，承载了民族和合、国泰民安、风调雨顺的愿望。纪录片多角度呈现了绚丽、庄严、宏伟、华丽的中国古典建筑艺术成就，以典雅的镜头语言完美地呈现了外八庙"一花一世界、一叶一菩提"的合璧交融、和谐共存的民族融合史诗。

《情满天山》是一部优秀的当代中国社会民族团结的影像纪实。9个故事讲述了河北人支援新疆建设的时代故事，展现了援疆干部与新疆各民族的团结一家亲。援疆干部在医疗、教育、牧业经济等各个领域充分发挥了"融合剂"的重要作用。援疆干部的使命、热心、专业、奉献、成就都在影像中得以点滴体现。纪实性小故事充分发挥了微纪录片的大众教育和网络传播作用。丁医生在救护车上抢救病人"创纪录"，而他的幽默风趣也展示了他在生活中的另一面。两次援疆的张东玲即使回到了河北沧州，仍然是轮台县"不走"的儿科医生。老师朱峰的家访给牧羊的学生带来了全新的世界，她的教学理念"让语文课堂回归真实的生命"也点燃了学生求知的火种，让学生体会到了苏东坡《定风波》的艺术和人生魅力。新疆伊利学生依合迪拜尔在河北师范大学学习并回乡任教，她是在汉族干部帮助下完成的学业，成为民族交往与融合大时代下的"小人物"。巴图的故事记录了牧民在天山草场的一天，他的一家过着虽然艰苦但充满希望的生活。小姑娘穆耶塞尔在她的"妈妈"孙雅芳的帮助下辗转奔波多家医院后，终于治好了眼睛，在北京获得了新生。民族团结的主旋律通过一个个真实具体的普通人的语言、表情、经历得以体现，也在观者心中茁壮成长。

（三）以强我中华的壮美山川歌颂了爱国、自由的价值观

纪录片的爱国主义精神集中体现在爱家乡，爱家乡的一草一木所蕴含的自然和人文瑰宝之中。纪录片内容中的自由精神集中体现在中外文化、经济的自由交流中。

《大好河山》开篇就点明主旨，解说词强调了"雪如意"的文化内涵："如意之约"。该内涵融合了古今中外，是大好河山与冬奥会的珠联璧合，暗示了这部纪录片在内容和思想上的多元、包容和自由特质，这也是张家口这片土地的文化色彩。《茶道万里香》讲述了中国古代以张家口为起点，由张库大道直达欧洲的万里茶道的兴衰故事。大境门外的茶马互市是普通百姓渴望和平富裕生活的最真实写照。《回望射雕处》突出了辽代饮食文化，中原文化传播到中亚欧洲，契丹也成为当时西方对中国的称呼。纪录片动态呈现了辽代张世卿墓"星象图"，体现了早在 1000 年前，中国传统的纪星法二十八星宿法和西方的黄道十二宫就结合在了一起。《百年看京张》讲述了詹天佑修建京张铁路的故事，表达了中国人科技救国的爱国情怀，铁路工程师为国创新的故事激励了近现代以来的无数志士。冬奥会成为当代东西方自由交流的体育平台。作为张家口女婿，德国人墨轲用海外的眼光看冬奥，巧妙地连接起了詹天佑、中国高铁和 1907 年横跨欧亚大陆的汽车拉力赛，中

外自由交流造就了伟大的人物、科技的创新和故事的流传。

《大河之北Ⅱ》中《长城》集中呈现了爱国主义精神和价值观。从古代戍边战士的保家卫国到近现代的抗日烽火，长城也从军事设施升华为民族独立、国家富强的精神意志象征。片尾对长城精神的点题，指出了其永恒的生命力所在，爱国主义通过长城这一符号融入了中华民族生生不息的文化、思想与精神魂魄。1933 年，承德金庙模型（斯文·赫定在梁思成帮助下仿制）成为芝加哥世博会的明珠，这是中国古典建筑走向世界的一次成功案例。该片的宣推主题是"当世界文化遗产遇见冬奥"，突出了长城文化中的开放，以及大运河的对外交流作用，这些都是中外文化经贸自由交流的生动体现。

二 纪录片的艺术特色

当代人文历史地理纪录片在取景上多注重航拍镜头与微观特写镜头相结合，既有气势之美，又有细腻之美；讲述社会现实的内容逐渐增多，侧重故事的当代人文化讲述，以情感人；古今交织的叙事方式，突出了讲述的人文情怀、烟火气与地域文化色彩。

（一）鸟瞰镜头下全景式视角的大气磅礴和绚丽色彩

鸟瞰镜头下的全景式视角以从高处俯视和远眺为主，具有平滑流动感的"飞翔"镜头，以最好的视野呈现了山河壮美。当代人文地理景观取景的标志性镜头就是高空俯瞰，鲜明地体现出该类型影视的大气磅礴特色和空灵意境。高清摄影下色彩美学绚丽多姿。镜头取景的颜色或天蓝云白、山青柏翠，或墙红瓦金、塔白墙灰，或柳绿花红，再辅之以日升日落光线变化、四季流转色浅色重、云卷云舒影淡影浓，使得长城、古堡、山川、园林、寺庙、运河、雕塑都犹如一幅幅绚丽的风景画，充满了色彩美学和东方写意美学的诗情画韵。鸟瞰景观镜头还委婉地传播了"生命无价、生物多样、生态和谐"的价值观。全景式的画面引发了观者对人与自然、人与社会、人与地球关系的思考，塑造着观者更为博大、悠久和多元的生命观、自然观、宇宙观和谦卑态度。有些鸟瞰镜头画面达到了"奇观"的视觉级别，如千里雪飘群山皑皑、云海涌动山峦浮现、长城逶迤山花为饰等，都呈现了祖国山河的宏大、广阔与深远，令人震撼！壮美山河的画面营造出史诗般的意境，观赏的体验犹如一场仪式化的视觉修行。

《大好河山》通过航拍镜头将三大山系、五大水系、坝上坝下、长城内外的大好河山呈现给观者。对服饰、骑马、马头琴等"蒙古族"元素的呈现，折射了张家口坝上高原的广阔、奔放、坦荡、通达的壮美气势。长城、古堡、大境门、草原、风车、驼队、冬奥会场馆等在阳光、云霞、星空下的镜头，山脉起伏、大河蜿蜒、坝上高原等壮丽自然景色都在风云变幻中显得尤为气势雄壮，这些都是自然、历史与人文波澜壮阔的融合。无人机和航拍技术的纯熟运用，使得纪录片的鸟瞰视角为观者带来极佳的视觉、文化和心理体验，观者无不为中华文化、历史与自然所感动和折服。可见，地域文化纪录片构建了当代大众对中华民族认同的视觉画面，纪录片的丰富内涵也成为传播思想文化的有效路径。

在《大河之北Ⅱ》恢宏鸟瞰的镜头下，雄壮险峻的长城、民族融合的避暑山庄、雍容典雅的外八庙、肃穆庄严的清东（西）陵、跃动灵秀的大运河都得以生动展现。《长城》对燕山、太行山极致的色调渲染与取景，通过航拍呈现了景色全貌，如长城在云海翻腾中绵延的奇观。经典的镜头如在高峰之巅、长城之上远眺群山，云雾舒卷、巨龙逶迤、云蒸霞蔚、苍鹰飞过，赋予了这片大地灵动之气。这使得观者具备"一览众山小"之感，历史的悠久感和天地茫茫的沧桑感油然而生。《外八庙》呈现了各个寺庙在青山翠柏环绕之中融入天地的和谐之美。

（二）细节特写的细腻真实与神秘

纪录片以细节特写，凸显了文物与景色的细微之美；还以同一场景在不同时节和光线下的岁月轮转的镜头语言，通过细节对比和变幻增添了影像的神秘色彩。这些对最美瞬间画面的精准捕捉，是高清镜头的魅力之一。纪录片的真实性的一个表现，在于画面细节和解说词文本的融合。地域文化培育了观者对本土文化和华夏文化的自豪感，纪录片的细节魅力表现为细致入微、精细入毫、细腻入心的画面语言。纪录片的细节特写可以起到将大多数人耳熟能详的内容进行"陌生化"和"审美化"的升华作用，增强了影视的吸引力和表现力。优秀的地域文化纪录片是当地文化细节聚焦化、动态化、审美化的成功作品。细节镜头语言节奏通常更为舒缓，解说词更为典雅，音乐更为悠扬。千古文明的魅力、活力和生命力也流淌在纪录片这一诗画乐融合一体的视觉艺术之中。细节画面拉近了观者与文物、人物、自然、文化等的距离，使观者的平实和亲切感油然而生。观者在情景交融地欣赏中，也传承了乡土情结和文化血脉，在文化自觉中体悟和升华自我的认知。

万里茶道张库大道上的驼铃声声，使观者仿佛在依稀聆听当年驼队的回响。真人与古画的结合既是电脑数字技术的最新发展，又使得古地图、古画更为活灵活现，通过动态化，纪录片画面具有更有活力和动感的艺术内涵。《寻踪太子城》对出土铜坐龙等的精彩呈现，使观者感受到了历史的脉搏。如1205年，走出泰和殿的金章宗写出了"洛阳谷雨红千叶，岭外朱明玉一枝，地力发生虽有异，天公造物本无私"的《云龙川泰和殿五月牡丹》视觉再现。纪录片以古画风格作为背景，配以真人的角色扮演，宫女绘画和真人相呼应，巧妙地激发了历史的想象力和活力。这一诗画乐和影视艺术的融合体现了纪录片综合影视艺术的鲜活魅力。

《大河之北Ⅱ》以春夏秋冬为时间节点渲染了景色在季节流转中的变化与永恒之美，通过色彩鲜明的镜头语言聚焦世界文化遗产最美丽、最具特色、最细微的一面，也点出了时空流转下历史与现实的交融之美。《清东陵》白雪映衬下的红墙黄瓦青砖、银松翠柏、蓝天白云蕴含了色彩美学的悠远意味和冬日寂静，也折射出历史之悠悠和如梦如幻。《外八庙》中冬至前后的一束阳光穿过大殿窗棂，分毫不差地照射到大佛眉心天眼上的"大佛天眼照光"让人印象至深，令观者产生了强烈的震撼。《避暑山庄》记录了湖区水面和林间的灵动清澈之美、生机盎然之趣，蜻蜓点水、鱼跃湖面、松鼠穿梭，镜头的每一帧画面犹如风景画，美不胜收，使观者目之所及为之所动，心之所向为之所醉。

（三）古今交织，故事讲述的人文情怀、烟火气与地域文化色彩

优秀的人文纪录片在时空构建上，大多具有古今交织叙事视角和鲜明的地域文化色彩，也大多反映了当地人的生活百态，社会性和现实性扮演着越来越重要的角色。人物故事是文化内涵的生动载体，纪录片以人作为切入点，彰显了地域文化的乡土的情感性和当代性。

《大好河山》和《大河之北Ⅱ》作为当代优秀的河北纪录片代表，是燕赵文化慷慨豪壮、厚重质朴、包容大气特色的影像表达。其丰富的镜头语言、较高的剪辑率、从容的节奏都有效地吸引了观者。纪录片影像成为融合思想、文化、情感、历史、社会、知识和人生观的影视艺术瑰宝。当代中国的主流价值观也巧妙地融入其中，在潜移默化中改变着观者，培养其乐观、健康和充满期望的精神气质。地域文化纪录片更是成为培养观者对本土文化、社会主义文化、包容文化极佳的传播载体。中国故事的讲述也具体化为乡土文化的视觉、人物故事的情景和世界性交流的内容。这既是成功的国际传播，也是地域文化和国家形象建构一种有效的大众传播实践。观者更喜欢基于现实生活、富有纪实美学色彩的人文关怀。家国叙事也因此有了温度和共情点。这是当代优秀地域文化纪录片的社会效益、文化品质和人生思考价值所在。如纪录片中对"年味"的记录，呈现了中国人传统与现代相结合的新生活方式。

《大好河山》不时穿插的马头琴背景音乐，既有苍茫悠远气息，又有边塞生活的色彩。《长城是故乡》中，明初青花瓷残片折射出屯军将士和家眷的生活，西境门门洞通道上两道车辙印深深地刻入了观者的心中。今人的生活气息较为浓郁，特别是普通村民、牧民、市民的出镜，他们用亲切的方言讲出了最原汁原味的边塞内外生活，同期声是该片现实性鲜明的重要标志。镜头中普通人的父辈或是戍边将士、老牛倌、农民、牧民等，他们是古代汉族与少数民族的后代，他们本身就是文化古今交织的代表。《古堡中国年》

记录了蔚县本土爱乐乐队的原创歌曲《你好蔚州》，古戏台下年轻人的吉他声、手鼓声和歌声，共同谱写了一曲当代生活的活力之歌。蔚县剪纸、戏台和年味穿越了"八百古堡"的六七百年历史和烟云，村民生活其间，他们在春节的年味中舞动和行走着具有时光韵味的独特风姿。地方戏河北梆子依然在戏台演出，回荡着祈愿来年风调雨顺的百姓心声。看戏的人也成了戏的一部分。纪录片对蔚县古堡的春节场景的纪实，记录了一幅幅具有烟火气的穿越古今、年味十足、有滋有味，色彩缤纷窗花下、戏剧棒子声嘹亮中的百姓生活，这是祖辈曾经生活和今人生活的生动交融。

《大好河山》典型地体现了纪录片现实人物的多元性和平民性特点。在人文历史纪录片中，专家学者和文物保护者保证了纪录片的学术性和人文科学性。出镜人如学者梁勇，燕赵文化传承人、文化爱好者、"90 后"长城摄影师杨东，种子专家"杂交谷子之父"赵治海等，各界人士直观地增强了纪录片内容的生动性和丰富性。而普通民众和文化爱好者的亲述和生活情景更使该片"接地气"和有"烟火气"。如古代边塞将士的后裔、商队的后人、非物质文化遗产传承人，他们生长在这片土地上，血脉中涌动着文化交流融合之地的基因和特色。在他们身上，每个观者都能看到自己或父辈亲友的影子。人物同期声的张家口方言具有地域文化的标志意义，成为乡土风格与民风最为鲜活的体现。在普通人"小"的视角叙述中的历史和生活，也典型体现了"小"人物的民间气息和地域气质，这是引起观者共鸣的关键之一。对现实的关注和从现实出发回顾历史，是该片融合古今的关键点。中华文化、燕赵文化、乡土文化也通过对当地人的生存状态和生活方式的记录、讲述和呈现巧妙地融入其中。老乡、方言、纪实的人物故事讲述是优秀地域历史文化、社会生活、人物故事纪录片的鲜明特点。

《大好河山》对民俗内容的记录是民间"烟火气"的影像赞美。《古堡中国年》中的古堡、古墙、古戏台、老街、老店、老城楼共同组成了百姓的生活环境，记录了百姓贴窗花、唱大戏、打树花和拜灯山的情景和生活方式，洋溢着浓浓的"年味儿"。村民们陶醉在"月月戏楼唱大戏，炕头窗花看大戏"的生活中，画面如同是对乡土中国往日的回忆和再现。镜头从关帝庙《百工图》壁画的打铁人开始，到非物质文化遗产传承人王德的讲解，再到 1600 度铁水纷飞撞击堡墙的场景，融汇了古今人民对美好热烈生活的渴望。上苏庄拜灯山祭火神的故事则通过传承人郭建民的讲述贯穿，灯捻如何做？吉祥字样不能提前泄露的"保密"为观者留下一个"悬念"。随着 400 多个灯盏的灯山的点燃，一声"拜灯喽!"仿佛也把观者拉入现场，共同去祈愿生活的红红火火、风调雨顺、富足安康!

《大好河山》的解说词典雅而富有文采，既有文言的古典美，也有当代的时代活力。如介绍雪如意"漱玉沉璧"时，让人有了对洁白的雪景、硬实的雪道、纯美的白玉的遐想。"青山不老，长城永恒"寓意了长城以融入天地，与世长在的生命力。俗语和歌词的引用反映了鲜活的民俗和民生。"'一条舌头'的商人挣钱有数，'两条舌头'的商人挣钱刚够，'三条舌头'的商人挣钱无数。"形象地说明了中外语言交流在国际商贸中的重要作用。《你好蔚洲》歌曲歌词"咿咿呀呀乡语乡愁"唱出了方言乡音的乡土生命力和延续千古的百姓心声。纪录片中很多优美的解说词可以当作范文反复阅读，观者可以结合画面和音乐细细品味燕赵优秀传统文化和汉语言的文学魅力。

《大好河山》的叙事有着散文"形散神不散"的特点，7 集内容构成了一个完整的结构。从石器时代遗址的文明源起开篇，到冬奥会再次走向世界结尾，其间贯穿着历代长城、万里茶道、太子城古今、辽元金历史、古堡年味、京张双城。整部纪录片具有内容丰富、重点突出、融古汇今的特点。该片既有学术研究的最新观点，又有文物保护的巨大成就；既有专家学者的点题，又有百姓生活的乡间烟火；既有为国为民的古代英雄，又有传承文明的当代平民；既有历史政治文化重大事件，又有百姓日常炕头生活。专家学者的解读体现了今人对古代文物、文化、历史的最新认知。历史中的生活壁画和文物细节的特写镜头，使中华优秀传统文化"活起来"。解说词旁白加深了观者对形象画面的更宏观和深层次认知。整部纪录片堪称一部当代燕赵文化的影像史诗。

《大河之北Ⅱ》巧妙地将鲜为人知的历史人物和传说故事融入富有文采的解说词，凸显了世界文化遗产的人文美、艺术美和情感美，建构了壮阔浑厚的河北人文地理形象。《大河之北Ⅱ》与纪录片《飞翔燕赵》《航拍中国Ⅲ·河北篇》不同，其延续了《大河之北Ⅰ》隐去直升机螺旋桨声音的手法，凸显了解说词的地位和价值。历史散文化与导游解说化的语言风格，成为人文情怀的底色。《清西陵》中祭祀表演的国家级非物质文化遗产表演，"十三古乐"哀而不伤婉转悠扬。这个今日的守陵人每年的活动，成了人文的"活的"音符。

《情满天山》系列微纪录片实录了普通的援疆干部、医生、老师如何将工作融入生活，他们不仅改变了自己，更改变了新疆各族百姓的生活。主人公还有当地牧民、维吾尔族小姑娘、大学生等，他们是援疆干部的"亲人"。纪录片记录了最接地气和真实的日常，充分发挥了"以小见大"人物故事传播特色。家庭生活场景、草原放牧情景、学校和课堂场景都成为民族和睦团结的最真实见证。

当代河北优秀地域文化纪录片的主旋律鲜明、内容内涵丰富、视觉艺术斐然，在自然、人文、社会方面都取得了巨大的成就，成为新时代社会主义核心价值观和中华优秀传统文化传播的生动方式。

参考文献

习近平：《习近平谈治国理政》（第四卷），外文出版社，2022。

何苏六主编《中国纪录片发展报告（2020—2021）》，社会科学文献出版社，2022。

杨余：《〈大河之北〉第二季：聚焦河北之美，助推世遗"活起来"》，《中国广播影视》2022年第14期。

初滢滢：《纪录片的诗意》，东南大学出版社，2019。

孙莉：《纪录影像与历史再现：史态纪录片研究》，陕西师范大学出版总社有限公司，2014。

文明花开满城芳

——石家庄高新区文明城市创建实践的调查

郭晓飞*

摘　要： 近年来，石家庄高新区坚持以人民为中心的发展思想，以创建全国文明城市为载体，以践行社会主义核心价值观为主线，以突出"五个聚焦"为抓手，扎实开展文明城市创新实践，大力实施惠民利民工程，深入推进城区环境、人文环境持续优化，助推了经济社会高质量发展，也使人民群众幸福感和满意度显著提升。本文通过调查石家庄高新区开展文明城市创建实践情况，系统梳理其工作做法，归纳总结其成功经验，在分析问题的基础上，进一步提出了加强和推进文明城市创建实践的对策建议，从而为新时代文明城市创建工作提质升级、守正创新提供借鉴参考。

关键词： 文明风尚　文明城市　社会主义核心价值观

全国文明城市是国内城市综合类评比的最高荣誉，是最具价值的城市品牌，也是践行社会主义核心价值观的重要载体。为贯彻落实党中央、河北省委和石家庄市委关于创建全国文明城市的工作部署，2017 年 2 月，时任石家庄高新区党工委书记的赵文锋，明确提出将创城工作列为"一把手工程"，以创建全国文明城市为契机，积极培育和践行社会主义核心价值观，狠抓优美环境、优良秩序、优质服务，突出"五个聚焦"，扎实开展文明城

---

* 郭晓飞，河北省社会科学院邓小平理论、"三个代表"重要思想和科学发展观研究所（精神文明建设研究中心）实习研究员，研究方向：当代中国马克思主义。

市创新实践，着力打造宜居宜业、高端时尚的现代化国际化"花园式"新城区。通过多年来上下一心、坚持不懈的努力，如今的石家庄高新区，生产生活更加井然有序，空间布局更加科学合理，人与自然共生共荣，邻里和谐、守望相助、学雷锋做好人蔚然成风，文明之花绽放在城区的每一个角落，经济社会发展呈现欣欣向荣的良好态势。

一　石家庄高新区开展文明城市创新实践的主要做法

石家庄高新区是 1991 年 3 月经国务院批准设立的首批国家级高新技术产业开发区之一，是国家医药新型工业化产业示范基地、国家创新药物孵化基地、国家知识产权示范园区、国家火炬计划软件产业基地、国家产学研合作创新示范基地，也是京津石高新技术产业带的重要园区。高新区下辖 2 个街道、2 个镇和科技创业园区，共 25 个行政村、20 个社区，实际管理面积 78.75 平方千米，户籍人口 16.52 万人，居住人口近 27 万人。在全国 157 个国家级高新区中，石家庄高新区综合排名第 17 位；在全国 55 个以生物医药为主的高新区中，石家庄高新区综合竞争力排第 7 位。

近年来，石家庄高新区坚持把党中央、省委、市委部署要求转化为具有当地特色的工作举措，以聚焦先进典型、节日文化、文明行动、移风易俗和市民素养为抓手，以践行社会主义核心价值观为主线，创新驱动、统筹推进，全面提升新时代文明城市创建水平，实实在在地提高人民群众的获得感、幸福感和安全感。

（一）聚焦培育先进典型，发挥创建文明城市示范效应

榜样的力量是无穷的。石家庄高新区在文明城市创建工作中，坚持树典型、立榜样、扬正气，充分发挥先进典型的示范带动作用，积极引导群众向模范人物学习、向身边榜样学习，凝聚社会正能量，倡导时代新风尚，引领群众自觉践行社会主义核心价值观和家庭美德，以榜样标杆鼓舞群众投身文明城市创建。

一是开展文明单位创建。印发了《石家庄高新区关于开展市级文明单位、文明村镇创建工作的通知》，明确要求区内各单位积极参与创建工作，并制定了具体的创建标准。2020 年，高新区有 9 个先进单位被石家庄市委、市政府授予"石家庄市文明单位"荣誉称号。

二是开展先进典型评选。在全区先后组织开展了优秀共产党员、文明标兵、道德模范、好婆婆、好儿媳、好家风示范户、最美家庭等评选活动，共评选出优秀共产党员 316 名，各类模范人物 298 名。2019 年以来，高新区有 40 人被授予"石家庄市文明公民标兵"荣誉称号，有 8 个家庭获得"第二届石家庄市文明家庭"殊荣。

（二）聚焦创新节日主题，丰富创建文明城市文化内涵

传统节日是深入开展文明城市创建活动、践行社会主义核心价值观的重要载体。石家庄高新区围绕春节、端午、七夕、中秋、重阳等传统节日，以传承和弘扬中华民族优秀传统文化为重点，以丰富和活跃人民群众精神文化生活为目标，大力开展"我们的节日"系列活动。

一是营造节庆文化氛围。在春节、端午、中秋等传统节日期间，先后组织开展了"迎新春，写春联，送春联"公益文化活动、"共建文明社区，粽享邻里浓情""月圆中秋，情系社区"文艺演出等系列节庆文化活动 150 余场，让人民群众亲身感受传统节日的文化氛围。

二是深化清明主题教育。清明节前发出了"文明祭扫，绿色清明"文明祭奠倡议书，举办了"诗歌祭先辈，劳动绿清明"、"弘扬家风家训，传承中华美德"和"我在社区上党课——清明缅怀先烈"等 10 余项清明节主题活动。

三是拓展节日主题活动。举办了以"相约美丽母亲节，共创国家卫生城"为主题的母亲节活动 10 余场，组织了"童心飞扬 梦想起航"主题书画展 6 次，以及举办了庆"七一"建党 100 周年文艺汇演暨表彰大会。通过舞蹈、歌伴舞、戏曲联唱、器乐演奏、书画展览等形式，弘扬了感恩慈孝的传统美德，表达了对中国梦、对伟大中国共产党的热爱和祝福。

（三）聚焦开展九大行动，确保创建文明城市工作实效

开展城市文明大行动，是石家庄高新区在精神文明建设领域贯彻落实党的十九大、党的二十大精神学与做、知与行的有机统一，是推进加快文明城市创建的有效载体。区工管委出台了《关于开展城市文明大行动的实施意见》，要求各部门按照工作职责，分别制定了本单位的《开展城市文明大行动实施方案》，确定责任清单，强化落实举措，积极开展城市文明九大行动。

一是文明环境行动。深入实施"以克论净、深度保洁"作业模式。2019 年开展"以克论净"考核检查共计 34 遍，网格作业合格率达 100%；主次干道配置果皮箱 1918 个，配置转运站（压缩站）12 个，2020 年累计转运生活垃圾 71775 吨，清理小广告 6692 余处，已初步建成具有高新区特色的垃圾分类推广示范片区。

二是文明交通行动。加大对区内黄河大道、长江大道、珠江大道等主次干道的整治力度，严查机动车不按交通指示标线行驶等交通违法行为，规范设置交通信号灯，全面提升城区交通文明水平。

三是文明社区行动。开展了住宅小区环境卫生综合治理"百日攻坚"行动，46 家驻区单位与社区签订共建协议 46 份，参加环境整治等各类志愿服务活动 1055 人次，服务社区居民 65784 人，清理乱贴乱涂 613 处，清理私搭乱建 38 处，清理乱堆乱放垃圾 3815 立方米，整治乱停乱放 1233 次。

四是文明校园行动。充分利用升国旗仪式、少先队活动、主题班会等多种形式，开展道德教育实践，形成全程育人、全方位育人的格局。

五是文明服务行动。对高新区政务服务大厅进行了整体升级改造，全部实行"分区化、一窗式"受理，为群众提供了区块化、便捷化服务。增设了 24 小时自助服务区、24 小时网上自助申报区、综合服务台、母婴室、业务洽谈室等便民化空间，服务企业、群众更加人性、高效。

六是文明经营行动。开展查处无证无照经营活动，共检查各类市场主体 2612 户，查处无照生产经营主体 258 户，引导办理营业执照 185 户，责令

停业 73 户；完成了西仰陵、惠家、鑫胜、留村、秦岭街、黄山街、祁连街 7 家便民市场的升级改造。

七是文明养犬行动。开展了"创国家卫生城　做文明养犬人"主题宣讲活动，发放《致市民的一封信》《石家庄养犬管理条例》等宣传资料 1200 余份，深入岗当新村、天山花园等社区进行普法宣传，劝导市民纠正不文明养犬行为。

八是文明礼仪行动。开展了《石家庄市公共文明行为条例》公益宣传活动，在黄河大道、长江大道等主次干道沿街两侧，火炬广场、天山海世界等人流密集场所，发放《致广大市民的一封信》3000 张，引导广大市民群众养成良好卫生习惯，提升公民文明素质和社会文明水平。

九是文明观演（赛）行动。制定了《文明观赛倡议书》，并将文明观演守则在每次演出前反复通过播音、播放等形式进行宣传，营造文明有序的演出环境与和谐的观赛环境。

（四）聚焦深化移风易俗，弘扬创建文明城市时代新风

推进移风易俗，是社会主义核心价值观在基层落到实处的必然要求，也是加强文明城市创建工作的重要内容。石家庄高新区工管委高度重视移风易俗这项民心工程，从健全完善相关制度措施入手，依靠齐全完备的制度体系，推动工作深入开展。

一是制发《高新区关于在全区进一步开展移风易俗活动实施方案》。明确了工作目标、主要任务、制度措施、责任分工和实施办法。为加强移风易俗教育，在辖区各村（社区）建立农家书屋，增添了法制、科普、计生等 20 多种杂志、10 多种报纸，村民可随时阅读学习，使群众思想道德素质和移风易俗的自觉性不断提高。同时，寓教于乐，组织送戏进村（社区），并发动区内 50 余支文艺队伍，积极参加省、市各项文体活动和比赛。

二是开展移风易俗讲文明、除陋习、树新风活动。辖区 48 个村（居）建立健全了红白理事会和监事会组织，全部制定完善村民公约、居民公约，

并制定了《红白事环保灶具管理办法》，狠刹婚丧嫁娶大操大办、互相攀比、铺张浪费等不良风气，大力倡导科学、文明、健康的生活方式，逐步形成了健康文明的新风尚。

（五）聚焦提升市民素养，加强创建文明城市道德实践

市民是开展文明城市创建活动的主体，是提高城市社会文明程度的关键。石家庄高新区坚持以教育实践活动为载体，通过人民群众喜闻乐见的形式，将社会主义核心价值观融入全体市民特别是未成年人思想道德建设中。

一是强化道德实践活动。组织开展了"党建道德文化进社区进楼宇进家庭"、"新时代好少年"、"传承红色基因"中华优秀传统文化传承、"劳动美"、"阳光成长"心理健康教育等10余次教育实践活动，凝聚党员群众精神力量，助推党建引领下的"三治融合"，有效提高了广大市民的综合素质。为深化未成年人心理健康辅导工作，坚持常年开展相关活动。其中，花香漫城社区开设的未成年人乐享课堂，已经成为石家庄高新区未成年人心理健康教育的一张特色名片。

二是强化德育体验模式。根据学生年龄特点，确定了"有温度"的德育目标，让师生在"体验、童趣、整合、创新"的德育课程模式下形成正确的价值观和道德观。开展了体验德育活动，并编写了1~6年级《传统文化与德育》校本教材。通过体验式的综合活动，不断丰富学生的情感，帮助学生建立道德标准，获得正确道德认知，形成道德自律。

三是强化德育特色教学。坚持把思想道德教育融入德育课程体系的各个环节，扎实落实社会主义核心价值观进教材、进课堂、进头脑。德育课程注重挖掘学科的德育元素，注重结合学生的年龄特点，层层递进，特色鲜明。同时，围绕德育主题对1~9年级学生分别进行"懂礼、守规、尽责、助人、感恩、责任、中国梦、核心观、爱中华"德育教育，并根据学生年龄，为其量身定制社会实践项目，收到良好教育效果。

二 石家庄高新区开展文明城市创新实践的工作成效

石家庄高新区开展文明城市创新实践的工作成效，主要体现在城区环境、政务服务、市民素质、惠民实事等四个方面。2021 年，人民网、长城网等国内主流网媒和河北省委宣传部主办的《河北政工》、河北省文明委主办的《精神文明建设》等有关内刊，也分别报道推广了其经验做法。

（一）城区环境显著改善

多年以来，石家庄高新区围绕创建文明城市开展了多项城区环境改善工作。一方面，把花园建设摆在重要位置。在主要街道大力开展花卉种植，增加城市色彩、提高城市颜值，使人们在观赏花卉的同时，又能体会到自然与人文艺术的融合，实现"城在绿中，人在花中，城市与自然共生共荣"。另一方面，加快城市品质提升，树立"还空间于城市、还绿地于人民、还公共配套服务于社会"的城市发展理念。创城工作开展以来，陆续建成了城市之营、中央公园、昆仑公园、天山公园、城市之光咖啡厅、东华书店、繁华里爱情湖畔特色商业街、英牧美术馆、木兮里购物公园等项目，使高新区的亲和力、吸引力和带动力进一步增强。如今，一盆盆精美的花卉，一段段独特的设计，一座座幽静的公园，一处处高雅的文化休闲设施，一个个默默付出的身影，共同构筑了一幅美丽的画卷，为省会城市绘出了一道靓丽的风景。

（二）政务服务提质增效

服务单位和行业是展示城市文明形象的重要窗口。全区各窗口单位把增强服务意识、改进工作作风、加强与人民群众的联系和沟通以及提高工作效率，作为一项重要目标。他们牢固树立"小窗口、大服务"的工作理念，简化服务流程，美化服务环境，打造优质服务品牌，有效提升了群众满意度。同时，在政务服务大厅常态化开展"争做文明使者"活动，优化窗口服务环境，全面提升服务功能。坚持推行"好差评"制度，将群众是否满意作为评定工作成效的重要标准。设立"党员先锋岗""青年文明岗"，发挥党员及优秀员工模范带头作用，引领大厅工作人员以热情、积极、主动的态度为企业和群众提供文明优质服务，杜绝了"吃拿卡要"行为，实现了由一周办结向一日办结的转变，大大提高了服务质量和办事效率。

（三）市民素质得到提升

市民文明素质是城市的灵魂。创建全国文明城市的核心，在于提高市民思想道德素养，促进人的全面发展。因此，在文明城市创建实践中，石家庄高新区始终把市民素质的提升作为根本，强化市民对社会主义核心价值体系的认同，保持全社会共同的理想信念和道德规范，努力培育良好社会风尚。广泛开展以"粽香庆端午　粽情暖人心"等为主题的系列活动，使人们增强了文明意识，学到了礼仪知识和礼仪规范。通过"党员志愿服务日"活动，吸引党员干部和市民广泛参与，打通了志愿服务"最后一公里"。

（四）惠民实事全面落实

文明城市创建活动从兴起到发展，从内容到形式，都与人民群众的切身利益密切相关，最终都是为了提高人民的幸福指数，改善人民的生活质量。石家庄高新区始终坚持"为民创建、创建为民、共建共享"的指导思想，采取明确措施、细化任务等方法，严格责任、确保质量，解决了一批涉及教育、医疗、就业、社会救助、老旧小区改造、停车难等民生热点、难点问题。例如，全区普惠性民办幼儿园增至38所，普惠性幼儿园覆盖率达85%；地面停车场全部实现免费开放等。

三　石家庄高新区开展文明城市创新实践的成功经验

（一）领导重视，精心组织抓落实

为加强对创城工作的组织领导，石家庄高新区成立了由工委管委主要领导任组长的创建全国文明城市工作领导小组，切实做到主要领导亲自抓，分管领导具体抓，日常工作专人抓，不仅有指挥机构、工作机构，而且有人员保障、组织保障，形成了一级抓一级、一级对一级负责的工作机制。同时，还利用工委管委联席会议的平台，及时传达省市文明城市创建工作会议精神，重点听取创城工作的时间安排、实施方案、进展情况、重点难点、整改措施等专项汇报。创城工作开展以来，先后召开创建工作推进会议、调度会议和问题交办会议80余次，有力地保证了各项创建任务和工作要求落到实处。

（二）全民发动，提高群众参与度

群众知晓率、支持率、满意率是创建文明城市的重要标准。因此，文明城市创建工作离不开群众的支持。群众的积极参与，是有效推动文明城市创建工作的一大法宝。全区各部门各单位，特别是街道、镇、社区作了大量卓有成效的工作，本着"三贴近"（贴近生活、贴近实际、贴近群众）的原则，不断加强与广大人民群众的联系，使之积极参与文明城市创建活动，充分发挥其主人翁精神、主力军作用，从而形成了火热的创城局面。石家庄高新区还充分利用宣传平台，采取多元视角和多种形式对创城工作进行了大力、有效的宣传。通过为各创建点位统一制作、发放创建文明城市各类公益广告、宣传明白纸、上墙制度牌等，确保文明城市创建工作宣传材料、宣传手册入户率达到100%，营造了浓厚的创城氛围，使广大市民对创城工作的知晓率和支持率不断提高，并进一步增强了人民群众参与、支持创城工作的积极性和自觉性。

（三）部署周密，创建工作无死角

石家庄高新区认真对照创建文明城市的标准要求和考核指标，在开展自查基础上，制定了《创建文明城市分包点位工作责任分工》，对全区20个创建点位实行分包，责任到人，做到横向到边、纵向到底、不留死角，全面推进创建工作落实到位。分包创建点位的责任部门，进一步明确了各项任务的具体要求、量化指标、工作标准和责任人，促进了创建工作整体上水平、见实效。他们还召开全区文明城市创建工作推进会议，对《创建全国文明城市各实地考察点位测评内容》进行专题培训和详细讲解，对创建工作进行再安排、再部署，为各部门开展创建工作提供了明确的方向思路和方法借鉴。

（四）强化督导，确保创建出实效

督导是开展文明城市创建实践的有效手段。为发挥和强化督导在创城工作中的重要作用，石家庄高新区为创建全国文明城市工作领导小组下设了四个专项工作组，并配备和充实了人员力量，明确了各专项工作组的工作职责。这四个专项工作组，定期深入全区 20 个创建点位督导检查，发现问题后及时督促责任单位和责任人员限期整改。他们对照《创建全国文明城市各实地考察点位测评内容》标准要求，进行拉网式检查，做到不放过一个问题、不遗留一个隐患，扎实推进文明城市创建工作出实效。2022 年，全区共印发督导通报评比排名 5 期，现场交办问题 1160 个，立行立改问题 983 个，限期整改问题 177 个，整改率达到 100%，实现了督导全覆盖、整改全到位。

（五）政策保障，推动创建常态化

近年来，石家庄高新区先后出台了《石家庄高新区 2021 年度创建文明城市工作意见》《石家庄高新区创建全国文明城市工作要点》等文件，为推动文明城市创建工作常态化提供了政策保障。全区创城工作分为集中攻坚、整改提升、常态创建等三个阶段，明确了十个常态化提升行动，逐步推进实施。重点针对全区 6 类 20 个必查点位开展创建活动，并详细划分了辖区各部门各单位的具体工作任务，在全区形成了统筹推进、齐抓共建和常态创建的强大合力。

四 石家庄高新区开展文明城市创建实践存在的问题

目前，石家庄高新区创城活动逐步走向规范化、制度化和常态化，取得了长足进展。但工作中还存在一些实际问题和薄弱环节。

（一）个别党员干部认识不到位，工作开展不平衡

创建文明城市是个系统工程，绝不是某个部门或某个单位"单打独斗"所能完成的事情。在实践中，创城工作需要各级各部门领导高度重视，需要方方面面参与，需要健全齐抓共管机制。大多数部门和单位能够做到全力以赴，常抓不懈，而有的职能部门和基层单位对文明城市创建工作的认识仍停留在传统的精神文明建设工作范畴内，"说起来重要、干起来次要、忙起来不要"的现象依然存在，这直接影响了创城工作的效率和效果。

（二）有的创城活动吸引力不够强

由于发动群众参与创城的力度不够，有的创城活动仅停留在领导层面或管理层面，客观上存在"上热下冷"的现象。有的创城活动吸引力也不够强，表现在有些群众自主参与创城工作的积极性不高。因此，还需要在实践中着力探索群众喜闻乐见、易于接受、便于接受的活动载体。

（三）市民文明素质有待进一步提高

石家庄高新区作为省会城市的一个组成部分，流动人口多，涵盖各行各业、多个年龄段的人群，并且人的个体差异很大。文明新风的养成，有赖于后天参与社会活动时的自我认识、自我体验、自我调整，进而形成自主意识。进一步提高市民文明素质，工作量大，时间周期长。市民文明素质不高是推进创城工作的一大阻碍。

（四）创城保障不够有力

主要表现为两点。一是城市建设投入不足。受经济社会发展水平制约，创建文明城市的物质保障力度不够，导致公共基础设施建设不够完善。二是缺乏长效投资机制。从调研情况看，很多部门、行业及基层宣传部门从事创城工作的专项经费难以得到保障。

五 加强和推进文明城市创建实践的对策建议

根据石家庄高新区创城工作中发现的制约因素，为进一步加强和推进文明城市创建实践，提出如下建议。

（一）建立创城工作激励制度

实践证明，扎实推进文明城市创建工作需要动员全社会的力量共同参与。因此，建议制定一套完善的创城工作激励制度，使各级领导能够高度重视文明城市创建工作。一是建立创城工作与职级调整挂钩制度。由文明委牵头，与组织、人事等部门联合组成创城工作绩效评价委员会，对各单位创城工作进行绩效评价，把创城成效作为考核领导班子政绩、评估领导干部能力的重要内容之一，并纳入各级部门的年度工作目标考核之中，与行政过错责任追究制和问责制挂钩。二是建立创城工作奖励基金制度。各地在创城工作的奖励方面普遍以精神鼓励为主，少有物质奖励，而探索建立创城工作奖励基金，采用精神鼓励和物质奖励相结合的激励方式，是我们面对的一个新课题。还要通过建章立制，对各行各业干部群众、各社会群体参与创城应履行的职责和义务作出明确规定，实行多样化的奖励措施。三是建立创城工作评比表彰制度。评比表彰在推动重点工作中发挥了重要作用。各地区可以根据实际情况，建立一套科学、合理、完备的创城评比表彰机制，量化细化条件标准，定期评比、树立典型、激励先进，营造争先创优的良好局面。

（二）开展创城工作日常督导

督导是推进工作、整改问题的重要方法。为提升文明城市创建水平，建议除强化党委、政府重点工作督导考核外，开展创城工作日常督导。一是组建创城工作市民巡访团。聘请一批责任心强、热心公益事业的市民作为巡访团成员，定期组织市民开展文明城市创建工作巡访活动。二是发挥新闻舆论监督等各类监督组织作用。汇聚督导合力，促进文明城市创建工作再上新台阶。

（三）把提高市民素质作为创城活动的根本

文明城市创建与每一个市民的自身素质息息相关。要始终坚持把提升市民素质作为根本，把思想道德建设贯穿始终，使创城真正成为提高群众生活水平、生活质量和幸福指数的重要载体。一是在教化中培育市民素质。从基本的行为规范抓起，引导广大市民对日常生活，特别是对公共交往中的行为标准形成共识。如制定《市民文明公约》《市民行为规范》等，使市民从中感受到文明的力量，受到教育、得到提升。二是在参与中提高市民素质。在创城的行为和结果之间建立关联，在双向互动中形成一种真实美好的感受，赢得社会公众的广泛认同，使市民的文明素质在参与创城中得到潜移默化的提高。三是在规范中强化市民素质。为使市民的文明意识得到进一步强化，在注重教育引导的基础上，着力形成监督约束机制。对不遵守公共秩序、损坏公益设施的典型事例，在报刊、网站、电视上进行曝光。